사회선생님이 뽑은

우리 사회를 움직인 판결

사회선생님이 뽑은

우리 사회를 움직인 판결

전국사회교사모임 지음

Humanist

이야기가 살아 있는, 법 공부를 위한 책

사회 교사들이 법 교육에 도움이 될 만한 역사적인 판례들을 엮어 보자고 의기
투합하여 2007년에 이 책을 출간한 지 벌써 7년이 흘렀습니다. 그동안 이 책에
서 다루었던 사건들의 후속 판결들이 나왔고, 논란이 되었던 쟁점들은 새로운
법률의 제정과 함께 정리되었습니다. 많은 독자가 이 책을 읽고 좋은 평을 남
겨 주었습니다. 법 교육에 활용할 만한 적절한 판례에 목말라하던 교사와 학생
들에게 환영을 받았을 뿐만 아니라 교육 현장에서는 논술과 토론 교재로 이용
되었고, 언론 고시생들에게는 우리 사회의 쟁점들을 이해하는 자료로 활용되
고 있다는 이야기도 들었습니다. 그래서 초판에서 부족하였던 부분을 보완하
고 그동안 변화된 부분을 반영한 개정판을 통해 독자들의 성원에 보답하고 저
자로서의 책임도 다해야겠다는 생각을 하게 되었습니다.

이 책은 파란만장한 우리 현대사를 판례를 중심으로 풀어 쓴 '이야기' 책이자
우리 사회에서 첨예하게 대립하고 있는 가치가 무엇인지 판례를 통해 한눈에
들여다볼 수 있게 한 책입니다. 처음 이 책을 기획하였을 때, 우리는 사회 교과
에서 법을 다루는 기존의 방식을 뒤집는 구성을 해 보자는 생각을 하였습니다.
사회 교과서는 마치 시간과 공간을 초월하여 어디에나 적용 가능한 과학적 지
식을 담아야 한다는 듯한 추상적 개념들로 채워져 있습니다. 과학적 진리를 표
방하는 권위적인 교과서는 사람들의 구체적인 삶을 탐구 활동이라는 박스에
가두어 놓고 본문에서 설명하는 개념을 잘 이해하고 있는지 확인하는 수단 정
도로 활용하였습니다. 이런 상황에서 법이라는 진리를 이해하는 것이 법 교육

의 목표가 되고, 구체적인 삶의 장면들은 개념이나 조항을 이해하는 데 필요한 보조 수단이 될 뿐이었습니다.

우리에게는 사회에서 서로 다른 공간과 시간을 살아가고 있는 사람들의 구체적이고 특별한 삶의 이야기에 생명을 불어 넣을 교과서가 필요하였습니다. 삶의 장면들이 생생하게 눈앞에 펼쳐지고, 그와 관련된 다양한 문제에 동감하며, 이를 해결하는 데 법이 얼마나 중요한 역할을 하는가를 머리만이 아닌 몸으로 깨달을 수 있게 하는 책이 필요하였습니다. 그래서 이 책에서는 그동안 교과서에서 탐구 활동이라는 박스에 갇혀 있던 사람들의 '이야기'가 본문이 되었습니다. 그리고 삶의 문제를 해결하기 위해 필요한 개념이나 법조문이 보조적인 형태로 박스 또는 각주로 들어갔습니다.

'이야기'는 삶을 이해하고 지식을 얻는 인류의 오래된 방식입니다. '이야기'가 사라진 사회 교과서는 재미가 없을뿐더러 학생들을 구체적인 삶으로부터 멀어지게 만듭니다. '이야기'가 함께하는 이 새로운 시도는 학생뿐만 아니라 여러 독자가 다양한 삶을 구체적으로 느끼면서 법을 좀 더 재미있게 공부할 수 있도록 도울 것입니다.

이 책에는 논쟁적인 판결뿐만 아니라 우리 사회가 민주 사회로 한 발 더 나아가게 한 판결들도 담겨 있습니다. 용기 있게 목소리를 내고 법적 논쟁을 통해 공동체 구성원의 존엄성을 보장하는 데 기여한 시민, 그들과 함께한 변호사, 정의로운 판결을 위해 고뇌한 판사가 이 책의 주인공들입니다. 우리 사회가 자꾸만 거꾸로 흘러가는 것이 아닌가 하는 생각이 드는 요즈음, 이 책에 소개된 판결들이 우리가 나아가야 할 방향이 어디인지 다시 모색하는 데 힘이 되어 줄 것이라 믿습니다. 끝으로 이 책에 영감을 준 고 조영래 변호사님과 개정판 원고를 꼼꼼히 검토해 준 김행석 변호사님께 감사드립니다.

2014년 5월

장경주

"고탑에 갇힌 도도한 공주에게 과감히 키스를 건네고 그를 깨워 임무를 알려 주리라."

일반 사람들이 법에 대해 갖는 느낌은 고탑에 갇힌 도도한 공주처럼 너무 높이 그리고 멀리 있다는 것이지요. 법이란 사람다운 따스한 인정과 거리가 먼 것으로, 가능하면 살면서 '멀리해야 할 것'이라 생각합니다. 그런가 하면 행정 수도 이전이나 대통령 탄핵 사건에서 알 수 있듯이 법원의 판단만이 사회적 논란을 종식시키고 결국 사람들이 최종적으로 의존할 수 있는 '절대 진리'라는 생각도 함께 존재합니다. 법에 대한 이 두 가지 인식은 서로 다르긴 하지만 법과 '나' 사이에 상당한 거리감이 존재한다는 공통점이 있습니다. 전국사회교사모임에서 함께 공부한 프랑스 사회 교과서를 살펴보다가 '법은 나의 것'이라는 흥미로운 제목이 눈에 띄었습니다. '법은 나의 것'이라고 하였을 때의 법은 '나'와 가까이 있고, 권위는 있되 권위적이지는 않은 것입니다. 그만큼 법은 쉽고, '나'를 강제하고 통제하여 두려운 대상이 아니라 보호하는 존재인 것이지요.

법은 시민의 것!

법이 언제나 '나'를 보호하기 위해 존재하였던 것은 아닙니다. 고대부터 철학자들은 인간이 사회 속에서 평화적으로 공존하는 데 필요한 사회 운영의 원리,

즉 정의의 원칙들을 발견하고자 노력하였습니다. 그러나 근대 이전 사회에서 법이 추구하는 정의는 신분제, 성에 따른 차별 등 당시의 사회적 한계에 갇혀 있었습니다. 법은 주로 권력자들이 자신들의 권력을 유지하기 위한 하나의 수단이었습니다.

'이성적이고 자율적인 개인과 그들이 가진 천부의 인권'에 대해 자각한 시민들이 일구어 낸 근대 시민 혁명은 정의와 법에 대한 관념을 크게 바꾸어 놓았습니다. 시민 혁명 이후 정의의 핵심은 '모든 인간의 존엄한 가치 실현'이었습니다. 이러한 의식의 변화는 사회를 이전과 매우 다른 패러다임으로 이끌었습니다. 개인은 이제 공동체의 목표나 특정 권력자를 위한 수단적 존재가 아니라 목적적 존재로서, 역사상 어느 시대보다 존중받게 되었습니다. 법 또한 소수 권력자의 권력 유지를 위한 수단이 아니라 절대 권력을 통제하고 시민의 권리를 보호하는 수단으로 인식되었습니다.

"나는 너희의 왕이기 때문에, 너희는 나를 재판할 수 없으며, 그 어떤 세속적인 권력도 나에게 책임을 물을 수 없다."

절대 군주들의 법에 대한 인식을 보여 주는 이 말은 청교도 혁명 당시 법정에 선 영국의 왕 찰스 1세가 한 말입니다. 여기에는 우리가 주목해야 할 중요한 사실이 있습니다. 자신을 절대자라고 외치는 군주가 법정에서 심판을 받고 있다는 것입니다. 결국 찰스 1세는 사형 선고를 받고 형장의 이슬로 사라집니다. 물론 찰스 1세의 재판은 현대의 관점에서 보면 민주적 절차를 무시한, 후에 또 다른 독재자가 된 크롬웰의 권력 획득 수단이었다는 문제점이 있지만, 신의 대리인이던 절대 군주를 법의 이름으로 처단할 수 있었다는 것은 커다란 변화였습니다.

법은 한 사회가 합의한 정의를 실현하는 중요한 수단입니다. 〈세계인권선언〉을 비롯한 국제인권법은 인간의 존엄성 실현을 최고의 사회적 가치로 끌어올린 근대 시민 혁명의 성과에 기초하여 20세기 초 인류가 경험한 전쟁과 학살의 역사를 되풀이하지 않기 위해 필요한 현대 사회의 정의의 원칙들을 담고 있습니다. 딱딱한 법조문을 읽다 보면 마치 화석과 같은 느낌을 받지만, 법은 격동의 인류 역사를 통해 얻은 성과와 교훈을 담고 현재의 우리 삶과 함께 호흡하고 있습니다.

우리나라는 1948년에 최고 법인 헌법을 제정하였습니다. 헌법은 제정 당시부터 인류의 역사적 성과인 보편적 인권의 가치를 명시적으로 보장하고 있었지만, 법이 권위주의적 독재 정치의 수단으로 악용됨에 따라 실질적인 인권 신장을 이루지는 못하였습니다. 당시에는 '정의'라는 법의 이념이 수호되고 실현되어야 할 법정에서조차 '악법도 법이다.'라는 논리가 팽배하였습니다. 법이 소수 권력자의 권력 유지와 시민의 인권을 억압하는 수단으로 전락하는 것을 합리화한 것이지요. 이제 시민들은 더 이상 악법을 복종의 대상으로 받아들이지 않습니다. 악법에 대한 복종을 거부하고 저항하는 데에 주저하지 않습니다. 300여 년 전 절대 군주에 저항하여 시민 혁명을 일으켰던 이들처럼 말입니다.

이러한 변화는 법정에서 내려지는 사법적 판단을 통해서도 확인할 수 있습니다. 예를 하나 들어 보겠습니다. 1974년 독재 정권에 의해 '인민혁명당 사건'이 조작되었습니다. 당시 법정은 무고한 시민에게 국가 전복을 기도했다는 혐의로 사형 등을 선고하였습니다. 2007년 법정은 이 사건에 대한 재심을 통해 이들에게 무죄를 선고하고 국가는 배상금을 지급하라고 판결하였습니다. 아울러 "당연히 무죄를 선고해야 할 사건이었는데, 인권의 최후 보루로 믿었던 대법원마저 피고인들을 외면하였다."라며 당시의 법정을 비판하였습니다.

이 밖에도 알몸 수색 등 유치장 수용 과정에서의 신체 과잉 수색에 대한 위헌 결정, 수사 과정에 변호인 참관을 허용치 않은 검찰 처분에 대한 위헌 결정, 국회 의원 선거 1인 1표제 한정에 대한 위헌 결정, 영상물등급위원회의 등급 분류 보류 제도에 대한 위헌 결정, 호주제에 대한 헌법 불합치 결정 등을 통해 법정은 법이 정의를 실현하고 인권을 보호하는 수단임을 확인하고 있습니다.

물론 아직은 아쉬운 점도 많습니다. 양심적 병역 거부권을 부인한 병역법에 대한 합헌 결정, 낙선 운동 등 유권자 운동을 금지한 선거법 조항에 대한 합헌 결정, 국가보안법상 찬양·고무, 이적 표현물 소지죄에 대한 합헌 결정 등은 법의 지배를 통해 인간의 존엄한 가치를 실현하려는 민주 사회의 이념을 완성하기까지 아직 넘어야 할 장애물이 많음을 보여 줍니다. 이처럼 사회의 주요 사건이나 쟁점에 대한 사법적 판단은 그 사회가 추구하는 기본 가치가 무엇인지, 도달하고자 하는 이상향에 얼마나 가까워졌는지, 또 해결해야 할 문제는 무엇인지를 좀 더 정확하게 인식할 수 있도록 도와줍니다.

최근의 우리 사회에 대해 어떤 이들은 '민주주의의 공고화기'에 접어들었다고 평가하는 반면, 어떤 이들은 '민주화 이후의 민주주의의 위기'를 이야기하고 있기도 합니다. 이러한 시점에서 최근 내려진 사법적 판단, 즉 판례들을 통해 우리 사회를 가늠해 볼 수 있을 것입니다.

우리 사회를 움직인 '판례'에 주목한 이유

법을 공부한다고 하면 법조문만을 떠올리기 쉽습니다. 헌법 조문을 떠올리고, 셀 수 없이 많은 법률을 떠올립니다. 판례는 법전의 법조문들이 어떻게 현실 사회와 호흡하는지 이해할 수 있게 합니다. 법은 법칙이 아니라 논쟁이고 합의입니다. 법은 과학이 아니라 역사적인 구성물입니다. 법을 변화시킨 것은 과학 기술의 발달이 아니라 시민 혁명이라는 정치적 격변입니다. 현시대의 판례와 역사적인 판례를 통해 법에 접근하는 것은 법의 역사성을 이해하도록 함으로써 법은 왜 지켜져야 하는가 하는, 법이 갖는 권위와 정당성의 근거가 무엇인지를 이해하도록 도와줍니다. 법의 역사성에 대한 접근은 무엇이 법을 변화시키고 왜 법은 변화할 수 있는가에 대한 이해를 동시에 제공합니다. 현대사의 중요한 판례들은 해당 시기의 사회 의식의 수준, 사회 변화를 보여 준다는 면에서 법이라는 주제를 통해 현대사를 들여다보는 과정이기도 합니다.

학교에서 법 관련 단원을 가르치다 보면 생동감이 사라지는 느낌을 받습니다. 역사가 과거와 현재의 끊임없는 대화라고 한다면 법 또한 역사적 과정을 통해 변해 왔고, 오늘의 법 역시 현실 사회와 끊임없이 영향을 주고받고 있습니다. 그러나 학생들에게 법 단원은 무미건조하고, 법조문은 나의 삶과 거리가 먼 당위적인 선언처럼 다가오며, 법률 용어는 화학 기호처럼 암기해야 될 것 같은 느낌을 줍니다. 법 교육의 전문가들은 법적 사고력 혹은 법을 통한 고등 사고력의 향상이 법 교육의 진정한 목표가 되어야 한다고 봅니다. 비판적 사고력과 문제 해결력 같은 고등 사고력은 법과 관련된 현실의 쟁점에 대해 깊이 있게 검토하는 과정에서 향상될 수 있습니다.

법적 쟁점에 대한 깊이 있는 사고는 법에 대한 인식뿐 아니라 사회 인식의 폭을 넓혀 주고 민주 사회에서 필요한 올바른 가치관 형성과 사회 참여로 연결될 수 있습니다. 이제 생활 법률이라는 교양 상식에 머무르거나 너무 미시적이고 어려운 내용을 포괄하여 꼬마 법률 전문가를 기르는 데 목표를 두는 법 교육이 아니라 '시민성'의 함양이라는 측면에서의 법 교육에 대한 진지한 모색이 필요한 때입니다. 생활 법률 차원의 법 교육이 현실 사회에 잘 적응하는 시민(소시민)을 목표로 한다면, '시민성' 함양 차원의 법 교육은 법을 역사적으로 이해하고 법과 관련한 사회적 논쟁에 대해 참여하고자 하는 적극적인 의미의 시민을 기르는 것을 목표로 합니다.

이를 위해 법과 관련한 쟁점에 대해 학생들이 모의 재판이나 심층 토론, 사례 분석 같은 활동을 통해 다각적으로 접근해 볼 수 있는 경험을 제공하는 것이 필요합니다. 그러나 현실적으로 수업에 바로 적용할 수 있는 자료가 많이 부족합니다. 또한 수업에 법원의 판결을 그대로 가져와 활용하기에도 어려움이 많습니다. 판결문이 어른들도 이해하기 어려운 용어들로 가득 차 있고, 하나의 긴 문장으로 이루어져 해독조차 어려운 경우가 많기 때문입니다. 이런 문제의식을 가지고 사회 교사들의 연구 모임에서는 좀 더 대중적인 판례집을 기획하게 되었습니다. 판례를 통해 법에 접근하는 것은 법과 시민의 관계를 이해해 가는 과정이기도 합니다. 이를 통해 시민과 법의 거리를 좁히는 것이 이 책을 펴내게 된 주요한 이유라고 할 수 있습니다.

사회 교사로서 법 교육에 대한 고민을 다시 시작하면서 여러 분의 도움을 받았습니다. 《살아 있는 헌법 이야기》와 우리 모임 초청 강의를 통해 헌법에 대한 새로운 접근을 시도할 수 있도록 도와주신 한상범 전 동국대 교수님, 《법학 입문》과 《정의론》 같은 책을 통해 일반인도 어렵지 않게 법과 관련된 쟁점을 생각해 볼 수 있도록 도와주고 우리 모임에서 좋은 강의도 해 주신 인하대 이영희 교수님, 바쁜 업무와 활동 중에도 책이 기획되는 시점에서부터 많은 조언과 가르침을 주신 '법무법인 이산'의 송병춘 변호사님과 국가인권위원회에서 활동하시는 김원규 변호사님, 최종 원고를 검토해 주신 '법무법인 창조'의 이원구 변호사님께 감사드립니다. 마지막으로 이 책을 내기 위해 함께 고생한 전국사회교사모임 대안사회분과 선생님들과 선생님들의 연구 활동 시간을 배려해 준 그 가족들에게 감사드리며, 이 책이 세상에 나올 수 있도록 흔쾌히 출판을 결정한 휴머니스트에 감사드립니다.

2007년 9월

전국사회교사모임

이 책을 기획하는 초기 단계에서 집필 교사들이 모여 현재 우리나라 법 교육의 목표와 쟁점 들을 다시 한 번 살펴보았습니다. 그리고 판례를 선정하는 과정에서는 일차적으로 사회 교사들이 의미 있다고 판단한 사건을 뽑은 후 법 전문가들과 시민 단체의 의견을 수렴하는 방식으로 진행하였습니다. 각 사건에 등장하는 '생각해 보기' 코너는 해당 사건의 법적 쟁점만 아니라 사회적으로 중요한 쟁점도 다양한 시각과 근거를 통해 접근해 볼 수 있도록 하였습니다. 이 점이 사회 교사들이 쓴 판례가 법률 전문가가 쓴 판례와 구별되는 점입니다. 그러나 글의 서술 과정에서 법적 쟁점 등에 대한 오류가 없도록 변호사님들과 함께 지속적으로 검토하였습니다.

이 책은 우리나라 헌법에 명시된 기본권의 실질적 신장을 가져왔거나 이를 반영하는 판례들을 우선적으로 선정하여 구성하였습니다. 이 판례들은 헌법재판소 판결과 민사·형사 소송 판결을 모두 포함합니다. 또한 사회적으로 많은 논란을 불러일으켰고, 아직도 논쟁의 중심에 있는 판례도 선정하여 사회 교사가 논쟁 중심의 법 수업을 구성할 때 자료로 사용할 수 있도록 하였습니다. 이 책은 법조문과 생활 영역의 일대일 대응이라는 생활법 교육의 한계를 벗어나고자 하였습니다. 법 교육을 고민하는 교사와 법을 공부하는 학생 들이 판례를 통해 사건을 입체적으로 검토하는 과정에서 법과 관련하여 논리력, 비판적 사고력 등 고등 사고력을 기를 수 있는 학습 자료로 구성하였습니다. '한 걸음 더'에 있는 질문들은 논술 수업에 활용할 수도 있습니다. 이 밖에도 이 책은 이런 이들에게 도움이 됩니다.

- 우리 현대사를 법이라는 주제를 통해 재음미해 보고 싶은 이들
- 헌법이 제정된 이후 우리나라에서 인권이 실질적으로 보장되는 역동적 과정을 주요 사건의 법적 해결 과정을 통해 구체적으로 살펴보고 싶은 이들
- 우리 사회에서 정의의 합의 수준은 어디까지인지 현재적 모습을 확인하고 싶은 이들
- 우리 사회 각 영역에서 벌어지는 논쟁의 쟁점에 대한 서로 다른 주장과 근거를 알고 싶은 이들

일러두기
1. 각 절에 있는 '관련 법률 조항'은 각 절에서 다루고 있는 사건과 소송이 진행되던 당시의 법률 조항임을 밝힙니다.
2. 각 절에 있는 '판결문 살펴보기'는 해당 판결문을 이해하기 쉽도록 발췌 수정한 것임을 밝힙니다.
3. 해당 판례를 좀 더 깊이 알고자 판결 전문을 보시려면 대법원 사이트의 '종합 법률 정보(glaw.scourt.go.kr)'에 방문하여 사건 번호를 입력하면 됩니다.

차례

1부   나를 둘러싼 터전의 새로운 모색

4부   우리를 둘러싼 환경의 재발견

5부   사건들, 그리고 끝나지 않은 논쟁

1

나를 둘러싼
터전의
새로운 모색

우물 안으로 들어가려는 아기를 보면 누구라도 즉시 그 아기를 구하려고 한다. 맹자는 이러한 예를 빗대어 인간의 선한 심성이 바로 인간의 본성이라고 하였다. 그러나 아이가 자라나는 과정을 보면 인간의 본성은 매우 이기적이어서 교육을 통해 이타적인 심성을 배워 나가야 한다는 순자의 논리가 더 적절해 보인다. 그런데 교육을 통해 함께 살아가는 도리를 배운 사람들이라 할지라도 그가 속한 사회에서 부딪히는 어려움이 오로지 혼자서 책임지고 해결해야 할 문제로 남겨진다면 개인은 '도리'를 포기하고 생존의 법칙만을 선택하게 된다. 이때의 사회는 모여 살지만 함께하지 않는 사회, 철저히 고립된 고독한 개인들의 집합에 불과하다. 도리가 통하는 사회를 만들기 위해서라도 도리만으로 해결할 수 없는 문제를 풀어 줄 법의 역할이 필요하다.

가정은 매우 사적인 공간으로 진정한 휴식을 제공할 수 있다는 면에서 법적 보호의 대상이기도 하지만, 그 사적인 공간에서 벌어질 수 있는 가정 폭력은 법이 규제하고 해결해야 하는 문제가 된다. 가정뿐 아니라 인간이 다른 사람과 어울려 살게 되는 다양한 공간은 법전에 명시되어 있는 인간의 존엄성이 구체적으로 실현되어야 하는 장이다. 인간의 존엄성을 외면해도 될 정도의 작은 공동체란 없다. 그로 인해 인간이 다른 이들과 함께하는 곳은 어디든 법적 공간이 될 수 있다. 오늘도 사람들은 나의 권리를 실현하기 위해, 자신이 속한 공동체를 더 나은 곳으로 만들기 위해 국가 기관이나 회사, 때로는 가족을 상대로 소송을 제기하고 재판을 받기도 한다.

01 누가 가족이며, 가족을 대표하는 사람은 누구인가?

호주제 판례
헌법재판소 2005. 2. 3. 선고, 2001헌가9 등(병합) 결정

호주제 헌법 불합치 결정에 여성들이 기뻐하고 있다.

사례 1 호적상 나는 아버지의 '딸'이었고, 이제는 결혼을 하여 남편의 '아내'가 되었다. 앞으로 아들을 낳고 남편이 죽는다면 아들의 '어머니'로 기록될 것이다. 왜 나는 나일 수 없고, 누군가의 누구로 문서에 기록되는가?

사례 2 재혼을 하면서 전남편의 동의 아래 내가 아이들을 키우기로 하였다. 현재의 남편에게도 아이가 있다. 지금 나는 나와 전남편 사이에서 태어난 아이, 현재의 남편과 그의 전처 사이에서 태어난 아이를 함께 키우고 있다. 그런데 내가 낳은 아이는 왜 남편의 아이와는 달리 주민등록등본에 '자(子)'가 아닌 '동거인'으로 기록되어 있는가?

내가 누구인지에 대한 물음이 떠오르면, 일단 자신이 맺고 있는 관계 속에서 해답을 찾게 마련이다. 우리가 맺고 있는 인간관계에 대한 공적인 규정은 법률에 따라 이루어진다. 그런데 만약 공적인 규정이 우리의 몸과 마음을 불편하게 한다면 어떻게 해야 할까?

사실관계 호주제를 비롯한 가족법과 관련된 논쟁의 역사는 우리나라 법률 제정의 역사만큼이나 길다. 헌법은 1948년에 만들어졌으나, 민법은 친족·상속법(가족법)을 둘러싸고 첨예한 갈등을 빚다가 1958년에야 공포되었다. 가족법은 이혼 시에 배우자에게 재산 분할을 인정하는 등 부분적인 개혁이 이루어졌으나, 호주제와 이를 근간으로 한 불평등한 재산 상속 및 친족 범위 규정 등의 문제가 남아 있어 여성 단체의 반발을 샀다. 이후 수많은 사람의 노력으로 남녀를 차별하는 가족법의 일부 조항이 개정되었다가 1989년에 획기적으로 개정됨으로써 호주권은 거의 유명무실해졌다. 그러나 여전히 호주의 자격은 나이나 가족 위계와 무관하게 '남자'에게 우선하고, 자녀는 반드시 '친아버지'의 성을 따르도록 하는 등 불평등한 요소가 여전히 남아 있었다.

1990년대에는 많은 시민 단체가 호주제 폐지를 중요한 활동 과제로 삼았다. 1998년 11월에는 '호주제 폐지를 위한 시민의 모임'이 본격적인 활동을 시작하였다. 1999년 11월 유엔인권위원회가 "호주제가 남성 우위 사회를 반영한다."라는 의견을 냈으며, 2000년 6월 법무부는 민법 개정안 입법 예고를 하였다. 같은 해 9월에 녹색연합과 대한YWCA연합회, 민주노총, 참여연대 등 114개의 시민 사회 단체가 뜻을 모아 '호주제 폐지를 위한 시민 연대(호폐연)'를 만들고 입법 운동과 함께 위헌 소송을 진행하였다.

관련 법률 조항

헌법

제9조

국가는 전통문화의 계승·발전과 민족 문화의 창달에 노력하여야 한다.

제36조

① 혼인과 가족생활은 개인의 존엄과 양성의 평등을 기초로 성립되고 유지되어야 하며, 국가는 이를 보장한다.

민법

제778조 (호주의 정의)*

일가의 계통을 계승한 자, 분가한 자 또는 기타 사유로 인하여 일가를 창립하거나 부흥한 자는 호주가 된다.

제781조 (자의 입적, 성과 본)

① 자는 부의 성과 본을 따르고 부가에 입적한다. 다만, 부가 외국인인 때에는 모의 성과 본을 따를 수 있고 모가에 입적한다.

제826조 (부부 간의 의무)

③ 처는 부의 가에 입적한다. 그러나 처가 친가의 호주 또는 호주 승계인인 때에는 부가 처의 가에 입적할 수 있다.*

호적법

제8조 (호적의 편제)

호적은 시, 읍, 면의 구역 내에 본적을 정하는 자에 대하여 호주를 기준으로 하여 가별로 이를 편제한다.

* 민법 제778조와 제826조 제3항은 2005년 3월 31일 삭제되었고, 2008년 1월 1일부터 호주제 대신 '가족관계의 등록 등에 관한 법률'이 시행되었다.

생 각 해
보 기

1. 호주제를 바탕으로 하는 호적 제도란 무엇인가?

호적은 국민 각 개인의 모든 신분 변동 사항(출생, 혼인, 사망, 입양, 파양* 등)을 시간별로 기록한 공문서로, 사람의 신분을 증명하고 공증하기 위한 제도적 장치다. 하나의 호적에 가족 모두의 신분 변동 사항이 기재되며, 그것을 조직하는 기준은 '호주'이다. 가족원 모두는 호주를 중심으로 상호 관계를 기록함으로써 그 지위를 드러낸다.

즉, 호주제는 단순히 누가 호주가 되는가의 문제가 아니라 어떻게 호적을 조직할 것인가에 관한 기술적인 문제다. 따라서 호주를 중심에 두고 호적을 조직하는 방식은 신분 관계를 기록하는 방법 중 하나에 불과하다. 실제로 외국에서는 출생·혼인·사망 같은 사건별로 문서를 따로 만들어 관리하거나, 개인별로 기록을 남기고 있다. 경우에 따라서는 가족 집단을 한 번에 알 수 없으며, 개인 신분 사항도 한 번에 알아볼 수 없게 되어 있기도 하다.

일각에서는 호주제를 폐지하면 공식적인 가족 집단을 알기 어려워 가족 해체가 심화될 것이라고 주장하기도 하지만, 호주제가 없는 나라의 이혼율이 특별히 높다거나 가족의 해체가 심하다고 판단할 근거는 없다.

2. 50여 년간 유지된 제도를 송두리째 바꾸려 한 이유

개정 이전의 법률에는 호주가 사망하면 아들-미혼인 딸-처-어머니-며느리 순으로 호주가 계승된다는 내용의 순위 규정(민법 제984조)이 있었다. 이에 따르면 아들이 1순위로 되어 있어 대를 잇는 것은 아들이라는 생각을 하게 한다. 게다가 자녀의 성과 본은 아버지의 성과 본을 따르도록(민법 제781조) 되어 있어서, 아버지의 성을 따르는 가족만이 정상이라는 인식을 심어 주고, 어머니 성을 따르는 가족이나 어머니의 재혼으로 성이 달라진 가족을 비정상으로 보이게 한다. 이는 부계 혈통을 우선하고 상대적으로 모계 혈통을 무시하는 여성 차별의 핵심 조항이다.

또 개정 이전의 법은 혼인한 여성의 남편 호적 입적(민법 제826조 제3항) 및 자녀

● **파양** 입양으로 맺어진 친자 관계를 해소하는 행위. 즉, 입양을 취소하는 것.

의 아버지 호적 입적(민법 제781조)을 규정하고 있다. 이에 따라 여성은 결혼을 하면 남편의 호적에 입적하게 되는데, 이는 개인의 존엄과 양성의 평등을 기초로 성립되고 유지되어야 하는 혼인과 가족생활의 평등권을 침해한다. 극히 예외적인 사정이 없는 한 처와 자녀는 남편 호적에 입적하도록 되어 있어, 자녀가 아버지의 호적에 입적하는 것을 당연시하고, 어머니 호적에 입적한 경우 편견을 가지게 만든다. 이혼한 어머니와는 함께 살더라도 호적이 다르고, 자녀는 '동거인'으로 기재되며, 전남편의 자녀를 데리고 재혼하는 경우도 자녀의 성씨와 호적을 재혼한 남편의 것으로 변경할 수 없어 새아버지와 다른 성씨 때문에 자녀들은 혼란을 겪는다.

그뿐만 아니라, 남편은 처의 동의 없이 혼인 외 자녀를 호적에 올릴 수 있으나 처는 남편의 동의가 필요(민법 제784조)하다. 이러한 조항은 부부 평등권에 위

배되는 규정일 뿐만 아니라 여성의 혼인 외 자녀에 대한 차별이다. 남편이 호적 입적을 동의하지 않을 경우 그 자녀에게는 입적할 호적마저 없기 때문이다.

3. 호주제, 완전 폐지 대신 문제점만 수정한다면?

일상생활에서 호주가 누구인지를 심각하게 고민하는 일은 거의 없다. 법률상으로 호주가 누리는 특별한 혜택이 있는 것도 아니다. 또 호주 승계를 포기할 수도 있고 스스로 호주가 되어 분가를 할 수도 있는데, 호주를 중심으로 가(家)를 편제한 것이 그리 큰 문제인가? 본인이 속한 가(家)가 맘에 들지 않는다면 새롭게 가(家)를 창설하는 방법도 있었다.

게다가 우리나라는 전통적으로 부계 혈통을 따르고 있어서 아내가 남편의 가문에 들어오고, 자녀도 당연히 아버지의 가문에 편입된다. 대다수의 사람들이 이러한 전통과 호주제를 같은 맥락에서 이해하고 있으며, 현재도 자녀가 아버지의 성을 따르는 것에 거부감을 느끼지 않는다.

물론 재혼 가정의 자녀가 새아버지의 성을 따를 수 없다는 점은 큰 문제였다. 그러나 그 때문에 호주제 자체를 폐지해야 하는 것은 아니며, 일부 수정함으로써 문제를 충분히 해결할 수도 있었을 것이다. 재혼 가정이 겪는 고통의 원인은 단순히 새아버지와 자녀의 성이 다르다는 것보다는 그들을 바라보는 사회의 편견이 아닐까?

판결문 살펴보기 ▶ 헌법은 국가 사회의 최고 규범이므로 가족 제도가 비록 역사적·사회적 산물이라고 하더라도 헌법의 틀을 벗어날 수는 없다. 가족법이 헌법 이념의 실현을 막고, 헌법 규범과 현실의 차이를 굳힌다면 가족법은 수정되어야 한다.

또한 헌법 전문과 헌법 제9조에서 말하는 "전통", "전통문화" 는 헌법의 가치 질서,

01 누가 가족이며, 가족을 대표하는 사람은 누구인가? 25

인류의 보편 가치, 정의와 인도 정신 등을 고려하여 오늘날의 의미로 해석하는 것이 바람직하다. 가족 제도에 관한 전통과 전통문화도 헌법 이념인 개인의 존엄과 양성의 평등에 어긋나서는 안 된다. 그러므로 가족 제도가 헌법 제36조 제1항이 요구하는 개인의 존엄과 양성 평등에 반한다면 헌법 제9조를 근거로 그 헌법적 정당성을 주장할 수는 없다.

심판 대상 조항인 민법 제778조, 제781조, 제826조의 근거와 골격을 이루고 있는 호주제는 남계 혈통을 중심으로 가족 집단을 구성하고 이를 대대로 영속시키는 데 필요한 여러 법적 장치로서, 단순히 집안의 대표자를 정하여 호주라고 부르고, 호주를 기준으로 호적을 편제하는 제도는 아니다.

호주제는 호주 승계 순위, 혼인 시 신분 관계 형성, 자녀의 신분 관계 형성에 정당한 이유 없이 남녀를 차별하는 제도이고, 이로 인하여 많은 가족이 현실적 가족생활과 가족의 복리에 맞는 법률적 가족 관계를 형성하지 못하여 불편과 고통을 겪고 있다. 그뿐만 아니라 남계 혈통 중심의 특정한 가족 관계의 형태를 규정하고 강요함으로써, 혼인과 가족생활을 어떻게 꾸려 나갈 것인지에 관한 개인과 가족의 자율적 결정권을 존중하라는 헌법 제36조 제1항에 맞지 않는다.

오늘날 가족 관계는 한 사람의 가장(호주)과 가속으로 분리되는 권위주의적인 관계에서 가족원 모두가 평등하게 존중되는 민주적인 관계로 변하고 있다. 가족의 형태도 모와 자녀로 구성되는 가족, 재혼 부부와 전 배우자와의 사이에서 태어난 자녀로 구성되는 가족 등 매우 다양하게 변화하고 있고, 여성의 경제력 향상, 이혼율 증가 등으로 여성이 가장의 역할을 맡는 비율이 점차 증가하고 있다. 따라서 호주제가 전통과 관련이 있다 해도, 변화된 사회 환경 및 가족 관계와 조화되기 어려울 뿐 아니라, 오히려 현실적으로 존재하는 가족을 억압하고 차별하고 있으므로 유지될 이유가 없다.

그럼에도 불구하고 호주제의 골격을 이루는 심판 대상 조항들에 대해 위헌 관결을 내리면 호주제가 존속하기 어렵고, 그 결과 현행 호적법이 그대로 시행되기 어려워 신분 관계를 공시·증명하는 공적 기록에 중대한 공백이 발생하게 되므로, 호적

법을 개정할 때까지 심판 대상 조항들을 잠정적으로 계속 적용케 하기 위하여 헌법 불합치 결정을 선고한다.

변화된 현실을 반영하지 못하는 호주제

남녀가 평등하다는 것은 헌법에서도 확인할 수 있는 우리 사회의 지향점이다. 그러므로 호주제가 남녀 차별을 고착화하거나 심화한다면 마땅히 수정하거나 폐기해야 한다.

이 판결로 말미암아 2008년 1월 1일부터 '가족관계의 등록 등에 관한 법률'이 시행되면서 가족관계등록부가 사용되고 있다. 호주와 관련된 규정은 모두 사라졌으며, 출생과 혼인, 사망 등 가족 관계의 발생과 변동 사항은 '나'를 중심으로 기록된다. 또한 자녀의 성과 본은 아버지의 것을 따르는 것이 원칙이긴 하지만, 혼인 신고 시 부모의 협의에 의해 어머니의 성과 본을 따를 수도 있게 되었다. 재혼 가정에서는 법원의 허가를 얻어 자녀의 성과 본을 바꿀 수도 있다. 물론 단순히 자녀의 성을 변경하는 것만으로 친자 관계가 바뀌지는 않기 때문에 자녀의 가족관계증명서에는 여전히 친아버지가 아버지로 기재된다. 그러나 친양자 제도가 도입되면서부터는 친아버지와의 친자 관계를 소멸하고 친양자 입양의 절차를 거치는 경우에는 가족관계등록부에 새아버지를 아버지로 등록할 수 있게 되었다.

이제 여성에게도 결혼이 '시집을 가는 것'에서 '새로운 가족을 꾸리는 것'으로 바뀌었으며, 결혼 제도에서 남녀의 지위가 법적으로 동등해졌다. 또한 다양한 형태의 새로운 가족이 법적으로 인정받고 보호받을 수 있게 되었다. 이 판결을 통해 법은 영원불멸의 진리가 아니며, 변화하는 사회상을 반영하여 그 속에 살아가는 우리의 삶을 보호하는 장치로 기능하고 있다는 것을 알 수 있다.

자녀의 성을 어떻게 정할까?

2008년 1월 1일부터 '가족관계의 등록 등에 관한 법률'이 시행되면서, 자녀의 성과 본은 아버지의 것을 따르는 것을 원칙으로 하되, 혼인 신고 시 어머니의 성과 본을 쓰기로 협의한 경우 어머니의 것을 따를 수 있게 되었다. 재혼 가정의 경우 법원이 자녀의 나이와 의사, 친아버지와의 교류 정도 등을 심리한 뒤 허가하면 자녀의 성을 바꿀 수 있게 되었다.

입양아의 경우 지금까지는 친아버지의 성과 본을 따랐지만, 만 15세 미만인 경우 가정법원의 재판을 통해 입양된 집안의 성과 본으로 바꿀 수 있게 되었다.

그럼, 외국에서는 자녀의 성을 어떻게 정하는지 알아보자.

Hugo Hartnet 휴고 하트넷(미국)	엄마, 아빠의 합의로 엄마의 성인 하트넷을 따라 나는 휴고 하트넷이 되었다.
Kate Stewart 케이트 스튜어트(영국)	엄마, 아빠의 성 중 선택할 수 있지만 큰 고민 없이 아빠의 성인 스튜어트를 따서 내 이름을 지었다.
Trude Fleischmann 트루드 플라이슈만(독일)	내가 태어난 지 1개월이 지나도 엄마와 아빠가 합의를 못하자 법원은 엄마에게 결정권을 주었고, 엄마는 외할머니의 성을 따서 플라이슈만이라는 성을 내게 주었다.
毛梁 愛玲 마오량 아이링(중국)	엄마의 성 마오, 아빠의 성 량을 합쳐 마오량이라는 새로운 성을 내게 주었다.
David Garcia Borges 다비드 가르시아 보르헤스(에스파냐)	당연히 엄마, 아빠의 성을 모두 물려받아 내 이름은 다비드 가르시아(아빠) 보르헤스(엄마)다.
Joakim Hjerpe 요아킴 예르페(스웨덴)	엄마, 아빠 성 중 하나를 선택할 수 있는 기한인 3개월을 넘겨 법에 따라 엄마의 성인 예르페가 나의 성이 되었다.

Simon Gershon
시몬 게르숀(이스라엘)

어머니 성을 쓸 수도 있지만, 보수적인 우리 집은 나에게 아빠의 성인 게르숀을 물려주었다.

 2008년부터는 아이가 어머니와 아버지 가운데 어느 쪽의 성과 본을 따르게 할 것인지를 놓고 부부가 합의를 하게 되었다. 자녀는 독립된 인격체이지만, 부모에게는 그들의 분신이기도 하기에 아버지와 어머니 모두 자신의 성을 따르게 하고 싶을 것이다. 어떻게 해야 순조롭게 합의할 수 있을까?

 우리나라는 2012년 기준으로 세계 경제 규모 15위의 경제 강국이다. 하지만 매년 1,000여 명의 아동을 해외로 입양을 보내는 '아동 수출 대국'이라는 오명을 벗지 못하고 있다. 그러면서도 국내 입양은 하지 않는 나라. 혹시 아버지의 대를 이을 핏줄을 중시하는 풍토, 그리고 그 법률적 바탕이 되었던 호주제가 원인은 아니었을까?

02 시집간 딸은 우리 가문 일에 참견하지 말 것!

종회 회원 확인 판례
대법원 2005. 7. 21. 선고, 2002다1178 판결

한 종중의 제례 모습이다.

주부 박정숙(42세, 경기 성남시) 씨는 딸만 둘인 게 아쉬웠는데 요즘 생각이 바뀌었다. 얼마 전 딸만 둘 있는 친척의 칠순 잔치에서 그 집의 사위들을 보고 깜짝 놀랐기 때문이다.

"나이 든 사위들이 장인, 장모와 손님을 기쁘게 해 드린다고 온갖 재롱을 부리는데 정말 부럽더라고요. 사위들이 처가의 대소사는 물론 장인, 장모의 운전사로서 손발 노릇을 톡톡히 하더군요."

요즘엔 아들 노릇을 하는 사위들이 부쩍 늘었다. 가족 계획이 시작된 1960~1970년대부터 딸만 둔 가정이 크게 늘어나 사위가 유일한 '남자 자식'인 집이 적지 않다. 게다가 여성의 지위 향상으로 사위가 처가를 대하는 태도도 달라졌다.

딸만 있는 집의 맏사위인 이 모(33세, 회사원) 씨는 "명절에 '오전은 친가, 오후는 처

가' 가 정례화된 지 오래"라며 "서운해하시는 어머니에게 '엄마, 난 거기서도 아들이야.' 라고 말씀드린다."고 말하였다. 이씨의 부인(29세)은 "나도 딸 하나만 있는데 남편이 장인, 장모에게 잘하면 아이가 배우지 않겠느냐." 면서 "남편이 고마워 시댁에도 잘해야겠다는 마음이 든다."고 말하였다.

주부 이정희(46세, 서울 관악구) 씨도 " '처삼촌 뫼에 벌초하듯' 한다는 것은 옛말" 이라며 "친척의 사위가 처조부와 처조모 제사까지 챙기는 것을 보면서 세상이 많이 달라졌다는 걸 느꼈다."고 말하였다.

− 〈동아일보〉 (2006. 9. 21.)

이 글이 우리 사회 전체의 모습을 보여 주는 것은 아니다. 며느리에게 '출가 외인' 운운하며 시댁에만 충실할 것을 강요하는 시부모도 엄연히 존재한다. 그러나 그런 시부모조차도 명절이면 딸이 사위와 함께 빨리 집에 왔으면 좋겠고, 외손자도 무척 사랑스럽다. 가족에 대한 생각과 기대 수준이 변화하고 있다. 그렇다면 이에 따라 법도 달라져야 하지 않을까?

사 실 관 계 용인 이씨 사맹공파 종중은 1999년 3월, 종중 소유의 임야를 건설업체에 350억 원을 받고 팔았다. 그 돈을 종중의 성인 남자에게는 1억 5,000만 원씩 나누어 준 반면, 미성년자 및 결혼을 한 여자에게는 종회 회원(종원)의 지위는 인정하지 않은 채 증여* 형태로 1인당 1,650만 원에서 5,500만 원씩 차이를 두어 나누어 주었다. 그러자 결혼을 한 여자 5명이 자신들도 종원이라는 것을 인정받기 위해 소송을 제기하였다. 그들은 종중

● **증여** 당사자의 일방(증여자)이 무상으로 재산을 상대방에게 준다는 의사 표시를 하고, 상대방이 그것을 승낙함으로써 성립하는 계약(민법 제554조).

규약 제3조에서 "본회는 용인 이씨 사맹공의 후손으로서 성년이 되면 회원 자격을 가진다."고 규정하고 있는데, 이 규약에서 회원 자격을 남자로 제한하고 있지 않으므로 자신들도 종원 자격이 있다고 주장하였다.

원심에서는 관습상 종중은 공동 선조의 후손 중 성년 남자를 종원으로 하여 구성되는 종족의 자연적 집단으로, 종중 규약이 회원의 자격을 명시적으로 남자로 제한하지는 않았지만 이것이 곧 여자도 종회의 회원 자격을 갖는다는 의미는 아니라고 판결을 내렸다. 원고는 이에 불복하여 대법원에 상고하였다.

관련 법률 조항

헌법

제11조

① 모든 국민은 법 앞에 평등하다. 누구든지 성별·종교 또는 사회적 신분에 의하여 정치적·경제적·사회적·문화적 생활의 모든 영역에 있어서 차별을 받지 아니한다.

제36조

① 혼인과 가족 생활은 개인의 존엄과 양성의 평등을 기초로 성립되고 유지되어야 하며, 국가는 이를 보장한다.

민법

제1조 (법원)

민사에 관하여 법률에 규정이 없으면 관습법에 의하고, 관습법이 없으면 조리에 의한다.

제31조 (법인 성립의 준칙)

법인은 법률의 규정에 의함이 아니면 성립하지 못한다.

제105조 (임의 규정)

법률 행위의 당사자가 법령 중의 선량한 풍속 기타 사회 질서에 관계 없는 규정과 다른 의사를 표시한 때에는 그 의사에 의한다.

제106조 (사실인 관습)

법령 중의 선량한 풍속 기타 사회 질서에 관계 없는 규정과 다른 관습이 있는 경우에 당사자의 의사가 명확하지 아니한 때에는 그 관습에 의한다.

1. 성인 남자만 종중의 구성원이 되는 것은 우리가 따라야 할 전통인가?

🔍 종중은 선조의 묘를 관리하고 제사를 지내며, 종중에 속한 사람들의 친목 도모를 목적으로 하는 집단이다. 가문의 성인 남자라면 누구나 자동적으로 종중의 구성원이 된다. 종중은 그 가문에 속한 사람들만을 구성원으로 하므로, 혼인을 하여 다른 가문으로 편입된 여자는 종중의 구성원이 될 수 없다. 말하자면 딸은 시집가면 시댁 사람이 되는 것이므로, 이후로는 친정의 종중과는 무관하다. 현대 사회가 남녀 평등을 당연하게 생각하는 것과는 별개로, 집안의 제사에서는 여전히 남자가 주체이며, 남자가 대를 이어가는 관습을 종중에서는 당연하게 여긴다. 즉, 종중에서는 남녀 평등이라는 가치보다 가부장제의 전통을 지키는 쪽에 무게를 두고 있다. 게다가 시집간 딸이 친정 제사 때마다 오는 것이 현실적으로 쉬운 일은 아니지 않은가?

"여자는 시집가면 죽어서도 그 집 귀신이 되어야 한다."는 옛 어른들의 말씀을 관습 혹은 전통이라는 이유로 계속해서 따라야 할까? 오랜 세월 우리 사회를 지배해 온 가부장제는 현대 사회가 지향하는 보편적 가치인 '남녀 평등'과 대립한다. 좀 극단적인 비유일 수 있겠으나 여성 할례를 강제하는 부족이 "이것은 우리의 관습이므로 인정하라."고 요구한다면 우리는 그것을 받아들여야 할까? 과거로부터 내려온 것 모두가 전통은 아니다. 어떤 것은 악습일 뿐이다.

2. 종중 문제에 법이 개입할 수 있을까?

내가 내 방의 벽지를 온통 빨간색으로 하든, 검정색으로 하든, 흰색으로 하든 그건 법이 관여할 바가 아니다. 또 내가 성인이 된 후에도 나의 부모를 아버지, 어머니가 아닌 아빠, 엄마라 부르며 응석을 부린다 해도 법이 관여할 바는 아니다. 그러나 아무리 사적 공간이라 해도 자식이 부모에게 폭언을 일삼으며 폭력을 휘두른다면 그것은 법이 관여할 문제임이 틀림없다.

종중은 같은 집안 사람끼리 자발적으로 구성한 사적 모임이다. 종중의 의무는 법적 강제력을 띠지 않는다. 그렇다면 사적인 공간인 종중의 일에 법률이 침범할 수 없는가? 아니면 법률의 잣대를 들이대고 헌법이 보장한 남녀 평등을 지키라고 할 것인가?

판결문 살펴보기 관습법이란 "사회의 거듭된 관행으로 생겨난 사회 생활 규범이 사회의 법적 확신과 인식에 의해 법적 규범으로 승인·강행되기에 이른 것"을 말하고, 이 관습법은 헌법을 최상위 규범으로 하는 전체 법 질서에 반하지 않는 것으로서 정당성과 합리성이 있다고 인정될 수 있는 것이어야 한다. 만약 그렇지 않다면 비록 사회의 관행이라고 할지라도 관습법으로서 효력을 인정할 수 없다. 사회의 관행으로 만들어진 관습법이라 해도 구성원들이 그 관행의 법적 구속력에 대해 확신을 갖지 않게 되거나, 사회의 기본 이념과 사회 질서가 변하여 전체 법 질서에 맞지 않게 된다면 그 관습법은 법적 규범으로서의 효력이 인정될 수 없다.

종중과 관련된 관습법에 대한 인식은 변화하고 있다. 첫째, 종원의 자격을 성년 남자로만 제한하고 여자에게는 자격을 주지 않는 종래의 관습에 대한 사회 구성원의 법적 확신이 흔들리거나 약해졌다. 둘째, 헌법을 최상위 규범으로 하는 전체 법 질서는 개인의 존엄과 양성의 평등을 기초로 한 가족생활을 보장하고, 가족 내의 실질적인 권리와 의무에 있어서 남녀의 차별을 두지 않는다. 또한 정치·경제·사회·문화 등 모든 영역에서 남녀 평등을 실현하는 방향으로 변화가 이루어졌고, 앞으로도 남녀 평등의 원칙은 더욱 강화될 것이다. 그러므로 공동 선조의 후손 중 성년 남자만을 종중의 구성원으로 한다는 종래의 관습은 종중의 활동에 참여할 기회 부여의 여부를 성별만으로 결정짓는 것으로서, 변화된 우리 전체 법 질서에 맞지 않으며 정당성과 합리성이 있다고 볼 수 없다. 따라서 종중 구성원의 자격을 성년 남자로만 제한하는 종래의 관습법은 이제 더 이상 법적 효력을 가질 수 없다.

종중이란 공동 선조의 분묘 수호와 제사 및 종원 상호 간의 친목 등을 목적으로 하여 구성되는 자연 발생적인 종족 집단이므로, 이러한 목적과 본질에 비추어 볼 때 공동 선조와 성과 본이 같은 후손은 성별의 구별 없이 성년이 되면 당연히 그 구성원이 된다고 본다. 본인의 의사와 관계 없이 종중 구성원이 되는 점은 결사와 양심의 자유를 침해한다는 비판을 받을 수도 있다. 그러나 이는 종중이 통상적인 사단 법인 또는 비법인 사단과 구별되는 특성을 고려하지 않은 것이다. 또한 종원으로서의 부담 행위가 도덕적·윤리적 의무에 불과하여 그 의사에 관계없이 종중 구성원이 되도록 하더라도 문제될 것이 없다고 본다.

대법원이 이 판결에서 "공동 선조와 성과 본을 같이하는 후손은 성별의 구별 없이 성년이 되면 당연히 그 구성원이 된다."고 견해를 변경하는 것은 그동안의 종중 제도의 근간을 바꾸는 것이다. 만약 이 견해를 소급하여 적용한다면, 수십 년간 유지되어 왔던 수많은 법률 관계의 효력을 일시에 좌우하게 되어 법적 안정성과 신의 성실의 원칙*에 기초한 당사자의 신뢰 보호를 내용으로 하는 법치주의의 원리에도 반하게 된다. 따라서 새로이 성립되는 법률 관계에 대해서만 적용된다고 보는 것이 알맞다. 그러나 대법원이 종래의 견해를 변경하는 것은 이 사건을 재판하도록 하려는 데 취지가 있고, 만약 이 사건에도 변경된 견해가 적용되지 않는다면 구체적인 사건에 있어 당사자의 권리 구제를 목적으로 하는 사법 작용의 본질에 어긋날 뿐 아니라 정의에 반하게 된다. 따라서 이 사건에는 변경된 견해가 소급하여 적용되어야 한다.

여성의 종회 회원 자격

이 판결을 계기로 모든 성인 여자에게도 종원 자격이 주어졌다. 단순히 희망하는 여자에게 참여의 기회를 주는 데 그치지 않고, 성인 남자가 본인 의사와 관계없이 종원이 되는 것처럼, 성인 여자도 본인 의사와 관계없이 종원이 된다.

종중은 사적인 영역이며, 우리나라에서는 "사적 영역에는 법률이 개입할 수 없다."는 생각이 여전히 지배적이다. 그래서 아동 학대를 비롯한 가정 폭력이 묵인되고 있었으며, 그에 법률이 개입하기까지 상당한 시간이 필요하였다. 이번 판결은 가정을 사적 공간으로 제한한 것에서 벗어나 공적 영역으로 확대하고, 가정과 가문이라는 사적 공간에서도 남녀 평등이 이루어져야 함을 선언하였다는 점에서 뜻깊다.

무엇이 전통인지도 다시금 생각해 보게 하였다. 과거로부터 이어져 온 모든 것이 전통은 아니다. 아무리 오랜 세월 유지되어 왔다 할지라도 그것이 현대 사회가 인정하는 보편적 가치와 대립한다면 후세에게 물려주어야 할 전통이라

● **신의 성실의 원칙** 모든 사람은 사회의 일원으로서 상대편의 신뢰에 어긋나지 아니하도록 성의 있게 행동하여야 한다는 원칙. 민법은 권리의 행사와 의무의 이행을 이 원칙에 따르도록 하고 있다. ≒ 신의칙

고 볼 수는 없다.

지금 우리에게 전통인 것이 미래에는 아닐 수 있다. 흔히 과거에는 여자의 사회적 지위가 지금보다 낮았을 것이라고 생각하지만, 신라 시대에는 여왕이 있었고, 고려 시대에는 부인과 남편의 관계가 비교적 평등하였으며 부모의 재산을 아들과 딸이 동등하게 상속받았다. 전통은 고정된 것이 아니라 시대의 흐름에 따라 변화하는 것이다. 종중도 현재를 살아가는 우리가 인정하는 보편적 가치에 알맞게 변화하는 것이 마땅하다.

종원 자격은 동등해도 재산권은 차별한다?

우봉 김씨 계동공파 종중은 종중의 땅이 공익 사업 토지로 수용되면서 137억여 원을 받게 되었고, 이 중 90억 원을 종원에게 나누어 주기로 하였다. 총회 의결을 통해 남성 세대주에게 3,800만 원, 비세대주와 출가한 여자에게 1,500만 원씩 주었다. 이에 반발한 여성 종원 27명은 출가한 여자를 차별하여 평등권을 침해했다며 90억 원을 모든 종원에게 똑같이 나누어 주어야 한다고 소송을 제기하였다.

이에 대해 서울서부지방법원은 "종중을 이어 갈 후손을 중심으로 구성된 세대와, 여자 후손으로 다른 종중원과 결혼해 다른 종중의 후손을 낳아 구성된 세대를 차등화한 것은 종중의 특성상 합리적인 범위 내라면 허용될 수 있다. 이것이 남녀 평등의 관점에서 반드시 바람직하다고 단정할 수는 없으나, 사적 자치 원칙의 한계를 넘었다거나 법률상 현저하게 불공정하여 무효라고까지 단정하기에는 부족하다."고 밝히면서, 원고 패소 판결을 내렸다.

이 판결은 남녀가 동등하게 종원의 자격을 가진다는 대법원 판례가 종중의 재산까지 동등하게 나누라는 의미는 아니라고 본 것이다. 남녀가 동등하게 종중 구성원이 될 수는 있지만 종중 재산의 분배에서는 차이를 두는 것이 마땅한 일일까? 또 남자 후손이 다른 종중의 여자와 결혼해 자녀를 낳은 것과 여자 후손이 그러한 것을 구분하고 이를 합리적 차등으로 보았는데, 과연 이를 합리적 차등이라 볼 수 있을까?

대법원은 한 가문의 아들과 딸이 동등하게 종원이 될 수 있다고 선언하였지만, 그 구체적인 권리 찾기는 여전히 진행 중이다.

우리 집 앞 러브호텔 **03**

러브호텔 건축 관련 판례
서울행정법원 2001. 3. 9. 선고, 2000구32242 판결

맹순이 어머니가 맹순이의 교육을 위하여 네 번째 이사를 감행하기로 하였다는 안타까운 사연이 있다. 맹순이 어머니가 맹순이와 함께 처음 살았던 곳은 공동묘지 근처였다. 함께 놀 벗은 없고 매일 장례를 치르는 광경만 보았던 맹순이는 곡하는

주택가에 러브호텔이 들어서 있다.

소리를 흉내 내고 땅을 파 관을 묻는 놀이를 하며 지냈다. 이 모습을 지켜보던 맹순이 어머니는 큰 결심을 하고 이사를 하였는데, 그곳은 바로 시장 근처였다. 그러자 맹순이가 이번에는 장사꾼 흉내를 내며 "떡 사세요! 떡 사세요!" 하기에 맹순이 어머니는 세 번째 이사를 결심하게 되었다. 세 번째 자리 잡은 곳은 서당 근처였는데, 맹순이가 서당에서 글 읽는 아이들을 지켜보더니, 그들

을 흉내 내어 글 읽는 소리를 내고, 인사하는 법을 익혔다. 맹순이 어머니는 이곳이야말로 맹순이와 함께 살 만한 곳이구나 하고 그곳에 머물러 살기로 결심하였다.

그렇게 평화롭던 어느 날, 집 앞에 '러브주막'이 하나둘 들어서더니, 어느 해질 녘 맹순이가 동무들과 "진주장—뉴월드—한성모텔······." 하며 이른바 '러브주막 이름 대기 놀이'를 하는 것이 아닌가. 맹순이 어머니는 네 번째 이사를 위해 집을 내놓았으나 도무지 팔리질 않더란다.

사실 관계 권 모 씨는 2000년 5월 서울 관악구 남현동 상업 지구 내에 업무 시설(오피스텔)용 건물을 지을 수 있는 건축 허가를 받은 후, 한 달 뒤 숙박 시설로 바꾸고자 관악구청에 용도 변경 신청을 냈다. 하지만 관악구청은 러브호텔 신축에 대한 지역 주민의 반대와 주거 환경 보존을 이유로 용도 변경 신청을 거부하였다. 이에 권씨는 이 사건의 처분이 두 가지 이유에서 위법하다고 주장하며 서울특별시 관악구청장을 상대로 행정 소송을 제기하였다. 첫째, 건축 허가는 공익을 위해 제한되었던 건축의 자유를 회복시켜 주는 행위에 불과하므로, 관계 법규에서 정하는 제한 사유에 해당하지 않는 이상 당연히 건축 허가를 해야 하는데, 피고가 변경 거부 이유로 내세우는 것들은 관계 법규 어디에도 규정되어 있지 않다. 둘째, 이 사건 건물의 용도를 숙박 시설로 변경하더라도 지역 주민에게 수인 한도*를 넘는 피해가 발생하는 것은 아니다.

● **수인 한도** 환경권의 침해나 공해, 소음 따위가 발생하여 타인에게 생활의 방해와 해를 끼칠 때 피해의 정도가 서로 참을 수 있는 한도.

헌법

제23조

① 모든 국민의 재산권은 보장된다. 그 내용과 한계는 법률로 정한다.

② 재산권의 행사는 공공복리에 적합하도록 하여야 한다.

③ 공공 필요에 의한 재산권의 수용·사용 또는 제한 및 그에 대한 보상은 법률로써 하되, 정당한 보상을 지급하여야 한다.

건축법

제8조 (건축 허가)*

④ 허가권자는 제1항의 규정에 의하여 허가를 하고자 하는 경우 당해 용도·규모 또는 형태의 건축물을 그 건축하고자 하는 대지에 건축하는 것이 (……) 관계 법령의 규정에 적합한지의 여부를 확인하여야 한다.

* 건축 허가에 대한 조항은 2008년 3월 21일 개정으로 건축법 제11조가 되었다.

도시계획법*

제2조 (도시 계획의 기본 이념)

① 도시 계획은 도시의 주거 기능·상업 기능·공업 기능 등이 조화를 이루고 주민이 편안하고 안전하게 생활할 수 있도록 이를 수립·집행하여야 한다.

제49조 (개발 행위 허가의 기준)

① 특별시장·광역시장·시장 또는 군수는 개발 행위 허가의 신청 내용이 다음 각 호의 기준에 적합한 경우에 한하여 개발 행위 허가를 하여야 한다.

1. 도시 계획의 내용에 배치되지 아니할 것

* 2002년 2월 4일에 '국토의 계획 및 이용에 관한 법률'이 제정되면서 '도시계획법'은 폐지되었다.

생각해 보기

내 땅이니 내 맘대로 해도 될까?

🔍 밤낮으로 열심히 일하여 모은 돈으로 작은 사업을 하려고 한다. 그것이 러브호텔이 되었건 밥장사가 되었건 법을 어기지 않는다면 문제될 것이 없는 것 아닌가? 우리 헌법 제15조는 "모든 국민은 직업 선

택의 자유를 가진다."고 하였다. 이는 영업의 자유까지를 포함하는 것이다. 대한민국은 민주주의 국가이고, 국민의 재산권을 보장하며, 모든 국민에게는 직업 선택의 자유가 있다. 법을 어기지 않았는데 이를 제한한다면 엄연한 기본권 침해다. 건축 요건을 갖추고 적법하게 신청한 허가를 인근 주민의 불만 등을 이유로 거부하는 것은 기본권 침해를 넘어서 실질적으로 재산에 큰 손실을 입히는 것이다. 자신의 재산을 스스로의 결정대로 사용할 수 있는 것은 존엄성을 유지하는 데 매우 중요한 조건이다. 이런 의미에서 러브호텔 건축 허가를 막은 것은 엄연한 국가 권력의 남용이라고 하겠다.

🔍 땅은 인간이 금을 그어 나누어 놓긴 했지만, 실제로 딱 잘라 나눌 수 있는 것이 아니다. 옆집에서 공사를 하느라 땅을 깊이 파내면 우리 집을 지탱하고 있는 기초도 흔들리게 마련이다. 어떤 논에 농약을 많이 뿌리면 그 옆에 있는

논 역시 유기농 경작지로 인정받을 수가 없다. 그런데도 자기 땅이니 무엇이든 마음대로 하도록 두어도 좋을까? 주변의 여러 지역에 미치는 영향까지 고려해야 하는 게 당연하지 않을까? 이때의 '영향'이란 물리적인 것, 즉 자연환경에만 한정되는 것은 아니다. 러브호텔이 들어설 경우라면 인근 주민의 사회적 환경, 다시 말해 주거 환경권이나 교육 환경권을 심각하게 침해하는 것은 아닌지 고려해야 한다.

물건은 사용하다가 망가지면 고쳐 쓰거나 버리면 되지만, 땅은 다르다. 논밭을 전부 러브호텔로 만들었다가 다시 농지로 바꾸는 것은 결코 쉽지 않다. 그러니 땅을 사용하는 것은 사회적으로 인정될 수 있는 범위 내에서 신중하게 고려되어야 한다. 땅은 사람의 노력으로 만들어진 것이 아니라 자연이 베풀어 준 선물이다. 땅이 개인의 능력이나 노력의 결과가 아니므로, 원칙적으로 모든 국민은 땅에 대해 평등한 권리를 갖는 것이 아닐까? 나만이 사용할 수 있는 땅이라는 게 있을 수 있을까?

판결문 살펴보기 도시계획법 제49조 제1항 제1호의 규정에 의하면, 특별시장 등은 개발 행위 허가의 신청 내용이 도시 계획의 내용에 배치되지 않는 경우에 한하여 개발 행위를 허가해야 하므로, 결국 건축 허가도 도시 계획의 내용에 배치되지 않는 경우에 허가할 수 있다.

그리고 도시의 주거 기능·상업 기능·공업 기능 등이 조화를 이루고 주민이 편안하고 안전하게 생활할 수 있도록 한다는 도시 계획의 기본 이념에 비추어 신청 내용이 해당 지역 안에서의 건축 제한에 위배되지 않더라도, 인접한 지역의 기능을 현저히 저해하는 경우에는 그것이 도시 계획의 내용에 배치된다고 보아 건축 허가를 거부해야 할 것이다.

만약 이 사건 건물이 러브호텔로 사용되고, 나아가 이 건물을 중심으로 그 주변에 러브호텔이 들어서 이 지역이 일반 상업 지구를 마주하고 있는 사건 구역의 동쪽처럼 변하게 된다면, 폭 6미터가량의 도로를 사이에 두고 러브호텔들과 마주하고 있는 준주거 지역의 주민들은 큰 불편을 겪게 될 것이다.

비록 성인이라 하더라도 집을 나서자마자 눈에 띄는 러브호텔 이용자들의 모습이나 혼인 외의 성관계가 벌어지고 있는 러브호텔들을 마주 보고 지내야 한다는 사실 그 자체에서 심한 혐오감이나 수치심을 느끼게 될 것이고, 청소년들의 경우에는 러브호텔들이 부추기는 성에 대한 호기심 내지 충동으로 건전한 인격을 형성하기 어렵게 될 것이다. 이러한 혐오감이나 수치심 또는 정서적 악영향은 일반 상업 지역과 인접한 곳에 거주하는 주민들로서 감수하여야 하는 불편의 한도를 훨씬 넘어서는 것이라고 하겠다.

한편, 이 사건 건물의 용도를 숙박 시설로 변경하도록 허가하여 이 사건 구역 전체를 러브호텔로 채우는 것은, 이 사건 구역을 일반 상업 지역으로 지정하여 역세권으로 개발하려고 한 도시 계획의 목적에도 부합하지 않는 것으로 보인다. 또한 원고들이 이미 이 사건 구역 안에서 숙박 시설을 소유·경영하고 있는 점 등을 감안하면, 위와 같은 용도 변경을 허가하지 않는 것이 원고들에게 수인 한도를 넘어서는 희생을 강요하는 것이라고는 판단되지 않는다.

따라서 이 사건 건물의 용도를 숙박 시설로 변경하는 것은 당해 지역의 존립 목적에도 부합하지 않으면서 맞은편 준주거 지역의 기능을 현저하게 저해하는 것으로써 도시 계획의 내용에 배치된다고 할 것이므로, 이를 허가해서는 안 된다.

숙박 시설로 용도 변경

불허
— 서울행정법원 2001 —

● **준주거 지역** 도시계획법에 따라 도시 계획 지역은 주거 지역, 준주거 지역, 상업 지역, 공업 지역 등으로 구분된다. 이 중 준주거 지역은 주거 지역 중 주거 기능을 위주로 하되 일부 상업·업무 기능을 보완한 지역이다.

헌법 제23조 제1항은 "모든 국민의 재산권은 보장된다."고 규정하고 있다. 재산권을 개인의 기본권 중 하나로 헌법에 정해놓고 보호하고 있는 것이다. 1776년 미국의 '버지니아 인권선언'이 재산권을 불가침의 천부 인권으로 인정한 이래 근대 국가에서 재산권은 신성 불가침의 독점적 지배권으로서, 소유권자 개인에게만 사용·수익·처분의 기능이 독점되었다.

그러나 위 판결은 주민의 편안하고 안전한 생활을 위한 도시 계획이라는 공공의 이익에 반한다는 이유로 상업 지구 내에 건축 제한을 위반하지 않고 러브호텔을 건축하고자 하였던 원고의 재산권을 제한할 수 있음을 인정하였다. 자유 시장 경제 아래서 절대적으로 보호받으며 비대해진 재산권이 공공성이라는 트레이너를 만나 다이어트를 하게 된 것이다.

애초에 재산권의 절대적 보장은, 그것이 궁극적으로 인간의 존엄과 가치를 높이는 길이라는 믿음에 바탕을 둔 것이었다. 그러나 사유 재산권의 절대적 보장은 사회적 약자에게는 별 의미가 없을 뿐 아니라, 오히려 빈부 격차를 심화하고 소외 계층을 양산하며 그들의 생존권마저 위협하고 있는 것이 현실이다. 따라서 모든 사람에게 생존권을 보장해 주기 위해서는 재산권의 행사가 절대적인 것이 될 수 없다. 헌법 제23조에서도 재산권 행사는 "공공복리에 적합하도록 하여야 한다."고 한계를 분명히 하고 있다.

그러나 재산권은 인간의 자립을 위한 기본 조건이며, 유럽의 시민 혁명은 불가침의 재산권을 획득하기 위한 싸움이었다. 재산권의 제한에는 엄격한 조건이 필요하며, 그것은 반드시 법률에 근거한 것이어야 한다는 점도 함께 새겨두어야 할 것이다.

러브호텔 소송, 엇갈리는 판결 속 제자리 찾기

몇 년간의 러브호텔 건축 허가 관련 소송들을 보면 법이라는 것이 일련의 과정이고 역사라는 것을 알 수 있다. 법이란 외부에서 주어진 어떤 진리가 아니라, 사람들이 부대끼며 살아가는 과정에서 만들어진 사회적·역사적 산물이다.

러브호텔 관련 소송의 판결들은 극명하게 엇갈린다. 그야말로 '오락가락' 한다. 찬찬히 살펴보면 그 과정 자체가 매우 의미 있는 사회적 논쟁의 과정임을 알 수 있다. 법이란 사회적 합의다. 그 합의는 사회가 변하면서 변화할 수 있다. 그 과정에는 논쟁이 필요하다. 그래서 법은 끝없는 논쟁이다. 그리고 그 논쟁의 주체가 시민이라는 것을 일련의 러브호텔 관련 소송에서 발견할 수 있다. 러브호텔 관련 소송 뒤에는 시민들의 적극적인 사회 참여가 있었는데, 2000년대 초반부터 각종 소송과 함께 제정·개정되기 시작한 각 시·도의 건축 조례는 이러한 사회 참여가 없었다면 애초부터 불가능하였을지 모른다. 사회적 논쟁의 주체가 시민이며 그 논쟁의 결과물이 법이라는 것, 그것이야말로 법에서 이야기할 수 있는 유일한 진리가 아닌가 한다.

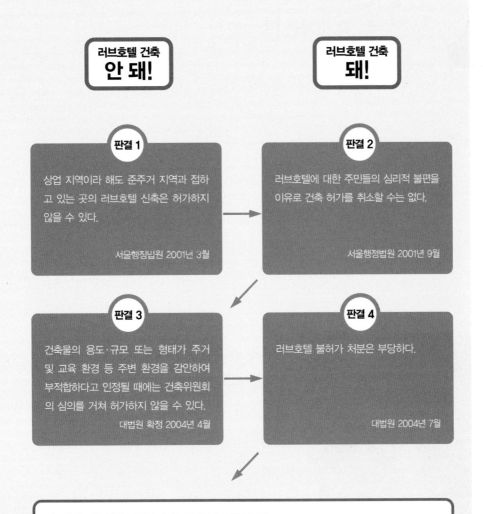

러브호텔 건축
안 돼!

러브호텔 건축
돼!

판결 1

상업 지역이라 해도 준주거 지역과 접하고 있는 곳의 러브호텔 신축은 허가하지 않을 수 있다.

서울행정법원 2001년 3월

판결 2

러브호텔에 대한 주민들의 심리적 불편을 이유로 건축 허가를 취소할 수는 없다.

서울행정법원 2001년 9월

판결 3

건축물의 용도·규모 또는 형태가 주거 및 교육 환경 등 주변 환경을 감안하여 부적합하다고 인정될 때에는 건축위원회의 심의를 거쳐 허가하지 않을 수 있다.

대법원 확정 2004년 4월

판결 4

러브호텔 불허가 처분은 부당하다.

대법원 2004년 7월

러브호텔 건축 반대 시위의 쾌거-2007년, 건축협정제

서울시는 지역 주민의 합의를 거쳐 각종 기피 시설의 건축을 막을 수 있는 건축협정제를 2007년 상반기에 도입하기로 하였다. 건축협정제란 재산권이 있는 주민의 상당수가 합의할 경우 러브호텔이나 PC방 등 특정 기피 시설을 짓지 못하도록 하는 제도이다.

그러나 자원 회수 시설(쓰레기 소각장) 등 공공 이익에 부합하지만 집단 이기주의로 기피하는 시설들은 협정 대상에서 제외된다. 이처럼 시로부터 인정받은 협정은 구청에 건축 허가 신청이 들어와도 협정을 근거로 불허할 수 있다.

— 〈세계일보〉(2006. 11. 29.)

04 결혼한 여자는 직장을 떠나라!

여성 조기 정년 판례
서울고등법원 1986. 3. 4. 선고, 85나1683 판결

여성의 사회 진출은 꾸준히 증가해 왔지만, 여성의 노동 조건은 여전히 열악하다.

'여성이 가정을 돌보기 위해 일을 그만두기를 원한다.'는 것과 '여성은 결혼하면 일을 그만두어야 한다.'는 것에는 어떤 차이가 있을까? 전자가 개인의 선택의 문제라면, 후자는 명백한 차별이다.

1990년대 초까지만 해도 우리 사회는 특정 전문직을 제외하고는 여성의 조기 퇴직을 당연한 것으로 받아들이는 분위기였다. 많은 여성이 결혼과 동시에 회사를 그만두니 당신도 예외 없이 그만두어야 한다는 무언의 압력이 직장에 존재하였다. 당시의 헌법과 근로기준법에도 차별을 금지하는 조항이 있었으나, 무언의 압력은 결혼과 동시에 퇴직이라는 관행을 지속시켰다. 사회

적 행위가 일단 통념으로 받아들여지고 관습으로 굳어지면 그것을 바꾸기는 쉽지 않다. 기혼 여성의 조기 퇴직 관행 역시 그러하였다.

과거에 비해 여성의 교육 기회가 확대되고 사회 진출 기회도 늘었지만 여성의 역할에 대한 기대는 '남성의 보조자'라는 생각에서 크게 나아가지 못하였다. 사회 진출에 대한 부푼 꿈을 안고 남성들과 똑같은 교육을 받고 사회에 나온 여성들을 기다리고 있는 일은 대부분 핵심적인 업무가 아닌 남성의 보조 업무라 할 만한 것들이었다. 여성들은 사무실의 꽃으로 불리며 제한된 역할에 머물렀고, 그 이상의 직급에 오르는 것이 거의 불가능하였다. 그리고 결혼을 하게 되면 좀 더 젊은 미혼 여사원에게 일을 물려주고 회사를 떠나는 것이 당시의 '도리'였다. 이렇게 직장 여성에 대한 차별 의식은 관행으로 이어졌다.

사실 관계 1985년, A물산에 다니던 이 모 씨는 교통사고를 당한 후 교통사고 가해자를 상대로 손해 배상 청구® 소송을 하였다. 손해 배상을 받기 위해, 자신이 다니고 있던 회사에서 계속 근무하는 것을 전제로 일실 수익(잃어버린 수입)을 계산하였다. 그러나 1심 법원은 "한국 여성은 통상적으로 결혼과 동시에 퇴직한다. 그리고 한국 여성의 평균 결혼 연령은 26세이므로 손해 배상 산정에서 25세 이전까지는 A물산에 근무하는 것을 전제로 손해 배상액을 정하지만, 그 이후는 가정주부로 살아갈 것이고 가정주부는 따로 수입이 없으므로 도시 일용 노동자의 임금에 준하여 일실 수익을 계산해야 한다."고 판결하였다. 이씨는 이에 불복하여 서울고등법원에 항소하였다.

● **손해 배상 청구** 법에 어긋나는 행위로 인하여 자신이 입은 손해에 대하여 원래의 상태로 되돌려 달라고 청구하는 것.

근로기준법

제5조 (균등 처우)

사용자는 근로자에 대하여 남녀의 차별적 대우를 하지 못하며, 국적·신앙 또는 사회적 신분을 이유로 근로 조건에 대한 차별적 처우를 하지 못한다.

남녀고용평등법*

제2조 (정의)

① 이 법에서 "차별"이라 함은 사업주가 근로자에게 성별, 혼인 또는 가족상의 지위, 임신, 출산 등의 사유로 합리적인 이유 없이 채용 또는 근로의 조건을 달리하거나 그 밖의 불이익한 조치를 취하는 경우를 말한다.

제11조 (정년·퇴직 및 해고)

① 사업주는 근로자의 정년·퇴직 및 해고에 있어서 남녀를 차별하여서는 아니 된다.

* 남녀고용평등법은 이 사건이 발생한 지 2년이 지난 1987년 12월 4일에 제정되었고, 2007년 12월 21일 '남녀고용평등과 일·가정 양립 지원에 관한 법률'로 개정되었다.

생각해
보기

1. 사회적 통념을 근거로 하면 합리적인 차등인가?

1998년에 열차 여승무원을 채용하면서 회사 측에서 지원자들에게 면접 시에 반팔 상의와 치마를 입으라고 요구한 일이 있었다. 회사 측은 혹시 팔이나 다리에 손님들에게 혐오감을 줄 만한 흉터가 있는지 알아보기 위한 조치라고 하였다. 남성에게는 이러한 면접 기준을 적용하지 않았다면 이는 여성에 대한 차별일까, 업무상 불가피한 조치일까? 비행기 승무원은 대부분 여성이다. 만약 항공사 측에서 고객이 여승무원을 선호한다는 이유로 여자만을 채용한다면 이는 업무상 불가피한 차별, 즉 합리적 차등이라고 할 수 있을까?

여성은 대부분 26세가 되면 결혼을 하고 직장을 그만둔다는 것이 1심 판결

당시의 사회적 통념이었다. 그렇다면 이 같은 사회적 통념을 기준으로 법원이 여성의 조기 정년을 문제 삼지 않은 것은 타당할까? 사회 구성원 다수의 의식은 법원 판단에 크게 영향을 미칠 수 있다. 이때 모든 사회적 통념은 법원 판단의 합리적 기준이 될 수 있을까?

2. 주부의 가사 노동의 가치는 얼마일까?

이 사건의 1심에서 법원은 주부의 가사 노동이 갖는 가치가 도시 일용직 여성 노동자의 임금에 준한다고 하였는데, 이것은 과연 타당할까? 도시 일용직 여성 노동자의 임금은 임금 소득 중 가장 낮은 단계에 속하며, 당시 가사 노동의 일부를 대신 담당하는 가정부 임금의 절반에도 못 미치는 수준이었다. 오늘날 간병인, 가정부, 보모 등 돌봄 노동은 대부분 여성들이 담당한다. 돌봄 노동은 노동의 강도에 비추어 경제적 가치가 매우 낮게 평가된다. 그 이유가 돌봄 노동 자체의 가치 때문인지, 돌봄 노동을 여성이 주로 담당하기 때문인지는 생각해 볼 일이다.

사회의 기초 단위로서 가정의 중요성을 강조하면서도 그 가정을 돌보는 노동에 대해서는 낮게 평가하는 우리 사회의 이중성은 어디에서 비롯된 것일까? 이 사건에서 주부의 가사 노동의 가치를 가장 낮은 임금 소득에 준한다고 한 것은 가사 노동의 실제 가치를 보여 준다기보다는 우리 사회에서 여성의 낮은 지위, 여성에 대한 사회의 차별적 시각을 드러낸 것이다.

판결문 살펴보기 피고는, 한국 여성은 통상 26세, 늦어도 30세까지는 결혼을 하는 것이 경험칙이고, 직장 여성이 결혼을 한 후에는 출산과 가사를 위해 직장을 떠나는 것이 통례이며, 특히 미혼 여성인 원고가 맡고 있던 업무는 문서 수발을 주로 하는 단조로운 것이어서 결혼 퇴직이 예상되는 바이므로 원고가 회사에서 일할 수 있는 연한은 결혼 적령기까지로 보아야 한다고 주장한다.

요사이 고교와 대학을 졸업한 우리나라의 미혼 여성 중 주로 경제적 이유와 자기 발전을 위해 취업을 원하는 사람의 비율과 실제의 취업률이 날로 증가하고 있고, 결혼 후에 계속 취업을 희망하는 미혼 여성의 비율도 매우 높은 사실이 인정되므로 우리 사회 및 가정 생활의 경험칙상 미혼의 직장 여성이 결혼을 하면 반드시 퇴직하게 되는 것이라고 할 수 없다 할 것이다. 따라서 원고는 비록 미혼 여성이긴 하지만 정년인 55세까지 근무하다가 퇴직할 수 있다 할 것이다.

여성 조기 정년 관습

	1심 (서울민사지방법원)	2심 (서울고등법원)
손해 배상 계산의 기준	우리나라는 통상 26세가 되면 결혼하므로, 26세 이후로는 주부의 가사 노동 가치로 계산해야 한다.	요사이 고교와 대학을 졸업한 우리나라 미혼 여성의 취업률이 날로 증가하고 있고 계속 취업을 희망하는 비율도 높아 결혼하면 반드시 퇴직한다고 할 수 없으므로, 55세까지 근무하다 퇴직할 수 있는 것으로 본다.
가사 노동의 가치	가사 노동은 도시 일용직 여성 노동자의 임금으로 환산한다.	손해 배상 계산을 해당 회사에 근무하는 것을 기준으로 하므로 가사 노동의 가치에 대한 언급이 없다.

고등법원의 판결 내용은 1심과 매우 다르다. 무엇이 이런 변화를 이끌었을까?

이 사건에 대한 1심 판결이 알려지자 여성계는 '25세 여성 조기 정년제 철폐를 위한 여성단체연합회'라는 단체를 결성하고 공청회를 여는 등 적극적으로 1심 판결을 비판하고 나섰다. 원고 측은 법원이 불법적인 조기 퇴직 관행에 쐐기를 박기보다는 오히려 불법적 관행을 바탕으로 판단함으로써 결혼 퇴직을 정당화하였다고 비판하였다.

원고 측의 변호를 맡은 조영래 변호사는 의견서를 통해, 원고의 업무가 비교적 단순하고 해당 회사에 근무하는 기혼 여성이 없다는 사실에서 곧바로 원고의 결혼 퇴직이 예상된다는 결론을 낸 것은 논리적 연관성이 부족하다고 지적하였다. 또 가사 노동의 경제적 가치에 대한 합리적 평가 기준이 없다고 할지라도, 도시 일용직 여성 노동자의 임금이 과연 합리적 평가 기준이 될 수 있는가에 대해 문제를 제기하였다. 그리고 법원이 합리적 기준을 마련하고자 하는 노력을 제대로 하지 않았다고 지적하였다.

또한 원고 측은 젊은 여성 1,000여 명에 대한 설문 조사를 통해 여성 취업의 동기가 "경제적 이유와 자기 발전" 때문이라는 응답이 전체의 70.5퍼센트를 차지하고, 직장 여성들에게 결혼 퇴직을 강요하는 제도나 전통에 대해서는 전체 응답자 중 77퍼센트가 "불만이며 개정되어야 한다."는 답변을 얻어, 직장 생활에 대한 여성들의 인식이 많이 변하였음을 법원에 전달하였다.

이 사건 이후 30여 년이 지난 오늘날은 어떠한가? '여성은 결혼하면 직장을 떠나야 한다.'는 과거의 상식이 '상식 없는 말'이 되었다. 여성은 남성과 동등한 정년을 당당히 요구하고 있다. 굳건하게 버티고 있는 사회적 통념을 변화시키는 것은 '평등'이라는 문구가 새겨진 법 조항이 아니라, 법의 정신을 실현하려는 시민들의 실천에 있었다. 시민들은 이러한 실천으로 차별적 관행을 깨 나간다. 그러나 또 다른 차별을 만들어 내는 관행이 다른 모습으로 등장하기도 한다. 노동자의 인권을 보호하는 내용이 노동자들의 노력을 통해 법조문으로 명문화되면, 또 한편으로는 법적으로 노동자로 인정받지 못해 법적 보호를 받지 못하는 직업이나 업무를 만들어 차별을 지속하려는 시도가 나타난다. 2007년 5월 국가인권위원회는 노동자들이 제기한 인권 침해 구제 사건에서, 골프장 정규직 노동자에게는 55세의 정년을 적용하면서도 골프장 경기 보조원의 정년을 42세로 하여 자동적으로 퇴사 처리한 골프장은 명백히 인권을 침해하였다는 결정을 내린 바 있다. 이는 차별이 없는 인간다운 사회를 만들기 위한 시민들의 감시와 노력이 계속되어야 한다는 것을 보여 준다.

'합리적 차등'은 어디까지 인정할 수 있을까?

남녀고용평등법 제2조에서 정의하는 '차별'은, 사업주가 근로자에게 성별, 혼인 또는 가족상의 지위, 임신, 출산 등의 사유로 채용 또는 근로의 조건을 달리하거나 그 밖의 불이익을 주는 경우를 말한다. 다시 말해 이러한 사유들은 합리적인 이유가 못 된다는 것이다. 그렇다면 '합리적인 이유'에 해당하는 예외적인 상황은 무엇일까? 1996년의 '전화 교환원 정년 사건'에서 회사 측이 정년 차별에 합리성이 있다고 주장한 근거는 다음과 같았다.

- 53세인 교환 직렬의 정년을 다른 직렬의 경우와 같이 58세로 연장하면 신규 채용이 이루어지지 않아 담당 인력의 고령화가 지속되고, 연공 서열제를 도입하고 있는 회사 측 비용이 증가하여 생산성이 낮아진다.
- 교환 직렬에 근무하는 대부분의 여성 노동자가 53세에 이르기 전에 퇴직한다.
- 회사 직원들이 더 젊은 직원을 요구하고 있다.

이에 대해 지방노동위원회는 회사 측의 주장이 합리적이라며 인정하였다. 반면 중앙노동위원회에서는 회사 측의 정년 차별 이유가 합리적이지 않다며 무효 결정을 내렸고, 고등법원 역시 무효라고 하였다. 대법원에서는 회사 측의 주장을 합리적이라고 해석하여 원심 파기를 선언하였으며, 1997년 5월 고등법원에서 조기 정년이 합리적 결정이라는 최종 판결이 내려졌다. 각 판결에서 서로 다른 결론이 나온 이유는 '합리적 차등'의 기준이 명확하지 않아 판사 개인의 판단에 의존하여 '합리성' 여부를 가렸기 때문이다. 1심 재판에서 검토하지 않고 넘어간 합리적 차별의 기준을 따져 보자.

첫째, 회사 측의 주장을 인정한 1심 판결에서는 회사 측이 왜 다른 직렬은 놔두고 여성이 다수인 교환 직렬의 고령화와 그로 인한 비용 증가만을 문제 삼는지 밝히지 않았다. 이러한 차별을 성 부가적(sex-plus) 차별이라고 하는데, 미국은 채용·승진·해고 등의 평가 기준이 복합적일 경우 성(性)도 판단 기준의 일부로 작용된다는 의심이 들면 이 기준을 사용한다. 예를 들어, 한 회사에서 어린 자녀가 있는 여성은 고용하지 않았지만, 같은 처지의 남성은 고용하였다. 표면상 선발 기준은 '어린 자녀의 유무'였지만 여성만이 거부되었던 것이다. 이 경우 성차별에 해당한다는 판결을 내렸다. 이는 사용주가 법에서 금지한 차별에 다른 기준을 덧붙여 차별을 은폐하는 것을 금지한 것이다.

둘째, 1심 재판에서는 회사의 이익과 편의의 어느 선까지가 차별을 정당화할 수 있는 기준으로 타당한지를 검토하지 않았다. 성에 따른 차별이 유효하려면 사업 운영에서 특정 성을 배타적으로 고용하지 않으면 사업상 본질이 훼손되는 경우여야 하며, 사업상의 '필요'를 명확히 한정해야 한다. 가령, 남성은 여성보다 승무원에 부적절하다는 항공사 측의 주장이 있다 하더라도 남성 채용이 고객의 안전 수송이라는 항공 사업의 본질적인 업무에 악영향을 미친다고 볼 수 없기 때문에 회사 측의 주장을 채택하지 않은 외국의 사례가 이에 속한다.

셋째, 회사 직원들이 젊은 직원을 원한다는 것을 회사 측이 근거로 제시하고 있는데, 1심 재판은 회사 직원들의 성차별 의식이 '합리적 차등'의 근거가 될 수 있는가 하는 부분을 검토하지 않았다.

물음1

합리적인 근거가 있는 차별 또는 불평등은 평등의 원칙에 어긋나지 않는다. 합리적 차등에 해당하는 예는 어떤 것이 있을까?

용기 있는 선택, 공익 제보자

05

이문옥 감사관 사건
대법원 1996. 10. 11. 선고, 94누7171 판결

2003년 9월, 세상을 떠들썩하게 한 사건이
터졌다. 대한적십자사에서 병원균 감염이
의심되는 헌혈자 수백 명의 혈액이 약품 제
조용과 환자 수혈용으로 출고되었다는 것이
밝혀졌다. 이것은 단순한 한 번의 실수가 아
니라 대한적십자사의 혈액 관리에 구조적
인 문제가 있음을 보여 주는 사건이었다.
이 엄청난 사실은 당시 적십자사에 근무하
고 있던 공익 제보자(내부 고발자)들에 의해

당시 재판을 받던 이문옥 감사관의 모습이다.

알려졌다. 공익 제보자란 기업이나 정부 기관 내에 근무하면서 알게 된 조직의
불법이나 부정 거래에 관한 정보를 신고하는 사람을 말한다.

  이 사건을 계기로 문제가 있는 혈액을 수혈받아 병을 얻은 사람들을 구제하

는 제도가 마련되었고, 적십자사의 혈액 관리 체계가 개선되었다. 공익 제보자들은 혈액 관리 시스템을 개선하는 데 기여한 공로로 대통령 표창을 받았다.

우리 사회가 공익 제보자의 사회적 역할에 눈뜬 것은 그리 오래되지 않는다. 1990년대에도 사회를 뜨겁게 달군 공익 제보들이 있었다. 이문옥 감사관은 1990년 대기업에 대한 감사원의 감사가 외부의 압력으로 중단되자 이를 폭로하였다. 1990년 국군 보안사령부에 근무하던 윤석양 이병은 보안사령부가 당시 1,300여 명의 민간인에 대해 불법적인 사찰 활동을 하고 있다고 폭로하였다. 이지문 중위는 1992년 국회 의원 선거 당시 군 부재자 투표 과정에서 공개 투표, 대리 투표는 물론 당시 여당을 지지하라는 내용의 정신 교육 등 부정이 행해지고 있음을 폭로하였다. 그들의 공익 제보가 사회를 긍정적인 방향으로 이끌었지만, 당사자들은 몇 년에 걸친 소송과 파면 등 신분상의 불안정으로 엄청난 고통을 겪어야만 하였다. 우리 사회에 공익 제보의 역사를 열었다고 평가받는 이문옥 감사관 사건을 통해 공익 제보자에 대한 사회 인식의 과거와 현재를 살펴보자.

사 실 관 계 제6공화국(노태우 정권) 출범 이후 부동산 가격이 폭등하고 부동산 투기가 심각한 사회 문제로 떠오르자, 정부는 부동산 투기의 전형으로 지목된 기업의 비업무용 부동산 보유 실태를 조사하기 시작하였다. 당시 이문옥은 기업의 비업무용 토지에 국세청의 과세가 제대로 이루어지고 있는지를 파악하는 감사 업무를 담당하였다. 감사는 1989년 8월 16일부터 2주 예정으로 진행되었는데, 감사원은 8월 25일 갑자기 감사를 중지하도록 지시하였다.

감사가 부당하게 종결되자 이문옥 감사관은 한겨레신문사를 찾아가서 "업계의 로비 때문에 대기업 비업무용 부동산 취득 실태 감사가 고위 간부의 지시로 중단되었고, 감사반원들이 인사 조치되었다. 23개 재벌 계열사의 비업무용 부동산 비율은 43퍼센트로 은행감독원이 조사한 비율인 1.2퍼센트와 큰 차이가 난다."는 내용의 메모를 전달하였다. 한겨레신문사는 메모 내용과 함께 감사원 감사에서 드러난 대기업의 비업무용 토지의 기업별 명세를 신문에 실었다. 그 후 감사원은 직무상 얻은 비밀을 누설하였다는 이유로 징계 절차를 밟아 이문옥 감사관에게 파면 처분을 내렸다. 이문옥 감사관은 이에 불복하여 파면 처분 취소를 요구하는 소송을 제기하였다.

관련 법률 조항

형법
제127조 (공무상 비밀의 누설)
공무원 또는 공무원이었던 자가 법령에 의한 직무상 비밀을 누설한 때에는 2년 이하의 징역이나 금고 또는 5년 이하의 자격 정지에 처한다.

국가공무원법
제60조 (비밀 엄수의 의무)
공무원은 재직 중은 물론 퇴직 후에도 직무상 알게 된 비밀을 엄수하여야 한다.

생각해보기

1. 공익 제보는 왜 필요한가?

공익 제보자의 제보는 사회적으로 어떤 역할을 할까? 공익 제보는 미래에 발생할 수 있는 사회적 재난을 미리 막을 수 있도록 사회를 향하여 부는 호루라기다. 국가 기관에서 일하는 공무원의 부정부패는 국민의 권익 침해로 이어지고, 기업의 부정부패는 소비자의 피해로 이어진다. 삼풍

백화점 붕괴, 성수대교 붕괴 등은 건설 비리와 조직의 부패가 만들어 낸 사회적 재난이다. 조직의 부패는 그에 따른 피해가 아주 커지기 전까지는 외부에서 좀처럼 알기 어렵고, 증거를 확보하는 것은 더욱 어렵다. 군대나 감옥처럼 폐쇄적인 조직은 더 말할 필요가 없다. 이때 내부자의 양심선언, 즉 공익 제보가 결정적인 역할을 한다.

공익 제보자는 부패와 관련된 조직을 배신하는 것이 아니라, 더 큰 차원에서 공동체를 부패로부터 보호하는 역할을 한다. 조직의 구성원이라는 이유로 조직의 부패에 눈감고 이를 감싸는 행위는 의리가 아닌 패거리 의식에 지나지 않는다. 개인적인 차원에서 볼 때 공익 제보는 양심의 자유에 어긋나는 행위를 거부한다는 점에서 인간의 본질적 권리를 행사하는 것이라 할 수 있다.

2. 공익 제보자가 특별히 보호받아야 하는 이유는 무엇인가?

어떤 조직의 불법적 관행이 세상에 알려지면 사회 시스템이 개선되는 효과가 나타난다. 공익 제보자는 깨끗하고 건강한 공동체를 만드는 소금과 같은 역할

을 하지만, 자신이 속한 조직에서는 배신자로 낙인 찍혀 직장을 잃거나 회사와 오랫동안 소송을 치르면서 고통을 겪는 경우가 많다. 우리나라에도 참여연대 같은 시민 단체의 노력으로 2001년부터 부패방지법이 제정되어 공익 제보자에 대한 보호 제도를 마련하게 되었다. 그러나 이 부패방지법은 신분 보장 의무 위반자에 대한 형사 처벌 규정이 없고, 공익 제보자에 대한 불이익 행위의 입증 책임을 해당 기관에서 지도록 의무화하지 않는 등 신고자의 신분 보호가 미흡하였다. 국가청렴위원회가 2006년 국회에 제출한 자료에 따르면, 2002년 이후 2006년 8월까지 공익 제보자 169명 가운데 40명이 파면이나 해임, 징계, 근무 차별 등 인사상 불이익을 받았다고 한다. 인사상 불이익이 없다고 하더라도 동료와의 관계에서 겪는 심리적 고통은 정신 질환으로 이어질 정도로 심각한 상황이다.

현재의 공익 제보자가 당하는 고통이 크면 클수록 미래의 공익 제보자는 줄어들 수밖에 없고, 부패 없는 깨끗한 사회는 그만큼 멀어질 수밖에 없다. 오늘날에는 공익 제보자의 사회적 역할이 주목받고 있으며, 많은 나라에서 공익 제보자에 대한 보호 제도를 갖추어 나가고 있다. 조직의 보복이 두려워 양심을 저버려야 한다면 개인의 기본적 인권을 침해당하는 것이다. 공익 제보자에 대한 보호는 부패를 방지할 뿐만 아니라 자신의 일터에서 양심에 따라 살 권리를 보장하는 역할을 한다.

판결문 살펴 보기　국가공무원법상 직무상 비밀이라 함은 국가 공무의 민주적·능률적 운영을 확보하여야 한다는 이념에 비추어 볼 때 당해 사실이 일반에 알려질 경우 그러한 행정의 목적을 해할 우려가 있는지 여부를 기준으로 판단하여야 한다. 구체적으로는 행정 기관이 비밀이라고 형식적으로 정한 것에 따를 것이 아니라 실질적으로 비밀로서 보호할 가치가 있는지, 즉 그것이 통상의 지식과 경험을 가진 다수인에게 알려지지 아니한 비밀성을 지녔는지, 또한 정부나 국민의 이익 또는 행정 목적 달성을 위하여 비밀로서 보호할 필요성이 있는지 등이 객관적으로 검토되어야 한다. 이 사건 보고서의 내용 중 은행감독원의 자료는 이미 국회에 제출되어 공개된 것이고, 개별 법인의 비업무용 부동산 보유 실태 역시 오늘날과 같은 고도 정보 사회에서 일반인에게 알려지지 않은 비밀인지 의문일 뿐 아니라, 해당 감사 보고서는 감사 자료로 분류된 이상 최종적으로 종결된 것으로 중간 단계에 있는 내부 보고용 문서라고 볼 수 없어 특별한 사정이 없는 한 이에 기초한 추후의 감사를 전제로 하여 보호할 필요도 인정되지 않으므로 국가공무원법 제60조 소정의 직무상 비밀에 해당하지 아니한다.

원고(이문옥)가 이 사건 보고서를 공개한 것은 감사의 중단에 대해 나름대로의 판단에서 감사 제도 개선의 필요성을 느낀 것이 주된 동기라고 인정된다. 원고가 약 30년 동안 공무원으로 근무하면서 모범 공무원으로 대통령 표창을 받은 바가 있고, 이 사건에 이르게 된 동기와 경위, 감사 중단의 경위, 공개된 보고서의 내용과 영향, 법령 위반의 정도를 참작할 때, 원고에 대해 가장 무거운 파면을 선택한 이 사건 징계 처분은 지나치게 무거워 재량권을 이탈한 것이다.

공익 제보자 파면

취소
- 대법원 1996 -

공무원이 지켜야 할 '직무상 비밀'의 범위에 대해 법원은 단순히 행정 기관이 정한 바에 따라 형식적으로 판단하는 것이 아니라, 실질적으로 비밀로서 보호할 가치가 있는지에 따라 판단할 수 있다고 하였다. 한편 이문옥이 몸담고 있던 감사원은 그가 법률을 위반하였으니 절차에 따른 처벌은 정당한 것이라고 주장하였다. 그러나 법원은 형식적으로는 죄의 요건들을 갖추었다고 볼 수 있으나, 이문옥이 언론에 알린 것이 실질적으로 국민의 이익을 침해하거나 국가에 심각한 피해를 입힌 것이 아니라 국민의 알 권리를 위한 행동이었다는 데 의미를 두고 판결하였다.

이문옥은 1996년 4월 대법원에서 공무상 비밀 누설죄 부분에 대해 무죄 판결을 받았고, 같은 해 10월 파면처분 취소 청구소송에서 이겨 복직하였다. 이문옥은 1999년 정년 퇴직한 뒤 시민 단체에서 일하였고, '공익 제보자와 함께하는 모임'의 초대 대표를 거쳐 현재도 공익 제보자에 대한 사회 인식을 바꾸는 일과 공익 제보자 보호를 위한 제도 개선에 앞장서고 있다.

공익 제보자 보호, 아직 부족하다

우리나라의 공익 제보자에 대한 보호는 부패방지법에 명시되어 있다. 부패방지법은 참여연대가 1996년 입법 청원한 것으로 시작하여, 2000년 9월 다른 시민 단체들과 더불어 '부패방지입법 시민연대'를 구성하여 입법 청원을 하고 서명 운동 등을 전개한 데 힘입어 2001년 국회를 통과하였다. 이로써 공익 제보자에 대한 법적 보호 장치가 마련되었다. 그러나 보호 대상이 공공 기관 종사자로 한정되어 민간 영역인 기업이나 사학의 비리를 폭로한 공익 제보자는 이 법의 보호를 받지 못하였다.

지난달 25일 D여고 교사 3명이 서울교육청 앞에서 "파면 철회"를 외쳤다. 교사들은 2003년, 학교 급식비 횡령 등 각종 비리를 저지른 사립 학교 법인 D학원의 비리를 폭로하였다가 올해 파면을 당하였다. 학교의 보복을 막아 주는 곳은 어디에도 없었다.

- 〈한겨레〉(2006. 8. 18.)

K사에 다니던 여 모 씨는 2005년 회사의 국가 지원 예산 유용을 폭로하였다가 기밀 유출과 회사 비방 등의 이유로 해고되었다. 지방노동위원회에 "부당 해고를 취소해 달라."며 제소하였지만 아무런 소용이 없었다. 공익 제보자의 신분 보장과 보상을 책임지는 국가청렴위원회도 여씨가 공공 기관이 아닌 민간 회사 직원이라며 손을 놓았다.

- 〈한국일보〉(2007. 1. 29.)

2011년 공익 제보자들을 국가에서 적극적으로 보호하고 지원하겠다는 취지로 공익신고자보호법이 제정되었다. 이 법을 통해 공익 제보자 보호의 범위가 공공 영역에서 민간 영역까지 확대되었다. 이는 시민 사회와 학계가 부패방지법 제정 당시부터 공익 제보자의 보호 범위를 확대해 줄 것을 지속적으로 요구해 왔기에 가능하였다. 그러나 참여연대 행정감시센터는 공익신고자보호법 시행령 제정 과정에서 신고 대상 범위와 보호 범위가 대폭 축소되어 입법 취지가 심각하게 훼손되었다고 비판하였다.

애초 입법 예고안에서는 공익 신고 대상 법률로 형법 등 456개 법률을 규정한 시행령안을 입법 예고하였으나 국무회의를 통과한 시행령에는 대상 법률이 169개로 줄어들었다. 특히 기업의 불법 비리 행위와 관련 있는 법률들이 공익 신고 대상 법률에서 모두 제외되었다. 차명 계좌, 분식 회계, 배임, 횡령 등 기업의 부패 행위에 대한 공익 신고는 보호 대상이 되지 못하는 것이다. 공익 침해 행위를 '국민의 건강과 안전, 환경, 소비자의 이익 및 공정한 경쟁을 침해하는 행위'로 한정한 것도 이미 기업 부패를 알리는 공익 제보자를 보호하겠다는 의지가 크지 않았음을 보여 준다.

김용철 변호사의 양심선언으로 알려진 삼성과 검찰 간의 유착 등 기업 비리

김용철 변호사와 천주교정의구현전국사제단은 기자 회견을 열어 삼성의 비자금 보유 실태를 폭로하였다.

사례에서도 알 수 있듯이, 우리나라의 기업 부패는 건강한 시장 질서뿐만 아니라 민주주의의 근간을 흔들고 있다. 따라서 이런 공익 제보자들을 좀 더 폭넓게 지원하고 보호할 수 있도록 관련법 개정이 하루빨리 이루어져야 할 것이다.

 물음 1

A반 학생 대다수가 분위기에 휩쓸려 기말고사에서 부정행위를 하자고 모의하고 있다. 만일 내가 A반 학생이라면 왕따가 되지 않기 위해 이 분위기에 따라갈 것인가, 아니면 조용히 자신만 빠지고 외부에 알리지 않을 것인가, 아니면 용기를 내어 선생님께 이 사실을 알릴 것인가? 세 가지 행위에 따른 결과는 각각 어떠할지도 이야기해 보자.

물음 2

공익 제보자에 대한 사회 구성원의 인식은 공익 제보의 활성화에 큰 영향을 미친다. 내가 행정가라면 공익 제보자에 대한 긍정적인 인식을 확대시키기 위해 어떤 정책을 도입할 수 있을까?

죽도록 일만 하다가 진짜 죽으면 어떡하지!?

술 접대 업무상 재해 판례
창원지방법원 2005. 12. 27. 선고, 2005구단679 판결

운동 경기를 보다 보면 선수들의 몸놀림에 감탄할 때가 많다. 그러나 탄성을 자아내는 그들의 뛰어난 능력 뒤에는 어두운 그늘이 있다. 높이 뛰어야 하고 몸싸움이 많은 농구의 특성상 농구 선수의 90퍼센트는 무릎을 꿇고 앉을 수조차 없다. 야구 선수 최희섭은 경기 중 무릎을 너무 혹사시켜 양반다리로 앉을 수가 없어, 좌식 식탁이 있는 식당에서는 다리를 쭉 펴고 앉는다고 한다. 한 야구 투수는 변화구를 많이 던지다 보니 팔을 구부릴 수가

영화 〈또 하나의 약속〉은 업무상 재해로 사망한 노동자의 실화를 다루었다.

없게 되어 자기 어깨에 손가락을 댈 수가 없을 정도라고 한다. 이 밖에도 수많은 운동 선수가 오늘도 건강하지 못한 몸 상태로 운동을 하고 있다.

운동이 우리 몸을 건강하게 해 준다는 사실에는 누구나 동의한다. 그러나 운

동을 직업으로 하는 사람들은 오히려 지나친 운동 때문에 건강에 문제가 생긴다. 이처럼 직업은 오랜 시간 동안 반복적으로 특정한 행동을 요구하기 때문에 사람들의 몸 상태를 바꿔 놓기도 한다. 그것은 사소한 것일 수도 있고, 건강이나 생명과 직결된 심각한 문제일 수도 있다.

사 실 관 계 자동차 정비업체의 상무였던 강 모 씨는 대외 업무를 담당하면서 관련 회사 등에 술 접대를 해 오던 중, 지난 1999년 B형 간염 판정을 받았으며, 결국 2001년 간암으로 인한 심장마비로 사망하였다. 그러자 강씨의 아내 이 모 씨는 남편의 사망은 업무상 재해에 해당한다며 근로복지공단에 유족 급여 등의 지급을 청구하였다. 그러나 근로복지공단은 강씨가 업무로 사망한 것이 아니라는 이유로 이씨의 요구를 거부하였고, 이씨는 소송을 제기하였다.

관련 법률 조항

산업재해보상보험법

제1조 (목적)

이 법은 산업재해보상보험사업을 행하여 근로자의 업무상의 재해를 신속하고 공정하게 보상하고, 재해 근로자의 재활 및 사회 복귀를 촉진하기 위하여 이에 필요한 보험 시설을 설치·운영하며 재해 예방, 기타 근로자의 복지 증진을 위한 사업을 행함으로써 근로자 보호에 이바지함을 목적으로 한다.

제4조 (정의)*

① "업무상의 재해"라 함은 업무상의 사유에 의한 근로자의 부상·질병·신체장애 또는 사망을 말한다. 이 경우 업무상의 재해의 인정 기준에 관하여는 노동부령으로 정한다.

* 2007년 4월 11일부터 시행된 개정안에 따라 제4조(보험료) 조항이 새로 추가되면서 '정의'에 관한 조항은 제5조가 되었다.

1. 회사에서 일하다 얻게 된 질병은 회사 탓인가, 근로자 탓인가?

사람이 오랫동안 지속적으로 같은 행동을 반복하면, 그 행동은 우리 몸에 어떤 형태로든 흔적을 남긴다. 발레리나의 발이 굳은살투성이인 것처럼 말이다. 마찬가지로 직장에서 같은 일을 계속 반복하다 보면 우리 몸에 어떤 흔적이 남게 마련인데, 때로는 치명적인 장애가 될 수도 있다.

여기에 같은 일을 하는 두 사람이 있다. 두 사람 모두 일을 열심히 하였는데, 한 사람은 병에 걸렸고 다른 한 사람은 걸리지 않았다. 그렇다면 이 병은 회사 업무 때문인가, 개인의 체질 때문인가?

2. 술 마시는 것도 업무인가?

우리나라에서 사회생활을 하다 보면 술자리에 참석해야 할 때가 많다. 술 접대

받기를 원하는 풍토가 아직까지도 많이 남아 있고, 술자리에서 업무상 중요한 계약 등이 결정되기도 한다. 그래서 물건이나 서비스를 상대방에게 팔고 싶은 사람은 술 접대를 하는 일이 많다. 오죽하면 '술 상무'라는 말이 다 생겼겠는가? 이런 경우라면 술을 마시는 것이 자유로운 선택에 따른 것이 아니므로 회사 업무의 일부라고 보는 것이 맞지 않을까?

판결문 살펴보기 산업재해보상보험법에서 말하는 업무상 재해는 근로자가 업무를 수행하던 중 그 업무가 원인이 되어 발생한 질병을 의미한다. 즉, 업무가 원인이 되어 질병이 발생하고, 그 질병 때문에 사망하게 된 경우 업무상 재해에 해당되는 것이다. 그러나 질병 발생의 원인이 업무와 직접적으로 관련이 없더라도, 업무와 관련된 과로나 스트레스가 질병을 일으키거나 악화시켰다면 이것은 업무가 질병의 원인이라고 보아야 한다. 물론 이 인과 관계는 의학적·자연과학적으로 명백히 입증되어야 하는 것이 아니라, 여건을 고려하여 판단할 수 있다. 또한 평소에 정상적인 근무가 가능한 질병이 있었더라도, 그 질병이 자연적인 진행 속도 이상으로 급격하게 악화되었다면 업무로 인해 질병이 악화된 것으로 판단할 수 있다.

강씨는 공장장으로 근무하면서 업무상 술자리를 일주일에 5번 정도 가졌고, 그때마다 소주를 2병 정도 마셨다. 게다가 공업사의 전반적인 업무를 총괄하면서 많은 스트레스를 받았다. 따라서 강씨의 만성 B형 간염이 업무로 인한 음주·과로·스트레스 때문에 자연적인 진행 속도 이상으로 급격하게 악화되어 사망하였다고 판단할 수 있겠다.

즉, 강씨의 사망과 업무 사이에는 상당한 인과 관계가 있으므로 강씨의 사망을 업무상 재해로 볼 수 없다는 처분은 위법하다.

술 접대도 업무상 재해로

인정
– 창원지방법원 2005 –

불행한 상상이지만 집안의 가장인 아버지나 어머니가 직장에서 일을 하다가 다치거나 병을 얻게 되어 더는 일을 할 수 없게 된다면 우리 가정은 어떻게 될까? 점차 생활이 궁핍해져 결국에는 좋은 옷과 맛있는 음식은 고사하고 최소한의 의식주와 교육, 의료 서비스 등 인간답게 살기 위해 꼭 필요한 것들조차 받기 어려워질 것이다.

사회는 개인이 이와 같은 막막한 상황에 놓였을 때 인간다운 삶을 유지할 수 있도록 하기 위해 사회 안전망을 마련하는데, 그중 하나가 바로 '산업재해보상보호법'이다. 이 법에 따라 정부와 사업주는 보험료를 내고, 그것으로 기금을 마련한 근로복지공단은 업무상 재해를 입은 노동자에게 보상을 해 주며 직장에 복귀할 수 있도록 돕는 재활 서비스를 제공한다.

이렇게 제도가 잘 마련되어 있으니 우리나라의 노동자는 모두 마음 편히 일을 하고 있을까? 사실 제도의 마련 못지않게 중요한 점은 제도를 적용하는 기준과 방법을 마련하는 일이다. 만약 업무상 재해를 매우 광범위하게 적용한다면 처음에는 많은 사람이 보상을 받을 수 있겠지만 머지않아 기금이 바닥나 꼭 필요한 사람에게 그 혜택이 돌아가지 못할 것이다. 반대로 지나치게 엄격한 기준을 적용한다면 혜택을 받는 사람은 극소수에 지나지 않을 것이다.

이 어려운 문제를 풀기 위한 힌트를 이 판례에서 찾아볼 수 있다. 판례에서는 과로와 스트레스로 인한 간 질환을 업무상 재해로 인정하였는데, 100퍼센트가 아닌 상당한 인과 관계가 있음을 근거로 업무상 재해로 판단하였다. 즉, 재해와 업무의 인과 관계를 의학적·자연과학적으로 명백히 입증할 것을 요구하기보다는 여건을 고려하여 일반인의 상식에 준하여 판단한 것이다. 지나치게 엄격하게 기준을 적용할 경우 제도의 실효성이 떨어질 것을 우려한 결과라고 볼 수 있다.

업무상 재해일까, 아닐까?

Q 주물 공장에서 일하는 김 모 씨. 어느 날 아침 출근 시간 전, 회사 체력 단련실에서 역기에 목이 눌린 상태로 발견되어 병원으로 옮겨져 치료를 받았지만 사망하였다. 이를 업무상 재해로 볼 수 있을까?

A 이 체력 단련실은 근로자들의 요구에 따라 회사에서 근골격계 질환의 예방을 위해 설치하고 운영하였다는 점에서 회사의 지배·관리를 받고 있는 시설이라고 볼 수 있다. 또 역기 운동은 강한 힘이 필요한 업무의 특성상 체력을 유지하고 보강하는 데 필요한 운동이므로 업무상 재해에 해당한다고 볼 수 있다.

-대법원 2009(2009두10246)

Q 회사에서 운행하는 통근 버스를 타고 다니는 박 모 씨. 그날도 여느 때처럼 통근 버스를 타기 위해 횡단보도를 건넜다. 그런데 버스를 바로 5미터 앞에 두고, 횡단보도에서 교통사고를 당하고 말았다. 박씨는 회사에 사고 책임을 물을 수 있을까?

A 통근 버스에 타기 전까지는 회사에 책임을 물을 수 없고, 따라서 업무상 재해가 아니다.

– 대법원 1996(96누2026)

Q 탄광에서 일하던 유 모 씨는 오래전부터 진폐증을 앓아 왔다. 그런데 그 증상이 악화되면서 정신 이상 증세까지 보였다. 결국 유씨는 자살로 생을 마감하게 되었는데, 그의 죽음을 업무상 재해로 볼 수 있을까?

A 광산에서 일하던 광부가 업무상 재해에 해당하는 진폐증을 앓다가 병세가 악화되자 자살하였다면, 업무상 재해에 해당한다.

– 대법원 1993(93누13797)

Q 현장 소장인 최 모 씨의 출근지는 일정치 않다. 공사 기간을 단위로 이 현장, 저 현장으로 옮겨 가며 출퇴근을 한다. 멀리 떨어진 현장을 배정받아 출근하던 중 사고를 당한 최씨는 사고의 책임을 회사에 물을 수 있을까?

A 멀리 떨어져 있는 작업장에서 근무하는 경우, 작업장 사이를 오가는 이동 과정도 근무에 포함되므로 업무상 재해에 해당한다.

– 서울고등법원 1998(97구34565)

Q 오늘은 사장이 주관한 회사 회식 날. 공식적인 회식 자리가 끝나고, 마음 맞는 사람들끼리 모여 2차 술자리를 가졌다. 2차 회식 후 한 직원은 회사로 돌아가기 위해 술에 취한 상태에서 차 운전을 했는데, 결국 교통사고로 사망하고 말았다. 이 경우 그의 사망을 업무상 재해로 볼 수 있을까?

A 사용자가 주관하지 않은 2차 회식이 끝난 후 회사로 돌아오는 길에 사고가 난 것은 업무 수행과 관련된 일이라 보기 어렵고, 또 이 사건은 망인 자신의 음주 운전 때문에 발생한 것이므로, 업무상 재해가 아니다.

– 대법원 1996(96누3555)

 모든 노동자는 산업재해보상보험 등의 사회 보험에 가입되어 있을까?

– 통계청의 조사에 따르면, 2012년에 비정규직 노동자의 비율은 33.3퍼센트[•]였다. 이들은 언제 해고될지 모르는 상황에서 남보다 더 많이 일하여 눈에 보이는 성과를 만들어 내야 한다. 치열한 경쟁 속에서 더 많은 스트레스와 질병에 노출되어 있기도 하다. 게다가 이들은 사회 보험에도 제대로 가입되어 있지 않은 실정이다.

 우리나라에서 일하다 장애가 생긴 이주 노동자는 고국으로 돌려보내면 된다?

– 2012년 행정 안전부의 조사에 따르면, 우리나라에서 일하고 있는 이주 노동자는 58만 명이 넘는다고 한다. 이주 노동자 대부분은 영세한 업체에서 위험한 일을 하고 있어 재해를 입을 가능성이 매우 높다. 재해가 발생하면 법적으로는 모든 이주 노동자에게 산업재해보상보험이 적용되나 실상 산재 피해자의 60퍼센트 정도만 보험 적용을 받을 뿐 나머지는 제대로 보상도 받지 못한 채 고국으로 돌아가고 있다.

[•] 한국노동사회연구소에 따르면 비정규직 노동자 비율은 2012년 8월 기준 47.8퍼센트이다. 이러한 차이는 같은 통계청 조사 자료를 사용하지만 정부의 비정규직 통계에 포함되지 않는 일용직 노동자들도 비정규직으로 포함하여 산출하기 때문에 나타난다.

07 나는 평등한 선거권을 행사하고 있는가?

선거구 간 인구 편차에 관한 판례
헌법재판소 2001. 10. 25. 선고, 2000헌마92·240(병합) 결정

시민들이 소중한 한 표를 행사하고 있다.

오늘날 대부분의 국가가 대의 민주주의를 실시하고 있다. 대의 민주주의란 모든 국민이 직접 정치에 참여하기는 어려우므로 대표를 뽑아서 그들로 하여금 민주 정치를 책임지고 운영하게 하는 것이다. 그렇기 때문에 대의 민주주의 아래에서는 대표를 뽑는 절차, 즉 선거가 매우 중요하다. 선거를 '민주주의의 꽃'이라고 비유하는 것처럼, 어떤 방식으로 어떤 후보자를 뽑느냐에 따라 민주 정치의 성공 여부가 결정된다. 그래서 민주적이고 평등하게 선거를 실시하기 위해 많은 노력을 기울인다. 우리나라도 헌법에서 보통·평등·직접·비밀의 4대 선거 원칙을 못박아 두었고, 공정한 선거를 위해 국가가 직접 관리한다.

일정한 나이에 이른 모든 시민에게는 선거권이 주어진다. 만약 이런저런 이유를 들어 누구에게는 선거권을 주지 않거나 특정 사람에게는 두 번의 투표 기회를 준다면 거칠게 항의할 것이다. 시민들은 선거권을 행사할 때 어떤 후보가 적합한지, 그들이 내세우는 정책이 무엇인지에 대해 관심을 가진다. 그러나 자신들이 똑같이 한 표를 행사하였지만, 그 한 표가 갖는 힘의 크기가 다를 수 있다는 것을 생각해 볼 기회는 많지 않다.

A와 B 지역이 있다고 가정하자. A지역은 그리 넓지는 않지만 300명이 모여 사는 반면, B지역은 매우 넓은 땅에 100명이 모여 산다. 각각의 지역을 선거구로 하여 한 명씩 대표를 선출한다면, 두 지역 주민들의 투표의 가치는 동등할까? 그렇지 않다. B지역 주민의 투표 가치가 A지역 주민의 투표 가치보다 세 배 높다.

평등 선거의 원칙은 모든 시민이 동등하게 한 표씩 행사하는 것뿐 아니라, 한 표의 가치 또한 평등하여야 한다는 것을 뜻한다. 이러한 의미에서 본다면 이 사례는 엄밀한 의미에서 평등 선거라 할 수 없다.

평등 선거의 위배는 선거에 시민의 의사가 정확히 반영되지 않는 문제점을 불러온다. 이를 막으려면 선거구를 정할 때 인구수 등을 고려하여 시민의 의사가 바르게 반영될 수 있도록 해야 한다. 그릇된 선거구 획정으로 투표의 가치가 달라진다면 시민의 의사가 왜곡되고 대의 민주주의의 본질과 정당성이 훼손된다.

사실 관계 갑은 국회 의원 선거에서 선거권을 가지고 있는 시민으로 경기도 안양시 동안구 선거구에 주소를 두고 있다. 그런데 갑이 속해 있는 선거구의 인구수가 전국 선거구의 평균 인구수와 비교하였을 때 상당히 많았고, 최소 선거구의 인구수에 비하였을 때는 3.65 대 1의 차이가 났다. 결국 잘못된 선거구 획정 때문에 갑의 투표 가치가 최소 선거구의 선거권자에 비해 3.65분의 1밖에 되지 않았다. 갑은 이러한 선거구 획정이 평등 선거의 원칙에 반할 뿐만 아니라, 헌법이 보장한 평등권 및 선거권을 침해하였다고 주장하면서 헌법 소원 심판을 청구하였다.

관련 법률 조항 ---

헌법

제11조

① 모든 국민은 법 앞에 평등하다. 누구든지 성별·종교 또는 사회적 신분에 의하여 정치적·경제적·사회적·문화적 생활의 모든 영역에 있어서 차별을 받지 아니한다.

제24조

모든 국민은 법률이 정하는 바에 의하여 선거권을 가진다.

제41조

① 국회는 국민의 보통·평등·직접·비밀 선거에 의하여 선출된 국회 의원으로 구성한다.

② 국회 의원의 수는 법률로 정하되, 200인 이상으로 한다.

③ 국회 의원의 선거구와 비례 대표제, 기타 선거에 관한 사항은 법률로 정한다.

공직선거 및 선거부정방지법

제21조 (국회의 의원 정수)

① 국회의 의원 정수는 지역구 국회 의원과 비례 대표 국회 의원을 합하여 299인으로 하되, 각 시·도의 지역구 국회 의원 정수는 최소 3인으로 한다.*

제25조 (국회 의원 지역구의 획정)

① 국회 의원 지역 선거구는 시·도의 관할 구역 안에서 인구·행정구역·지세·교통 기타 조건을 고려하여 이를 획정하되, 구(자치구를 포함한다)·시(구가 설치되지 아니한 시를 말한다)·군의 일부를 분할하여 다른 국회 의원 지역구에 속하게 하지 못한다. 다만, 제21조 제1항 후단의 요건을 갖추기 위하여 부득이한 경우에는 그러하지 아니하다.

* 2012년 2월 29일 공직선거법 제21조 제1항은 아래와 같이 개정되었다.

  ① 국회의 의원 정수는 지역구 국회 의원과 비례 대표 국회 의원을 합하여 299인으로 하되, 각 시·도의 지역구 국회 의원 정수는 최소 3인으로 한다. 다만, 세종특별자치시의 지역구 국회 의원 정수는 1인으로 한다.

1. 선거구의 인구수는 얼마나 비슷해야 하는가?

우리나라에서는 선거구를 법률로 정하고 있으며, 선거 제도와 선거구의 구체적 결정은 국회의 재량에 맡기고 있다. 선거구는 투표 가치 평등의 원칙을 고려하여 선거구 간의 인구가 균형을 이루도록 정해야 한다. 선거구 간의 인구수가 똑같은 것이 가장 이상적이라 할 수 있으나, 이는 현실적으로 불가능하다. 행정 구역, 교통 사정, 생활권 등을 고려하여 선거구를 정하다 보면 인구수를 정확하게 맞추는 것이 힘들기 때문이다.

그렇다면 인구수의 편차를 어느 정도 허용할 것인가의 문제가 남는다. 세계적인 추세는 인구 편차의 허용 한계를 점점 엄격하게 규제하는 쪽으로 가고 있다. 독일은 상하 편차 15퍼센트를 허용 한도로 하고, 상하 편차 25퍼센트는 반드시 준수해야 할 최대 허용 한도로 인정한다. 즉, '투표 가치의 평등을 심각하

게 침해하지 않는' 정도여야 한다. 우리나라는 전국 선거구의 평균 인구수를 기준으로 하여 인구 편차의 허용 기준을 제시하고 있는데, 상하 50퍼센트의 편차를 기준으로 위헌 여부를 판단하고 있다.

2. 선거구를 정할 때 고려해야 할 것은 무엇인가?

선거구를 결정할 때에는 인구수 외에도 행정 구역, 지세, 교통 사정, 생활권 내지 역사적·전통적 일체감 등 여러 가지 정책적·기술적 요소를 고려한다. 국회 의원의 수도 고려해야 할 요소다. 국회 의원의 수는 헌법상의 요청인 200명을 넘어야 하는데, 입법부가 효과적으로 활동하기 위해서는 국회 의원 수가 지나치게 많아도 문제이고 지나치게 적어도 문제가 된다. 또한 선거구를 정할 때는 투표 가치의 평등도 중요하지만 지역 차이라는 현실도 고려해야 한다. 현재 우리나라는 전체 인구의 80퍼센트 이상이 도시에 거주하고 있으며, 도시와 농촌 간의 개발 불균형과 그에 따른 농어촌 지역의 소외감이 심각한 수준이다. 인구 수만 고려하여 선거구를 획정한다면 도시 지역의 국회 의원 수가 많아지고, 이는 곧 경제적 어려움을 겪고 있는 농어촌의 입장이 외면당하는 결과를 부를 수 있다. 평등 선거의 원칙에 따라 인구수를 고려하여 선거구를 결정하되, 인구수가 적은 지역을 배려하는 것도 필요하다.

판결문 살펴보기 ▶ 헌법상의 요청인 평등 선거의 원칙에 비추어, 원칙적으로 지역 선거구 획정에 따른 선거구 간의 인구의 편차는 적어도 최대 선거구의 인구가 최소 선거구 인구의 두 배를 넘지 않도록 조정해야 함이 마땅하다. 앞으로 상당한 기간이 지난 후에는 상한 인구수와 하한 인구수의 비율이 2 대 1 또는 그 미만의 기준에 따라 위헌 여부를 판단하여야 할 것이다. 경기도 안양시 동안구 선거구의 경우 전국 선거구의 평균 인구수로부터 +57퍼센트의 편차를 보이고 있으므로, 그

선거구의 획정은 국회 재량의 범위를 일탈한 것으로서 청구인의 헌법상 보장된 선거권 및 평등권을 침해한 것으로 본다.

잘못된 선거구 획정

이 판결은 우리 사회의 선거 제도와 평등 선거의 의미를 되새겨 보는 계기가 되었다. 오늘날 대부분의 시민들에게 선거권이 주어지기 때문에 시민들은 권리를 정당하게 행사하고 있다고 생각한다. 그러나 선거 제도나 선거구를 어떻게 정하느냐에 따라 한 표의 가치가 달라지므로, 실질적 의미의 투표 가치를 따져 볼 필요가 있다. 우리나라의 국회 의원은 국민 전체를 대변하는 대표지만, 선출된 지역의 대표 역할도 겸하고 있다. 그 때문에 인구수에 따른 투표 가치의 평등이 더욱 중요한 쟁점으로 떠오르는 것이다. 선거구 간의 인구 편차뿐 아니라 국민의 의사를 정확하게 대변하고 사표(死票)를 최소화하는 선거 제도를 생각해 보게 한 판결이다.

국민을 위한 선거구 획정, 가능할까?

1812년 미국 매사추세츠 주 선거구 모습.

헌법재판소는 지난 2001년 최대 선거구와 최소 선거구의 인구 편차가 3 대 1을 넘지 말아야 한다고 결정하였다. 이에 따라 민간 인사로 구성된 선거구 획정위원회는 지난해 11월 인구 상·하한선을 기준으로 8곳은 분할하되 5곳은 통폐합하는 권고안을 제시하였다. 하지만 정개특위는 선거구 통폐합은 하지 않고 3개만 신설하려 하였다. 이를 위해 인구 36만 7,700명으로 분구해야 할 경기 용인시 기흥구에 속한 인구 6만 5,000명의 동백동을 다른 선거구로 편입시키는 게리맨더링*도 서슴지 않았다. 또 인구 9만 4,000명으로 하한선인 10만 3,469명에 못 미치는 세종시 지역구를 위헌 소지에도 불구하고 신설키로 합의하였다고 한다.

－〈연합뉴스〉(2012. 2. 1.)

인구 최대 선거구는 서울 강남 갑으로 30만 6,624명이고, 최소 선거구는 경북 영천시로 10만 3,619명이다. 두 지역 간 인구 편차는 2.96 대 1이다. 헌법재판소는 최대, 최소 선거구의 인구 편차가 3 대 1을 넘지 못하도록 결정한 바 있다. ……이번에 줄어든 지역구 가운데 경남 남해와 하동은 인구가 가장 적은 지역이지만, 전남 담양과 곡성, 구례는 전국에서 인구가 네 번째로 적은 곳이다. 여야가 영호남 1곳씩만 줄이기로 하면서 담양과 곡성, 구례보다 인구가 적은 경북 영천과 상주는 그대로 남게 된 기이한 구조로 '게리맨더링'이 된 셈이다.

－〈한겨레〉(2012. 2. 27.)

물음1 이 같은 선거구 획정이 나타나는 이유를 생각해 보자.

물음2 "정치인이나 정당인이 선거구 획정에 관여할 수 없도록 법과 제도의 정비가 필요하다."는 전문가들의 의견이 많다. 당신의 생각은 어떠한가?
– 이 의견에 반대한다면 그 이유는 무엇인가?
– 이 의견에 찬성한다면 어떤 제도적 장치가 필요하다고 생각하는가?

물음3 2001년 헌법재판소는 "상당한 기간이 지나면 인구 비율 2 대 1을 기준으로 위헌 여부를 다시 판단해야 한다."고 하였다. 만약 지역 간 인구 편차를 2 대 1로 하여 선거구를 획정할 경우 다음과 같은 문제를 어떻게 해결해야 할지 고민해 보자.
– 지역구 국회 의원 정수를 늘려야 할까, 줄여야 할까?
– 비례 대표 의원 정수를 늘려야 할까, 현행대로 유지하거나 줄여야 할까?
– 도·농 간 정치적 영향력 혹은 대표자 수의 격차를 어떻게 해결하는 것이 바람직할까?

● **게리맨더링** 특정 정당이나 후보자에게 유리하도록 선거구를 조정하는 행위를 말한다. 행정 구역이나 관습적인 경계를 무시하고 특정 이해관계에 따라 선거구를 정하기 때문에 매우 자의적이고 부자연스러운 선거구가 정해진다. 게리맨더라는 말은 1812년에 미국의 매사추세츠 주에서 게리 후보의 당선을 위해 만든 선거구가 마치 그리스 신화에 나오는 샐러맨더(salamander: 뱀의 형상을 한 서양의 전설상의 동물)와 비슷하다 하여 생겨났다.

08 왜곡된 의사는 국민의 진실한 의지가 될 수 없다

비례 대표 국회 의원 선거 제도 및 기탁금 판례
헌법재판소 2001. 7. 19. 선고, 2000헌마91 · 112 · 134(병합) 결정

총선에서 1인 2표를 행사하게 되면서 군소 정당의 국회 진출 가능성이 높아졌다.

의 장 제3차 대의원 회의를 시작하겠습니다. 1학년 7반 모예린 학생 외 20명의 학생이 발의한 안건입니다. "현행 학생회칙 제3장 제17조, 학생회 선거에 출마하고자 하는 자는 공동 후보군(러닝메이트)을 구성하여 출마한다(2학년 학생회장, 부학생회장, 1학년 부학생회장)."라는 규정이 능력 있는 후보의 출마를 막는 비합리적 조항이므로 이를 단독 후보로 바꾸어야 한다고 회칙 개정안을 제출하였습니다. 제안된 개정 회칙은 다음과 같습니다.

제17조

학생회 선거에 출마하고자 하는 자는 단독으로 출마할 수 있다.

① 학생 회장은 2학년 이상이 되어야 출마할 수 있다.

② 부학생 회장은 2학년, 1학년으로 나누어 선출한다.

이 개정안에 대한 여러분의 의견을 말씀해 주십시오.

김 훈 저는 이 의견에 적극 찬성합니다. 공동 후보군으로 선거를 치를 경우, 능력 있는 후보가 파트너를 구하지 못해 선거에 나오지 못하는 경우가 많습니다. 모든 2학년이 1학년을 잘 알고 지내지 않을뿐더러 1학년 학생은 2학년 선배의 선택을 기다려야 한다는 문제점이 있습니다. 이는 후보자들의 피선거권을 제한하고, 출신 중학교와 동아리별 파벌을 형성하는 등의 부작용을 낳고 있습니다.

최재연 저는 현행안을 찬성합니다. 회장단은 무엇보다도 마음이 맞아야 합니다. 그런데 각각 선출된 학생들이 학교의 중요한 행사를 잘 치를 수 있을까요? 아닙니다. 집행부를 꾸리는 일부터 갈등하고, 일을 진행할 때마다 혼란이 빚어져 제대로 된 학생회 활동이 이루어지기 어려울 것입니다.

최태정 저는 두 학생의 의견 모두 일리가 있다고 봅니다. 피선거권도 보장해야 하고, 학생회 활동의 활성화를 위해서는 뜻을 같이하는 사람이 함께해야 한다고 봅니다. 그래서 수정 동의안을 제출하고자 합니다. 2학년 정·부회장은 공동 후보군으로, 1학년 부학생회장은 단독 후보로 하는 것이 어떨까요?

학생들의 주장 중 어느 것이 합리적이고 공정할까? 중요한 것은 어떤 것을 선택하든 한쪽을 택함에 따라 유리한 사람이 생기는가 하면 불리한 사람이 나오게 마련이고, 학생회에 이익이 되기도 하고 손해가 되기도 한다는 점이다.

우리는 가끔씩 현실을 지배하는 제도의 합리성과 객관성의 함정에 빠질 때가 있다. 물론 제도나 법은 사회적 약속이므로 중요하고, 지켜야 마땅하다. 그러나 그것이 때로는 새로운 시도와 사회의 변화를 가로막으며, 특정 집단의 이익만 키우고 다른 집단에는 해를 끼치기도 한다. '민주주의의 꽃'이라 불리는 선거에서는 어떨까? 우리나라는 다수 대표제(소선거구제)를 취하고 있다. 이 방식을 따르면 다수당의 출현이 쉽고 정국이 안정된다는 장점이 있지만, 소수의 의견 반영이 어려우며 사표(死票)가 발생하고 신진 세력이 진출하기 어렵다. 다원주의 사회에 발맞추어 중·대선거구제를 실시하거나 지금보다 많은 비례 대표 의원을 뽑는다면 우리나라의 정치 지형과 문화는 어떻게 바뀔까?

사실 관계 2000년 공직선거 및 선거부정방지법 제56조, 제57조, 제146조 제2항, 제189조가 위헌이라는 헌법 소원이 청구되었다. 청구인은 국회 의원, 국회 의원 출마 예정자, 정당 창당을 준비하는 사람 등 다양하였다. 이들이 문제로 삼은 것은 기탁금 문제와 1인 1표제다. 또한 1인 1표와 관련된 비례 대표 의원의 배분에 관한 제189조에도 문제가 있음을 지적하였다. 청구인들은 위 법 조항이 헌법상 보장된 선거권과 공무 담임권, 평등권 등을 침해하는 위헌 규정이라 주장하였다.

관련 법률 조항

공직선거 및 선거부정방지법*

제56조 (기탁금)

① 후보자 등록을 신청하는 자는 등록 신청 시에 후보자 1명마다 다음 각 호의 기탁금을 중앙선거관리위원회 규칙으로 정하는 바에 따라 관할 선거구 선거관리위원회에 납부하여야 한다.

1. 대통령 선거는 3억 원

2. 국회 의원 선거는 1,500만 원

제57조 (기탁금의 반환 등)

① 정당 또는 후보자가 다음 각 호에 해당하는 때 또는 후보자(비례 대표 국회 의원 후보자와 비례 대표 시·도 의원 후보자를 제외한다)가 당선되거나 사망한 때에는 기탁금 중에서 제56조 제3항의 규정에 의하여 기탁금에서 부담하는 비용을 뺀 나머지 금액을 선거일 후 30일 이내에 기탁자에게 반환한다.

1. 대통령 선거, 지역구 국회 의원 선거, 지역구 지방 의회 의원 선거 및 지방 자치 단체의 장 선거 후보자의 득표수가 유효 총투표수를 후보자 수로 나눈 수 이상이거나 유효 투표 총수의 100분의 20 이상인 때

제146조 (선거 방법)

② 투표는 직접 또는 우편으로 하되, 1인 1표로 한다.

제189조 (비례 대표 국회 의원 의석의 배분과 당선인의 결정·공고·통지)

* 2005년 8월 4일 '공직선거법'으로 이름을 바꾸었다.

생각해보기

1. 선거에서 유권자의 선택 기준은 무엇인가?

흔히 후보자의 능력, 도덕성 등이 중요하다고 말하지만 일단 선거가 끝나면 후보자 개인의 문제는 뒷전으로 밀려나고, 어느 당이 몇 석을 얻었느냐는 것만이 부각된다. 당의 세력이 정치적 의사 결정에 아주 중요하다는 것을 보여 주는 증거다. 이러한 예는 또 있다. 우리나라 국회법에 명시된 '교차 투표'는 당리당략에 따라 국회 의원이 당의 거수기 역할을 하는 것을 막고, 의원이 소신 있게 의정 활동을 하도록 돕는 제도이다. 이러한 제도가 나타나게 된 배경에는 국회 의원 개인이 당의 결정을 거스르기 어려운 현실이 있다.

그렇다면 선거에 임하는 유권자는 무엇을 보고 표를 던져야 하는가? 정당인가, 후보인가? 정당은 A당을 지지하는데 B당 후보가 국회 의원으로서 자질이 더 뛰어나다고 생각한다면 어떻게 할 것인가?

2. 국민의 의사가 올바르게 반영될 수 있는 방법은 무엇인가?

공직선거 및 선거부정방지법 제146조에는 '1인 1표'가 명시되어 있다. 1인 1표란 아주 당연한 것 같지만 국회 의원의 선출 과정을 보면 또 다른 의미가 있

다. 국회 의원은 지역구 의원과 비례 대표 의원(전국구 의원)으로 나뉘는데, 지역구 의원은 선거에서 최다 득표를 얻어 당선된 경우이다. 비례 대표 의원은 2004년 이전까지는 지역구 후보가 얻은 표를 모아 그 비율에 따라 각 당에 의원 수를 배분하는 과정을 거쳐 의원이 되었다. 예를 들어, 총 비례 대표 의원이 50명인 경우 A당이 국회 의원 전체 득표율 40퍼센트를 얻었다면, 비례 대표 의원은 20명이 된다. 따라서 1인 1표는 지역구의 국회 의원을 뽑는 동시에 각 당에 보내는 지지를 뜻하며, 이는 각 당의 비례 대표 의원 당선으로 이어진다. 이러한 투표 형태는 효율적이며, 각 정당은 지역구의 지지 정도에 따라 전국적 역할을 배분받는다.

그러나 만약 지지하는 당과 지지하는 후보가 다르다면 어떻게 되는 것인가? 자신의 의지와 상관없이 특정 당을 지지하게 되는 것은 아닌가? 당이 없는 무소속 후보를 지지한다면 나의 표는 아무런 의미가 없는 것 아닌가? 선거는 민주적이어야 하며, 무엇보다도 국민의 의사가 정확히 반영되어야 하는데, 1인 1표는 국민의 의사를 정확하게 반영하지 못하는 것은 아닌가?

3. 기탁금은 필요한가?

국회 의원 선거에 입후보하려는 자는 2,000만 원의 기탁금을 선거관리위원회에 내야 한다. 기탁금이 왜 필요하며, 2,000만 원은 적정한 금액인가? 헌법 소원을 제기한 사람들은 능력 있는 후보가 2,000만 원이라는 재정적 부담 때문에 선거에 참여하기 어렵고 결과적으로 국민의 정치 참여를 제한하는 장벽으로 작용할 수 있다고 이야기한다. 이는 보통 사람들의 의견을 대변할 후보의 출현을 막아 민주주의의 다양성을 보장하지 못하는 결과로 이어질 수 있다. 그러나 한편으로 기탁금이 전혀 없거나 누구나 낼 수 있는 매우 낮은 금액이라면 입후보하는 사람들이 늘어나게 될 것이다. 그렇게 되면 후보 난립으로 이어질 테고, 선거 관리의 어려움과 비용의 증가는 불 보듯 뻔한 일이 아닌가?

1인 1표와 관련하여

비례 대표제 방식에 의하면, 유권자가 지역구 후보자나 그가 속한 정당 중 어느 일방만을 지지할 경우 지역구 후보자 개인을 기준으로 투표하든, 정당을 기준으로 투표하든 어느 경우에나 자신의 진정한 의사를 반영할 수 없다. 이는 국민의 자유로운 선택권을 보장할 것 등을 요구하는 민주주의 원리에 부합하지 않는다.

현행 제도는 정당 명부에 대한 투표가 따로 없으므로 결국 비례 대표 의원의 선출에 있어서는 정당의 명부 작성 행위가 최종적·결정적 의의를 지니게 되고, 선거권자의 투표 행위로써 비례 대표 의원의 선출을 직접·결정적으로 좌우할 수 없으므로 직접 선거의 원칙에 위배된다.

무소속 후보자에게 투표하는 유권자로서는 자신의 의사에 반하여 투표 가치의 불평등을 강요당하게 되는바, 이는 합리적 이유 없이 무소속 후보자에게 투표하는 유권자를 차별하는 것이라 할 것이므로 평등 선거의 원칙에 위배된다.

"1인 1표로 한다." 부분은 국회 의원 선거에 있어 지역구 국회 의원 선거와 병행하여 정당 명부식 비례 대표제를 실시하면서도 별도의 정당 투표를 허용하지 않는 범위에서 헌법에 위반된다 할 것인바, 그로 인하여 유권자인 국민의 비례 대표 국회 의원에 대한 선거권, 무소속 후보자에 대하여 투표하는 유권자의 평등권 등의 기본권이 침해된다.

기탁금 및 기탁금 반환 등에 관련하여

과도한 기탁금은 재력이 있는 자에게는 입후보 난립 방지의 효과가 없지만 진지한 의사를 가진 많은 국민으로 하여금 입후보 등록을 포기하게 하므로 이들의 평등권과 피선거권, 이들을 뽑으려는 유권자의 선택의 자유를 침해하는 것이다.

후보자의 득표수가 유효 투표 총수를 후보자 수로 나눈 수 이상이거나 유효 투표 총수의 100분의 20 이상인 때에 해당하지 않으면 기탁금을 반환하지 아니하고 국고에 귀속시키도록 하고 있는데, 이러한 기준은 과도하게 높아 진지한 입후보 희망자의 입후보를 가로막고 있으며, 군소 정당이나 신생 정당 후보자로서는 위 기준을 충족하기가 힘들게 될 것이므로 결국 이들의 정치 참여 기회를 제약하는 효과를 낳게 된다. 그러므로 위 조항은 국민의 피선거권을 침해하는 것이다.

1인 1표 국회의원 선거와 높은 기탁금은

이 판결은 한국의 정치 지형에 일대 변화를 가져왔다. 또한 이 판결 이후 제기된 여러 위헌 소송으로 인해 여러 차례 법 개정이 이루어졌다. 다음의 개정된 공직선거법은 그 역사적 결과이다.

공직선거법 (2014. 2. 13. 시행)

제56조 (기탁금)

① 후보자 등록을 신청하는 자는 등록 신청 시에 후보자 1명마다 다음 각 호의 기탁금을 중앙선거관리위원회 규칙으로 정하는 바에 따라 관할 선거구 선거관리위원회

에 납부하여야 한다.

1. 대통령 선거는 3억 원

2. 국회 의원 선거는 1,500만 원

제57조 (기탁금의 반환 등)

① 관할 선거구 선거관리위원회는 다음 각 호의 구분에 따른 금액을 선거일 후 30일 이내에 기탁자에게 반환한다. 이 경우 반환하지 아니하는 기탁금은 국가 또는 지방 자치 단체에 귀속한다.

1. 대통령 선거, 지역구 국회 의원 선거, 지역구 지방 의회 의원 선거 및 지방 자치 단체의 장 선거

가. 후보자가 당선되거나 사망한 경우와 유효 투표 총수의 100분의 15 이상을 득표한 경우에는 기탁금 전액

나. 후보자가 유효 투표 총수의 100분의 10 이상 100분의 15 미만을 득표한 경우에는 기탁금의 100분의 50에 해당하는 금액

제146조 (선거 방법)

② 투표는 직접 또는 우편으로 하되, 1인 1표로 한다. 다만, 국회 의원 선거, 시·도 의원 선거 및 자치구·시·군 의원 선거에 있어서는 지역구 의원 선거 및 비례 대표 의원 선거마다 1인 1표로 한다.

개정된 공직선거법에서 눈여겨보아야 할 점은 크게 두 가지다. 첫째, 기탁금과 관련된 부분으로 국회 의원과 대통령의 기탁금 하향 조정(국회 의원 : 2,000만 원 →1,500만 원, 대통령 : 5억 원→3억 원)과 기탁금 반환 조건이 유효 투표의 15퍼센트로 낮아졌다는 점이다. 이러한 변화는 과거에 비하여 돈이 없어 입후보가 어려운 후보나 서민, 젊은 세대, 사회적 소수자 및 약자 등을 대변하고자 하는 후보의 재정적 부담을 상대적으로 감소시켜 주었으며, 국민의 피선거권과 후보자 선택의 자유를 확대시켰다. 현대 민주주의의 성패는 국민의 참여에 달려 있다.

이런 몇몇 변화가 국민의 참여를 양적으로 확대하고 질적으로 변화시키는 방향으로 바로 이어지지는 않겠지만 분명 변화의 작은 씨앗이 될 것이다.

둘째, 선거에서 1인 2표를 행사하게 되었다는 점이다. 한 표는 지역구 의원에게, 한 표는 정당에 투표하게 됨으로써 국민의 의사가 선거 과정에 보다 정확하게 반영될 수 있도록 개정되었다. 이러한 변화로 일반 국민이 선거에 참여할 수 있는 기회가 늘어났으며, 신생 정당이나 군소 정당이 국회로 진출할 수 있는 토대가 마련되어 다양한 계층과 집단의 이해를 정치 과정에 반영할 수 있게 되었다.

기탁금 조항 및 기탁금 반환 조항이 헌법에 위배되지 않을까?

현행 국회 의원 기탁금 관련 규정에 따르면, 1,500만 원의 기탁금을 낸 후 유효 총투표수의 15퍼센트 이상을 얻어야 기탁금을 돌려받을 수 있다. 이 조항의 위헌 여부에 대한 판결이 2003년 8월 31일 헌법재판소에서 있었다.

〈청구인의 주장〉

헌법재판소의 위헌 결정에 따라 기탁금이 2,000만 원에서 1,500만 원으로 낮아졌다. 그러나 단지 500만 원이 낮아졌을 뿐 1,500만 원 역시 재력이 없는 서민과 젊은 세대의 입장에서는 과도한 액수이다. 이는 불성실한 후보를 차단하는 데 필요한 최소한의 금액이라고 볼 수 없고, 피선거권을 위축시키지 않을 정도의 상징적인 금액이라고도 볼 수 없다. 따라서 현 기탁금 조항은 국민의 평등권과 피선거권을 침해하고, 나아가 유권자의 후보자 선택권도 침해한다. 기탁금의 반환 기준 또한 마찬가지다. 헌재의 결정 이후 기탁금 반환 기준을 유효 투표 총수의 100분의 20 이상에서 100분의 15 이상으로 낮추었지만 이 역시 피선거권의 행사를 위축시키지 않을 정도의 최소 기준이라 볼 수 없다. 유효 투표 총수의 미미한 비율에 해당하는 수준이라고 할 수도 없다. 따라서 기탁금 반환 조항은 민주주의의 전제인 다원주의와 소수자 보호 정신에 위배될 뿐 아니라 국민의 피선거권을 지나치게 제한한다.

〈헌법재판소의 판결〉 2001헌마687·691(병합)

선거의 신뢰성을 확보하고, 유권자가 주권자로서 진지하게 그 자신을 대표할 국회 의원을 선택할 수 있도록 입후보자의 수를 적정한 범위로 제한하는 것이 반드시 필요하므로, 입후보 요건으로 후보자에게 기탁금의 납부를 요구하는 것은 불가결하다.

한편, 기탁금의 변동에 따른 역대 국회 의원 선거 입후보자 수의 변동 추이를 살펴보면 1,000만 원에서 2,000만 원 정도의 비교적 높은 기탁금 수준에서 후보자의 수가 4명 내지 5명 정도로 고정되는 경향을 보이고 있어 1,500만 원의 기탁금은 기탁금 제도의 목적과 취지를 실현하는 데 적절하고도 실효적인 범위 내의 금액으로 보인다. 또 1,500만 원의 기탁금은 다른 재산이 전혀 없는 통상적인 평균 임금을 수령하는 도시 근로자가 그 임금을 6개월 정도, 금융·보험업에 종사하는 근로자의 경우에는 3개월 정도 저축하면 마련할 수 있는 정도의 금액에 해당하는 것으로 나타나고 있어 과다한 금액의 설정이라고 단정하기도 어렵다.

기탁금 제도가 실효성을 유지하기 위해서는 일정한 반환 기준에 미달하는 경우 기탁금을 국고에 귀속시키는 것이 반드시 필요하지만, 진지하게 입후보를 고려하는 자가 입후보를 포기할 정도로 반환 기준이 높아서는 안 될 헌법적 한계가 있다. 기탁금 제도의 대안으로서 유권자 추천 제도를 실시할 경우에 후보자 난립을 방지할 정도에 이르는 유권자의 추천 수, 역대 선거에서의 기탁금 반환 비율의 추이, 기탁금 반환 제도와 국고 귀속 제도의 입법 취지 등을 감안하면, 유효 투표 총수를 후보자 수로 나눈 수 또는 유효 투표 총수의 100분의 15 이상으로 정한 기탁금 반환 기준은 입법자의 기술적이고 정책적 판단에 근거한 것으로서 현저히 불합리하거나 자의적인 기준이라고 할 수 없다.

기탁금과 기탁금 반환 기준에 대한 헌법재판소의 판단 기준을 정리하고 그 타당성을 평가해 보자.

 청구인들의 주장을 수용하여 기탁금과 기탁금 반환 기준을 새롭게 만들고자 한다. 그렇다면 국민의 선거권·피선거권 보장과 후보자 난립 방지라는 기탁금의 목적을 모두 만족시킬 수 있는 기탁금의 수준 및 기탁금 반환 기준은 어떻게 정하는 것이 좋을까?

2

잃어버린,
잊어버린
권리 찾기

"음란한 영화는 사회 질서를 무너뜨려. 사전 심의는 반드시 필요해!"
"유치장에 갇힌 사람이 겪는 불편함은 어쩔 수 없는 일이야. 화장실에서 자해라도 하면 어쩌겠어? 남들이 배변하는 걸 보게 된다고 하여 크게 문제될 건 없어!"

우리는 현재 누리고 있는 '권리'를 아주 일상적이고 보편적인 것으로 받아들이고 있다. 마치 오래전부터 당연시되어 왔던 것처럼. 그리고 태어날 때부터 죽을 때까지 그 권리가 보장되리라고 확신한다. 그러나 사실 생명·신체·종교의 자유, 소유에 대한 권리가 명문화된 것은 그리 오래전 일이 아니다. 하루아침에 우리에게 주어진 것도 아니다. 오랜 시간을 거쳐 고민과 투쟁을 통해 얻은 것이다.

권리는 찾지 않는 자에게 공짜로 주어지지 않는다. 법이란 죄를 지은 사람들에게 벌을 주기 위한 도구가 아니라 나의 권리를 보호해 주는 것이라는 걸 깨닫는 순간, '나'는 '권리의 주체'가 되고 나의 권리를 보호해 줄 수 있는 '법적 권리'의 범위를 확장할 수 있다.

때로는 불합리한 사실에 저항하기도 하고, 때로는 불가능해 보이는 요구를 해 보기도 하며, 때로는 불편함을 참지 않고 자신의 목소리를 내는 용기 있는 행동은 '나의 권리를 발견'하는 투쟁이었다. 이제 더 이상 시민은 법의 힘으로 통제해야 하는 수동적 대상이 아니라, 법에 보장된 권리를 발견하고 그 권리를 확장하는 능동적 주체다.

"법률의 목적은 평화이며, 이에 도달하는 수단은 투쟁이다."
— 루돌프 폰 예링, 《권리를 위한 투쟁》

09

꼭 먼저
검사받아야 하나?

영화 사전 심의 판례
헌법재판소 1996. 10. 4. 선고, 93헌가13 · 91헌바10(병합) 결정

1990년에 상영 금지 처분을 받은 영화 〈파업전야〉를 보기 위해 사람들이 연세대로 몰려들고 있다.

1975년 6월 7일 정부가 '공연물 및 가요 정화 대책'을 발표하고, 한국예술문화윤리위원회가 행동에 나섰다. 국가 안전 수호와 공공질서에 반하는 공연물, 사회 질서를 문란케 하는 공연물, 사회 기강과 윤리를 해치는 퇴폐적인 공연물, 국력 배양과 건전한 국민 경제 발전을 해하는 공연물 등 20여 개 항목에 걸리면 어김없이 정화의 칼날을 뽑아들었다. 그해에 국내 가요 223곡과 외국 가요 260여 곡이 금지곡 판정을 받았다.

배호, 〈0시의 이별〉 ─ 통금이 있던 시절, 0시에 이별하면 통행 금지 위반이므로 금지!

한대수, 〈행복의 나라로〉 ─ 행복의 나라로 간다면 지금 행복하지 않다는 건가? 금지!

이장희, 〈그건 너〉 ─ 늦은 밤까지 잠 못 드는 이유가 너, 유신 체제 때문이라고? 금지!

신중현, 〈미인〉 ─ 가사가 퇴폐적이고 허무감 조장함! 금지!

양희은, 〈이루어질 수 없는 사랑〉 ─ 사랑이 왜 이루어질 수 없나? 금지!

양희은, 〈아침 이슬〉 ─ 시의에 맞지 않으므로 금지!

1980년대에 접어들어서도 금지곡 목록은 계속 발표되었다.

심수봉, 〈무궁화〉 ─ 고 박정희 대통령을 연상시키므로 금지!

송창식, 〈왜 불러〉 ─ 경찰의 장발 단속에 저항하고 정부 정책에 반발할 우려가 있으므로 금지!

김민기, 〈늙은 군인의 노래〉 ─ 현역 군인들의 사기를 떨어뜨림! 금지!

시대에 따라 금지곡의 양상은 달라졌지만 정권 유지를 위해 수많은 금지곡이 생겨났다. 사회의 질서 유지와 국민의 정신 해이 예방, 국제 간의 우의 훼손 방지 등을 위한 사전 검사, 그것은 노래에만 해당하는 이야기가 아니었다.

사 실 관 계 A씨는 1992년에 해직 교사 문제를 다룬 영화 〈닫힌 교문을 열며〉를 공연윤리위원회의 사전 심의 없이 상영하여 영화법 위반으로 재판을 받게 되었다. A씨는 영화법 제12조 제1항이 '영화 사전 심의제'를 규정하고 있기 때문에 헌법 제21조 제2항의 취지에 어긋난다며 위헌 법률 심판을 제청하였다. 법원은 이를 받아들여 영화법이 헌법에 어긋나는지 결정해 줄 것을 헌법재판소에 요청하였다.

B씨와 C씨는 1989년에 5·18 민주화 운동을 소재로 한 단편 영화 〈오, 꿈의 나라〉를 상영하기 전에 공연윤리위원회의 심의를 받지 않았다는 이유(영화법 제

12조 제1항 위반)로 기소되어 재판을 받게 되었다. 그러던 중 영화법 제12조 제1
항이 헌법에 위배되는지에 대해 법원에서 위헌 법률 심판을 제청하지 않자 헌
법재판소에 헌법 소원을 청구하였다.

관련 법률 조항

헌법
제21조
① 모든 국민은 언론·출판의 자유와 집회·결사의 자유를 가진다.
② 언론·출판에 대한 허가나 검열과 집회·결사에 대한 허가는 인정되지 아니한다.
제22조
① 모든 국민은 학문과 예술의 자유를 가진다.

영화법*
제3장
제12조 (심의)
① 영화(그 예고편을 포함한다)는 그 상영 전에 공연법에 의하여 설치된 공연윤리위원회
의 심의를 받아야 한다.
② 제1항의 규정에 의한 심의를 필하지 아니한 영화는 이를 상영하지 못한다.
제13조 (심의기준)
① 공연윤리위원회 또는 방송심의위원회는 제12조 제1항 또는 제4항의 규정에 의한
심의에 있어서 다음 각호의 1에 해당된다고 인정되는 영화에 대하여는 이를 심의필한
것으로 결정하지 못한다. 다만, 그 해당 부분을 삭제하여도 상영에 지장이 없다고 인
정될 때에는 그 부분을 삭제하고 심의필을 결정할 수 있다.
1. 헌법 기본 질서에 위배되거나 국가의 권위를 손상할 우려가 있을 때
2. 공서양속*을 해하거나 사회 질서를 문란하게 할 우려가 있을 때
3. 국제 간의 우의를 훼손할 우려가 있을 때
4. 국민 정신을 해이하게 할 우려가 있을 때

* 1962년 1월 20일에 제정되어 9차의 개정 과정을 거치고 1995년 12월 30일에 '영화진흥법'의
  제정으로 폐지되었다. 이후 2006년 4월 28일에 '영화 및 비디오물의 진흥에 관한 법률'의 제정
  으로 현재에 이르고 있다.

생각해
보기 두 사람이 함께 영화를 보았다. 한 사람은 그 영화를 매우 음란하
다고 평가하였는데, 다른 한 사람은 매우 예술적인 영화라고 극찬
하였다. 누구의 말이 '옳은' 것일까?

1. 표현의 자유가 먼저인가, 사회 질서 유지가 먼저인가?

🔍 영화는 시청각으로 표현하는 영상 매체다. 매체의 특성상 호소력이 매우
강하며, 그 영향력 또한 크다. 더욱이 컴퓨터와 스마트폰의 보급으로 그 자극
이나 충격이 널리 퍼지는 것을 막을 방법이 없다. 그러므로 영화는 보급하기
전에 꼭 먼저 검사를 받아야 한다. 청소년을 보호하고, 사회의 질서를 유지하
기 위해서 말이다.

🔍 그런데 누가, 어떤 기준으로 판단하는가? 그 검사는 공정할 수 있는가? 민
주주의 국가에서 '표현의 자유'는 국민의 가장 기본적인 권리이자 민주 정치

● **공서양속** 선량한 풍속과 사회 질서.

의 근간이다. 국민의 자유로운 의사 표현을 제한하는 순간 창작자의 사기는 떨어질 것이며, 누군가의 입맛에 맞춘 표현물이 등장하여 여론을 왜곡할 위험이 늘 도사린다.

2. 국민 스스로 판단하게 할 것인가, 국가의 통제 아래 둘 것인가?

🔍 영상물은 파급 효과가 큰 만큼 공공성을 가지고 만들어져야 한다. 모든 국민의 판단력이 완벽하다고 말할 수 없으며, 특히 판단력이 미약한 청소년의 경우 폭력성과 선정성이 짙은 영상물을 접하도록 해서는 안 된다. 그러므로 통제가 필요하다.

🔍 영화는 현실 사회의 반영이며 의사 표현의 한 수단이다. 소재는 물론 표현 방식 역시 다양하다. 관객은 영화를 보며 영상물로 표현해 내는 제작자의 의도를 각자 스스로 판단한다. 어느 누구의 관점을 정답이라고 타인에게 강요할 수는 없다.

판결문 살펴 보기 의사 표현의 한 수단인 영화는 헌법 제21조 제1항이 규정하는 언론·출판의 자유에 속하며 예술 표현의 수단이기도 하므로, 그 제작 및 상영은 헌법 제22조 제1항의 학문·예술의 자유에 의해서도 보장받는다.

검열은 행정권이 주체가 되어 사상이나 의견 등을 발표하기 전에 그 내용을 심사하여 사전에 억제하고, 허가받지 않은 것은 발표하지 못하도록 하는 제도를 말한다. 그렇게 되면 국민이 마음대로 의사 표현을 할 수 없게 되고 집권자에게 불리하면 사전에 억제할 수 있기 때문에, 의사 표현의 발표 여부가 오로지 행정권의 허가에 달려 있는 '사전 심사'만은 헌법이 직접 금지하고 있는 것이다. 그러나 영화는 상영되고 나면 자극이나 충격이 강하게 전달되어 영향력이 클 뿐 아니라 일단 보급된 후에는 효율적 규제 방법이 없으며, 특히 청소년이 음란하거나 폭력적인 영화에 접근하는 것을 미리 막아야 할 필요성이 큰 것은 사실이다. 그렇기 때문에 영화 상영으로 인한 법 위반 가능성을 막고, 청소년 등에 대한 상영이 부적절할 시 유통 단계에서 효과적으로 관리할 수 있도록 미리 등급을 심사하는 것은 사전 검열이 아닌 것이다.

구 영화법 제12조 제2항의 핵심 내용은 심의 기관인 공연윤리위원회가 영화 상영 이전에 내용을 심사하고, 심의 기준에 적합하지 않다고 여기는 영화는 상영 금지 조치를 할 수 있으며, 사전 심의를 거치지 않은 모든 영화는 상영을 금지할 뿐 아니라 형사 처벌까지 가능하도록 한 것이다. 따라서 이 법은 헌법 제21조 제2항이 금지한 사전 검열 제도를 채택하고 있으므로 위헌이다.

영화 사전 심의제

간접 민주 정치 사회에서 가장 중요한 국민의 권리는 자신의 의사를 자유롭게 표현함으로써 집권자들이 올바른 여론을 바탕으로 바른 정책 결정을 하도록 만드는 일일 것이다. 외부의 압력 없이 자유롭게 의사 표현을 할 수 있을 때 의미 있는 여론 형성이 가능하기 때문이다.

영화는 현재 사회의 모습을 반영한다. 제작자가 창의력과 예술성을 발휘하여 다양한 사회상을 구성하고 편집한 결과물이다. 다양한 의사 표현을 함으로써 현실 사회를 진단하는 것 역시 영화의 역할 중 하나이다.

영화는 시각 예술이라는 특수성 때문에 선정성이나 폭력성이 지나치면 청소년들에게 좋지 않은 영향을 미칠 수 있으므로 등급을 심사할 수는 있을 것이다. 그러나 영화의 내용을 사전에 심사하여 집권자의 입맛에 맞지 않는 부분을 삭제하거나 상영 자체를 금지하는 것은 국민의 표현의 자유를 침해하는 행위다. 이 판례는 '영화 사전 심의'가 헌법에 직접 금지 규정을 두고 있는 '사전 심사'에 해당하므로 위헌이라고 판결함으로써 기본권의 신장을 가져왔다.

영화 〈그때 그 사람들〉과 표현의 자유

10·26 사태를 소재로 한 영화 〈그때 그 사람들〉은 명예 훼손 소송에 휘말려 일부 삭제 판결을 받았다.

1979년 10월 26일, 박정희 대통령은 1961년 5·16 군사 쿠데타를 일으켜 집권한 지 18년 만에 당시 중앙정보부장이었던 김재규의 총에 의해 사망하였다.

박정희 정권은 짧은 기간 동안 '한강의 기적'이라 불리는 경제 성장을 이루어 냈지만, 그 이면에서 국민의 기본권은 후퇴하였다. 짓눌린 국민들의 민주화 열망은 삼엄한 독재 정권하에서도 조금씩 고개를 들기 시작하였다.

1979년 들어 '민주 회복'의 기치를 든 김영삼 야당 총재가 국민에게 많은 지지를 얻자, 독재 정권은 9월 8일 김영삼에 대한 총재직 정지 가처분 결정을 내리고, 10월 4일 김영삼의 의원직을 박탈하였다. 이에 야당과 국민은 불만의 목소리를 높였으며, 부산과 마산 지역으로 반정부 시위가 확산되었다. 이것이 '부마 항쟁'인데, 항쟁은 군에 의해 무력으로 진압당하였으나 유신 체제의 종말을 앞당기는 계기가 되었다.

그로부터 25년의 세월이 흐른 2004년, 임상수 감독이 10·26 사태를 소재로 한 영화 〈그때 그 사람들〉을 만들었다. 그런데 박정희 전 대통령의 아들 박지만 씨가 고인의 명예가 훼손되어 인격권이 침해되었다면서 영화 상영을 금지시켜 달라는 소송을 냈다.

2006년 1월 31일, 법원은 영화의 세 장면—부마 항쟁 시위 장면, 박 대통령 사망 후 김수환 추기경이 조사를 낭독하는 장면, 박 대통령의 장례식 다큐멘터리 장면—을 삭제하지 않을 경우 영화를 상영할 수 없다는 이른바 '조건부 상영' 결정을 내렸다. 결국 제작사는 3분 50초를 삭제한 후 영화를 상영하였고 법원에 이의 신청을 냈다.

2006년 8월 10일, 서울중앙지법은 "역사적으로 공적인 인물에 대해서는 표현의 자유를 폭넓게 인정해야 한다."라며 "학문과 예술의 자유를 제한하려면 단순한 인격권 침해로는 충분치 않고, 회복되기 어려울 정도의 침해가 있을 때만 가능하다. 이 영화에서 박정희 전 대통령에 대한 묘사가 표현의 자유를 본질적으로 제한할 만큼 중대하다고 보기 어렵다."라고 이의 신청을 받아들였다.

영화 사전 심의제가 위헌이라는 판결이 난 지 10년이 지났다. 그럼에도 불구하고 영화 〈그때 그 사람들〉이 일부 삭제 판결을 받았다가 몇 달 후에야 이의 신청이 받아들여졌다. 만약 제작사의 이의 신청이 받아들여지지 않았다면 어떤 문제가 발생하였을까?

영화나 드라마에서 공적인 인물을 다룰 때에는 표현의 자유를 폭넓게 인정한다는 판결에 대해 이야기해 보자. 인물 묘사의 사실성을 높여 표현의 자유를 보장하는 데 기여할 것인가, 개인의 인격권이 침해될 가능성을 높이는 결과를 가져올 것인가?

10 음주 측정 거부,
진술 거부권인가?

음주 측정 판례
헌법재판소 1997. 3. 27. 선고, 96헌가11 결정

도로에서 경찰관이 음주 측정을 하고 있다.

우리 사회는 음주 운전에 관대한 편이다. 점심을 들면서 반주로 소주 석 잔 정도 마시는 것은 대수롭지 않게 여긴다. 그런데 혈중 알코올 농도 평균 측정값을 보면, 일반적으로 소주 석 잔이면 0.06퍼센트로 면허 정지에 해당하며, 다섯 잔이면 면허 취소가 가능한 0.1퍼센트 이상의 수치가 나온다. 한편, 2011년에 음주 운전 관련 사망자는 733명으로 전체 교통사고 사망자의 14퍼센트를 차지하였다. 이는 전체 교통사고 사망자의 70.9퍼센트를 차지하는 안전 운전 의무 불이행 다음으로 높은 수치다. 특히 다른 교통 법규 위반과 관련한 사망자 수는 감소하는 추세인 데 반해 음주 운전 관련 사망자의 비율은 14퍼센트 전후로 유지되고 있어 그 심각성이 크다.

이처럼 음주 운전은 대형 사고로 이어질 수 있기 때문에, 대부분의 나라에서 음주 측정을 실시하고 있으며, 음주 측정을 거부하는 운전자들을 처벌하고 있다. 그런데 교통사고 예방이라는 목적은 좋지만 강제로 음주 측정을 하는 것은 운전자의 권리나 자유를 침해하는 것은 아닐까? 모든 시민은 자기가 하기 싫은 것을 강제로 하지 않을 자유와 권리를 갖는데, 음주 측정은 이런 자유와 권리를 침해하는 것이 아닐까?

우리는 운전자가 음주 측정에 응하는 것이 의무라고 생각한다. 만약 운전자가 음주 측정 거부가 자신의 권리라며 응하지 않는다면, 더구나 그가 술에 취한 상태라면 그를 자신의 죄를 숨기려는 파렴치범이라고 비난할 것이다. 하지만 자기의 권리를 주장하는 것 자체가 잘못된 행동은 아니다. 어쩌면 우리는 공익이라는 압력에 맞서 당당하게 자신의 권리를 주장하는 사람들에게 '뻔뻔스럽다'는 딱지만 붙여 왔는지도 모른다. 이제부터 '뻔뻔함'이라는 편견을 걷어내고 한 사건 속에서 충돌하고 있는 개인의 자유와 공익이라는 두 가치의 의미에 대해 고민해 보자.

사실 관계 A씨는 술에 취한 상태로 승용차를 운전하다가 주택가 골목길에 주차된 차량을 들이받고 귀가하였다. 그 뒤 A씨는 집으로 찾아온 경찰관으로부터 호흡 측정기에 의한 음주 측정을 요구받았으나 이에 응하지 않았고, 결국 불구속 기소되었다. 관할 법원은 음주 측정 강제 조항은 장차 형사 피의자나 피고인이 될 가능성이 있는 자에게 '자신에게 불리한 진술'을 강요하는 것에 해당하여 헌법상 진술 거부권을 침해하며, 영장주의에도 위배된다고 하였다. 또한 헌법에서 보장한 양심의 자유와 행복 추구권이 포함되어 있는 일반적 행동 자유권을 침해한다고 판단하여 직권으로 위헌 여부를 가리는 심판을 제청하였다.

헌법

제12조

② 모든 국민은 고문을 받지 아니하며, 형사상 자기에게 불리한 진술을 강요당하지 아니한다.

제37조

② 국민의 모든 자유와 권리는 국가안전보장·질서유지 또는 공공복리를 위하여 필요한 경우에 한하여 법률로써 제한할 수 있으며, 제한하는 경우에도 자유와 권리의 본질적인 내용을 침해할 수 없다.

도로교통법*

제41조 (주취 중 운전 금지)

② 경찰 공무원은 교통 안전과 위험 방지를 위하여 필요하다고 인정하거나 술에 취한 상태에서 자동차를 운전하였다고 인정할 만한 상당한 이유가 있었을 때에는 운전자가 술에 취하였는지의 여부를 측정할 수 있으며, 운전자는 이러한 경찰 공무원의 측정에 응해야 한다.

제107조 (벌칙)

다음에 해당하는 사람은 2년 이하의 징역이나 300만 원 이하의 벌금형에 처한다.

② 술에 취한 상태에 있다고 인정할 만한 상당한 이유가 있는 사람으로서 제41조 제2항의 규정에 의한 경찰 공무원의 측정에 응하지 아니한 사람

* 2005년 5월 31일 제41조(주취 중 운전 금지) 조항은 제44조(술에 취한 상태에서의 운전 금지)로 개정되었다. 2009년 4월 1일 제107조(벌칙) 조항은 제148조의2(벌칙)로 개정되었다.

생각해
보기

1. 음주 측정은 불리한 진술을 거부할 수 있는 권리를 침해하는가?

🔍 침해한다. 헌법 제12조 제2항은 "모든 국민은 고문을 받지 아니하며, 형사상 자기에게 불리한 진술을 강요당하지 아니한다."라고 규정하여 자신의 유죄를 입증하게 될 수 있는 불리한 진술을 강요당하지 않을 것을 기본권으로 보장하고 있다. 그런데 음주 측정은 운전자에게 명백히 불리한, 술을 마셨다는 사실을 경찰에게 알리도록 강요하는 것이다. 그러므로

음주 측정은 헌법이 보장하는 진술 거부권을 침해한다.

🔍 침해하지 않는다. 호흡 측정 결과는 음주 운전죄라는 범죄의 직접적인 증거가 되므로 호흡 측정기에 의한 측정에 응하는 것은 '형사상 불리한' 것이 될 수는 있다. 그러나 음주 측정을 위해 측정기를 부는 행위는 '진술'에 해당하지 않는다. '진술'이라 함은 생각이나 지식을 언어로 표출하는 것을 의미하지만, 호흡 측정은 신체의 물리적·사실적 상태를 그대로 드러내는 행위, 즉 신체검사로서의 성격을 띠기 때문이다. 즉 음주 측정은 운전자에게 불리하지만 진술이 아니므로 불리한 진술을 거부할 수 있는 권리를 침해하지 않는다.

2. 음주 측정은 행동의 자유를 침해하는가?

🔍 침해한다. 어떤 사람이 하고 싶어 하지 않는 행동을 그의 뜻에 반하여 강제하는 것은 그 사람의 자유를 침해한다. 음주 측정기를 불고 싶어 하지 않는 운전자에게 음주 측정기를 강제로 불게 하는 것은 하고 싶지 않은 행동을 강제하는 것으로 행동의 자유를 침해한다.

🔍 침해하지 않는다. 헌법 제37조 제2항에 따라 국민의 모든 자유와 권리는 국가안전보장, 질서유지 또는 공공복리를 위해 필요한 경우에 한해 법률로써 제한할 수 있다. 음주 측정은 질서유지와 공공복리를 위해 필요하므로 강제로 음주 측정을 실시하는 것은 구성원들의 동등한 자유를 보장하기 위해 일정 정도 개인의 자유를 제한하는 것이지 부당하게 침해하는 것은 아니다.

3. 음주 측정은 합리성과 정당성을 갖춘 기본권의 '제한'인가?

🔍 그렇다. 음주 운전이 대형 교통사고로 이어지는 상황에서, 이를 예방하는 것은 사회적으로 꼭 필요한 일이다. 그런데 음주 운전을 예방하는 방법들 중에서 국민의 자유를 가장 덜 제한하는 방법이 음주 측정이라 볼 수 있다. 현재로서는 증거 확보의 유일한 방법이 음주 측정이고, 그 실시 역시 간편하여 국민

에게 큰 부담이 되지 않는다. 이러한 점으로 보았을 때, 음주 측정이 개인의 자유를 제한하는 면은 있지만 충분히 납득할 만한 합리적 제한이라 할 수 있다.

🔍 그렇지 않다. 방법이 편리하다고 무조건 합리성과 정당성을 갖추었다고 할 수 없다. 편리하다고 하지만 강제성을 띤 것이며, 특히 술을 마시지 않은 운전자들까지 잠정적인 죄인(음주 운전자)으로 취급하게 된다. 그것이 유일하고 편리한 방법이라는 것을 내세워 합리적이며 정당하다고 단정할 수는 없다.

판결문 살펴보기 헌법 제12조 제2항은 진술 거부권을 보장하고 있으나, 여기서 "진술"이라 함은 생각이나 지식, 경험 사실을 정신 작용의 일환인 언어를 통하여 표출하는 것을 의미하는 데 반해, 도로교통법 제41조 제2항에 규정된 음주 측정은 호흡 측정기에 입을 대고 호흡을 불어 넣음으로써 신체의 물리적·사실적 상태를 그대로 드러내는 행위에 불과하므로 이를 두고 "진술"이라 할 수 없다. 따라서 주취 운전의 혐의자에게 호흡 측정기에 의한 주취 여부의 측정에 응할 것을 요구하고 이에 불응할 경우 처벌한다고 하여도 이는 형사상 불리한 "진술"을 강요하는 것에 해당한다고 할 수 없으므로 헌법 제12조 제2항의 진술 거부권 조항에 위배되지 아니한다.

또한 이 사건 법률 조항에 의하여 일반적 행동의 자유가 제한될 수 있으나 목적의 중대성(음주 운전 규제라는 목적의 절실함), 음주 측정의 불가피성(주취 운전에 대한 증거 확보의 유일한 방법), 국민에게 부과되는 부담의 정도(경미한 부담, 간편한 실시), 음주 측정의 정확성 문제에 대한 제도적 보완(혈액 채취 등의 방법에 의한 재측정 보장), 처벌의 요건과 처벌의 정도(측정 불응죄에 해당하는지 여부를 엄격히 판단) 등에 비추어 합리성과 정당성을 갖추고 있으므로 헌법 제37조 제2항의 기본권 제한 원칙(과잉 금지의 원칙)에 어긋나는 것이라고 할 수 없으므로, 이 사건 법률 조항은 행동의 자유를 침해하는 것이라고 할 수 없다.

음주 측정 거부는 진술 거부권과

개인의 자유와 공익, 이 두 가지는 어느 것 하나 소홀히 할 수 없는 중요한 가치다. 이 두 가치가 늘상 충돌하는 것은 아니지만 불가피하게 충돌하는 상황이 생길 수 있다. 개인의 자유를 방임하면 공익을 해치게 되거나, 공익을 이루기 위해서는 개인의 자유를 침해할 수밖에 없는 경우가 그러할 것이다. 개인의 자유가 먼저인가, 아니면 공익이 우선인가? 만일 개인의 자유가 먼저라면 개인의 자유는 어떤 경우라도 희생될 수 없다. 반대로 공익이 우선이라면 개인의 자유는 공익을 위해 언제든지 희생되어야 한다.

우리의 헌법은 이러한 경우에 뭐라고 말하고 있나? 개인의 자유가 먼저라고 말하지도 않고, 공익이 절대적 가치라고 말하지도 않는다. 공익을 추구하는 국가 권력이라 하더라도 개인의 자유를 마음대로 '침해' 할 수 없고, 다만 필요한 경우에 최소한으로 '제한' 할 수 있을 뿐이라는 것이다. 그리고 자유와 권리의 본질적인 내용은 침해할 수 없다고 단서를 달고 있다. 헌법 제37조 제2항에서 정한 국가안전보장, 질서유지 또는 공공복리를 위한 경우가 그 필요한 경우에 해당하고, 이때 국민의 자유와 권리를 법률로써 제한할 수 있다. 그리고 구체적 개별 사건이 이러한 경우에 해당하는지 판단하는 것은 법원의 몫이다. 이 사건의 경우, 헌법재판소는 교통안전이라는 공익이 중요하다고 하더라도 공익을 위해 개인의 자유를 섣불리 침해할 수 없다고 보았다. 만일 교통안전이라는 목적을 이루기 위해 음주 측정이라는 수단이 반드시 필요한 최소한의 제한이라면 이는 헌법상 허용될 수 있다. 반면에 음주 측정이 불필요할 정도로 개인의 자유를 과도하게 침해한다면 이는 개인의 자유에 대한 '침해'로서 허용되지 않는다.

헌법재판소는 사람들이 공익을 위해 당연히 필요하다고 생각하는 음주 측정이라 할지라도 그것이 정말 개인의 자유를 제한하는 데 정당하고 합리적인 요건이 되는지를 엄격하게 따지고 있다. 개인의 자유를 어떤 경우에 어느 정도로 어떻게 제한해야 공익을 위한 합리적 제한일까? 헌법재판소가 내세우는 원칙은 과잉 금지의 원칙(비례 원칙)이다. 이 원칙은 개인의 자유를 제한할 때에는 그를 통해 실현하려는 공익에 비해 개인의 자유를 과도하게 제한해서는 안 된다는 것이다. 그 구체적인 내용은 중대한 공익 실현을 위해 반드시 필요한 수단을 택해야 하며, 여러 수단 중에서 국민의 자유를 가장 덜 제한하는 수단을 택해야 한다는 것이다. 이 사건에서 음주 측정은 이러한 면에 부합하여 과잉 금지의 원칙을 준수하는 합리적인 기본권 제한이라고 보았다. 그 밖의 구체적 사안에서 이런 합리적 제한에 해당하는 수단이 무엇인지 찾아내는 일은 헌법재판소만이 아니라 우리 모두의 과제다.

음주 측정을 거부할 수 있는가?

1. 음주 측정 거부자의 운전 면허를 취소할 수 있는가?

음주 운전자들이 음주 운전 측정을 거부, 회피하는 것을 용인하면 단속이 효과를 거두기 힘들어지므로 음주 측정 거부자에 대한 제재를 무겁게 하는 것은 불가피하다. 이러한 이유로 법은 음주 측정 거부자에 대한 형사 처벌의 법정형을 음주 운전자와 동일하게 규정하고, 음주 측정 거부자에 대한 제재를 음주 운전자에 대한 제재, 즉 운전 면허의 취소와 동일하게 규정하고 있다. 또한 음주 측정 거부자에 대한 제재를 필요적 면허 취소로 규정한 것은 정당한 입법 목적 달성에 효과적이고도 불가피한 수단이다.

– 헌법재판소 2004(2003헌바87)

음주 측정 거부자는 운전 면허가 취소될 뿐만 아니라, 만일 교통사고를 낸 운전자가 음주 측정을 거부한다면 형사 처분까지 받을 수 있다. 정부는 2010년 2월 교통사고를 낸 운전자가 음주 운전을 하였다고 볼 만한 상황인데도 음주 측정을 거부할 경우에 5년 이하의 금고 또는 2,000만 원 이하의 벌금을 부과할 수 있도록 교통사고처리특례법을 개정하였다.

2. 음주 측정기를 믿지 못한다면?

그렇더라도 호흡 측정기에 의한 음주 측정에 반드시 응해야 한다. 2006년 6월부터 개정된 도로교통법은 호흡 측정 결과에 불복한 운전자에 한해서만 다시 혈액 채취의 방법으로 측정할 수 있도록 하고 있다. 따라서 경찰의 음주 측정 요구를 받았을 때는 신체적 이상으로 호흡 측정기에 의한 측정이 불가능한 경우가 아닌 한, 음주 측정기가 불결하다거나 정확성을 믿을 수 없다는 이유로 측정을 거부할 수 없다.

　일단 호흡 측정기로 측정을 한 후에 그 결과가 본인의 생각과 다르다면 그때 혈액 채취를 요청해야 할 것이다. 경찰관에게 곧바로 혈액 채취를 요구하는 것은 결국 음주 측정 거부로 처벌을 받을 수 있다.

열 사람의 죄 지은 자를 놓치더라도!

치과 의사 모녀 피살 사건
대법원 2003. 2. 26. 선고, 2001도1314 판결

미국 드라마 〈CSI 과학 수사대〉가 한국
에서도 인기다. 최첨단 장비와 과학 수
사를 통해 사건을 해결하는 과정을 실감
나게 그렸기 때문일 것이다. 범인임이
분명한 상황에서 증거가 없을 때, 수사
관들이 그 증거를 찾아내는 과정에서
우리는 통쾌함과 더불어 알게 모르게

O. J. 심슨이 법정에서 재판을 받고 있다.

사회가 좀 더 정의로워졌다는 느낌을 받는다.

  그런데 만약 범인이라는 심증은 있는데 물증이 없다면 어떻게 될까? 그 사람
을 처벌할 수 있을까?

  1994년, 미국을 떠들썩하게 한 사건이 있었다. 미식축구 영웅 O. J. 심슨이 전
처와 그녀의 남자 친구를 살해하였다는 혐의로 재판을 받은 사건이다. 이 재판

은 텔레비전으로 생중계될 만큼 전 미국인의 관심을 모았고, 많은 사람이 심슨을 범인이라고 생각하였다. 하지만 배심원단은 전원 일치로 그를 무죄로 평결하였다. 한 배심원은 방송 인터뷰에서 "아마 심슨이 범인일 것이다. 그러나 심슨이 범인이라는 것을 증명할 만한 확실한 증거가 없었기에 무죄로 평결을 내릴 수밖에 없었다."고 말하였다. 또 다른 배심원은 "심슨이 범인일 가능성도 있다. 그러나 각종 증거와 당시의 모든 상황을 검토해 볼 때 심슨이 두 사람을 살해한 범인으로 생각되지 않아 무죄 평결 쪽으로 마음이 기울었다."고 말하였다.

우리나라 형사소송법에는 "의심스러울 때는 피고인의 이익으로"라는 대원칙이 있다. 이것을 다른 말로 '무죄 추정의 원칙'이라고 한다. 즉, 피고인은 유죄 판결을 받기 전까지는 무죄로 추정되어야 한다는 것이다. 미국의 법도 "열 사람의 죄 지은 자를 놓치더라도 한 사람의 무고한 자를 유죄로 해서는 안 된다."라고 말한다.

우리나라에서도 1995년 '한국판 O. J. 심슨 사건'이 일어났다. 우리나라에서는 어떻게 판결을 내렸는지, 사건 속으로 들어가 보자.

사실 관계 1995년 6월 12일 서울시 불광동의 한 아파트, 이 모 씨의 집에서 흰 연기가 새어 나오자 인근 주민이 바퀴벌레 약을 뿌리는 줄 알고 경비실에 항의하였다. 경비원은 이씨의 집에 인터폰으로 연락을 해도 대답이 없자, 오전 9시 7분경 이씨 집의 철제 방범창을 뜯어내고 내부를 살폈다. 그제야 화재 때문에 연기가 난 것임을 안 경비원이 소방서에 신고를 하였고, 오전 9시 30분경 도착한 소방관들은 10여 분 만에 불을 껐다. 소방관들은 현장에서 치과 의사였던 부인 최 모(당시 31세) 씨와 딸(당시 2세)이 죽은 채 욕조에 떠 있는 것을 발견하였다. 공교롭게도 이 사건이 발생한 날은 남편(당시 33세)이 외과 의원을 개원하는 날이었고, 당시에 출근한 상태였다. 화재는 안방의 장롱에서 시작되었으며, 장롱만 태웠을 뿐 크게 번지지 않은 상태였다.

사건 발생 3개월여 만인 9월 2일에 남편 이씨는 아내 최씨와 딸을 목졸라 살해한 뒤 이를 은폐하기 위해 집에 불을 지른 혐의로 구속되었다.

검찰 측은 사체가 뜨거운 물에 잠겨 있어 정확한 사망 시각을 알기 어렵지만 최씨의 위장 내용물을 국립과학수사연구소에 의뢰하여 분석한 결과, 사망 시각이 밤 12시에서 다음 날 오전 6시 30분 사이로 추정된다고 밝혔다. 최씨 모녀의 사망 시각은 이 사건의 최대 쟁점으로 부각되었다. 최씨 모녀의 피살 시간이 남편이 출근한 시점 이전이라면 전날 밤부터 집에 함께 있었던 남편이 범인이고, 그 후라면 진범이 따로 있다는 이야기가 된다. 검찰 측은 이씨가 오전 6시 30분에서 7시 사이에 모녀를 살해한 후 불을 지르고 출근한 것으로 보았다. 또한 이씨가 부인의 불륜을 눈치 챈 후 부부싸움이 잦았다는 주변의 진술에 따라 범행 동기를 추정하였다.

그러나 이씨의 변호인 측은 이씨가 출근한 오전 7시 이후에 살인 사건이 일어났다고 주장하였다. 이씨가 살해하는 것을 본 목격자도 없고, 지문이나 혈흔 등 직접 증거가 될 만한 것은 아무것도 없다는 점을 지적하였다. 또한 국립과학수사연구소에서 나온 결과가 모두 추정일 뿐이라고 일축하였다. 변호인 측이 보는 범행 시간은 이씨가 출근한 다음인 7시 10분 이후. 그 이전에 살해되었다면 두 시간 반 이상이 지난 9시 40분에 사체를 처음 발견하였을 당시 욕조 물의 온기가 남아 있기 어렵고, 경비원이 연기를 처음 본 시각인 8시 20분과도 너무 차이가 나므로 이씨의 알리바이가 성립된다는 주장이었다. 또한 범행 동기로 주목되는 최씨의 외도를 이씨는 사전에 알지 못하였으며, 사건 이후 새롭게 안 사실이라고 밝혔다.

경찰은 여러 단서를 수집하는 초동 수사에서 많은 허점을 보였다. 일례로 발견 당시 사체와 욕조 물의 온도를 재는 기본적인 조사도 시행하지 않아, 언제 살해되었는지 추정할 수 있는 중대 증거를 놓치기도 하였다. 또한 경찰은 사건

초기부터 남편을 유력한 용의자로 보고 여러 증거를 수집하였는데, 이런 선입견은 공정한 자료 수집을 방해하였다. 거짓말 탐지기 조사 과정에서도 경찰이 객관성을 잃었다는 지적이 있었는데, 거짓말 탐지기 조사 이전에 여러 차례 사건 시각과 장소를 이씨에게 암시하고 추궁하였던 것이다. 이런 사실이 드러나 조사 결과는 결국 증거에서 배척*되었다.

결국 변호인단은 스위스의 법의학자 크롬페셔 교수를 증인으로 내세워 검찰에서 주장한 법의학적 자료는 증거 효력이 부족하다는 것을 밝혔고, 모의 화재 실험에서도 화재가 오전 7시 이후에 일어났을 가능성이 높음을 보여 주었다.

관련 법률 조항

헌법
제27조
④ 형사 피고인은 유죄의 판결이 확정될 때까지는 무죄로 추정된다.

형사소송법
제275조의2 (피고인의 무죄 추정)
② 피고인은 유죄의 판결이 확정될 때까지는 무죄로 추정된다.
제307조 (증거 재판 주의)
① 사실의 인정은 증거에 의하여야 한다.

세계인권선언
제11조
① 형사 범죄로 소추당한 모든 사람은 자신의 변호를 위하여 필요한 모든 장치를 갖춘 공개된 재판에서 법률에 따라 유죄로 입증될 때까지 무죄로 추정받을 권리를 가진다.

● **배척** 판결에 영향을 미치는 증거로 채택되지 못함.

범인으로 의심되는 사람, 가둘 것인가 말 것인가?

진짜 범인이 거리를 활보하면서 사람들을 불안에 떨게 하는 경우

와 내가 억울하게 범인으로 지목되어 치유할 수 없는 피해를 입을

경우 중에서 어떤 것이 더 무서운가?

🔍 범인으로 의심된다면 범인일 확률이 높다는 것이고, 그런 사람이 거리를

활보하게 내버려 두어서는 안 된다. 범인이 주변에 산다면 우리는 불안하여 살

아가기 힘들 것이다. 그런 사람은 빨리 잡아들여서 죗값을 받게 하는 것이 정

의로운 사회를 만드는 길이다.

🔍 물론 범인이 버젓이 활개를 치고 다니면 안 되겠지만, 증거가 확실하지 않

은 상태에서 무작정 그 사람을 범인이라고 단정한다면 그 사람은 너무 억울하

지 않겠는가? 또 억울하게 옥살이까지 하였다면 그 피해는 누가 보상해 줄 수

있겠는가? 이미 세상에 사건이 알려져 그가 범인인 것처럼 보도되었고, 그로

인해 그가 직업과, 가정을 모두 잃게 되었다면 나중에 무죄로 판명된들 어떻게

원상회복될 수 있겠는가?

판결문 살펴 보기

1995년 서울지방법원: 유죄

국립과학수사연구소의 감정 결과 등 여러 가지 정황에 비추어 볼 때 이씨가 범행을 저질렀다는 사실이 명백한 만큼 유죄가 인정된다.

1996년 6월 서울고등법원: 무죄

시반(사체에 나타난 반점), 사체의 강직도, 위장 내용물의 소화 상태 등 부검에 따른 감정 결과는 물론, 발화 시각 추정, 범행 도구 등 제시된 증거 전부가 객관적으로 입증이 되지 않고 추정에 근거한 정황 증거일 뿐이므로 엄격한 증명 자료로 인정할 수 없다. 이런 경우 유죄 의심이 들더라도 피고인에게 이익이 되는 입장에서 판단하는 것이 형사법의 대원칙이다.

1998년 11월 대법원: 유죄 판결 후 파기 환송 •

피고인이 사건 당일 아파트를 나섰다고 주장한 오전 7시 이전에 피해자들이 사망하였느냐가 쟁점이고, 7시 이전에 사망하였다고 볼 정황 증거가 많은데도 원심이 직접 증거가 없다는 이유로 이를 모두 배척한 것은 합리적인 증거 판단이 아니다.

2001년 2월 서울고등법원: 무죄

피고인이 위 공소 사실 내지 범죄 사실을 저질렀음을 인정할 증거가 없어 공소 사실은 모두 범죄의 증명이 없는 경우에 해당하므로, 형사소송법 제325조 후단에 의하여 피고인에게 무죄를 선고하기로 한다.

2003년 3월 대법원: 무죄

사실을 인정할 수 있는 직접 증거가 없고, 사실을 뒷받침할 수 있는 가장 중요한 간

• **파기 환송** 상소심에서 심리한 결과 원심판결에서 파기 사유가 있고 판결을 지지할 수 없다고 인정될 경우에 다시 심판하도록 원심 법원으로 사건을 되돌려 보내는 것을 말한다.

접 증거의 증명력이 새로 나온 증거에 의하여 크게 줄어들었으며, 그 밖에 나머지 간접 증거를 모두 종합하여 보더라도 사실을 뒷받침할 수 있는 증명력이 부족한 경우, 제출된 증거만으로는 공소 사실을 유죄로 판단할 수 없다.

명확한 증거가 없으므로

무죄 추정의 원칙은 매우 중요하다. 현실에서는 유죄 추정을 바탕으로 사법 절차 등이 진행되는 경우가 많기 때문이다. 범인으로 생각되는 사람을 범인으로 만들기 위해 증거를 수집하는 것이 아니라, 과학적으로 증거를 수집해 나가는 과정 속에서 범인을 찾아내야 한다. 명확한 증거에 따라 범인으로 지목되기 전까지 모든 사람은 무죄인 것이다. 강한 심증에도 불구하고 증거가 없다면 무죄로 풀어 주어야 하는 것이 헌법적 원칙이다.

검찰이 벗겨 준 '억울한 누명'

"옥살이를 할 뻔하였는데 진실이 밝혀져 다행입니다. 죄가 없는 사람들이 자칫 잘못하였으면 억울한 누명을 쓸 뻔하였습니다."

검찰은 2006년 한 해 동안 처리한 사건 중 '억울한 피의자의 누명을 벗겨 준 사건'을 선정하여 발표하였다.

택시를 운전하는 장씨는 올해 5월 경찰에 긴급 체포되어 검찰로 송치되었다. 택시를 타고 가다 성추행과 강도를 당한 여성 2명이 체격이 호리호리하고 눈매가 위로 치켜 올라간 인상의 장씨를 범인으로 지목하였기 때문이다. 장씨는 혐의를 부인하며 알리바이가 있다고 주장하였으나, 피해자들은 "택시에 한 시간 동안 있었는데 범인의 얼굴을 모르겠느냐. 범인이 틀림없다."고 주장하였다.

그러나 검찰은 휴대 전화 위치 추적 등을 한 결과 장씨가 범행 장소와 다른 곳에 있었고, 피해자가 탔던 차종과 다른 택시를 운전한 사실을 확인하였다. 관내에서 발생한 비슷한 택시 강도 사건을 검토하다 보니 또 다른 택시 기사 서 모 씨의 용모가 피해자들이 범인으로 지목한 장씨와 상당히 비슷하다는 점도 나중에 알게 되었다. 검찰에 불려 온 피해자들도 서씨의 얼굴을 본 뒤 장씨와 얼굴이 흡사하다는 사실에 놀라면서 서씨를 범인으로 다시 지목하였고, 서씨는 범죄 행각 전체를 털어놓았다.

인천지검 형 모 검사는 "피의자의 진술을 철저히 확인하여 진범을 밝혀냈고, 피의자를 석방하였다. 자칫 잘못하였으면 억울한 누명을 씌울 수 있는 사건이었다."고 말하였다.

−〈세계일보〉(2006. 12. 24.)

물음1

평소 학교 생활이 불량한 친구가 집에 놀러 왔다. 그런데 그 친구가 다녀간 후 집에서 귀중품이 사라졌다. 친구가 다녀간 사이에는 아무도 집에 들어오지 않았고, 평소 불량한 친구여서 의심은 갔지만 물증이 없다. 직접 물어보면 의심한다고 하여 친구 사이가 멀어질 수도 있고, 확인을 안 하자니 답답하고, 무작정 신고를 할 수도 없는 노릇이다. 이 경우 어떻게 하는 것이 좋을까?

물음 2

거리를 지나가고 있는데, 경찰관이 갑자기 불러 세우더니 신분증을 보여 달라고 하였다. 보여 주어야 할까? 경찰에게 이유를 물었더니 이 근처에서 범죄 신고가 들어왔고, 인상착의가 나와 비슷하다고 하였다. 확인하라며 신분증을 내주었더니 경찰관이 갑자기 경찰서까지 동행하자고 하였다. 가야 할까? 나는 범인도 아닌데 왜 가야 하냐며 동행을 거부하였다. 그렇다면 나는 공무 집행 방해죄로 고소를 당할까?

12 대한민국 어디서나 집회와 시위가 가능할까?

외교 기관 앞 집회 관련 판례
헌법재판소 2003. 10. 30. 선고, 2000헌바67·83(병합) 결정

외교 기관이 몰려 있는 광화문에서 시위대가 기자 회견을 하고 있다.

"문화는 교역의 대상이 아니라 교류의 대상입니다."

2006년 4월, 영화인들이 한자리에 모여 스크린 쿼터 축소에 항의하는 시위를 벌였다. 몇몇 배우와 감독 들은 머리를 삭발하기도 하였고, 유명 배우들은 릴레이 1인 시위에 들어갔다. 이들은 문화는 교역의 대상이 아니라고 강조하면서, 한국 영화를 지키는 것은 곧 우리 문화를 지키는 것이며, 더 나아가 문화 전쟁 시대에 국익을 위한 것이라고 주장하였다. 그들은 자신들의 주장을 알리기 위해 네 시간이 넘게 팻말을 들고 서 있었다.

이처럼 사람들은 많은 사람에게 자신들의 주장을 호소하기 위해 집회를 연

다. 집회란 일정한 목적을 달성하기 위해 많은 사람이 한곳에 모이는 것을 말한다. 피해를 호소하거나, 사회의 문제점을 알리고 개선책을 주장하거나, 정당한 권익을 주장하기 위해 집회를 열고 시위를 벌인다. 자신들의 권익과 주장을 내세우고 싶은 집단이나 개인은 누구나 집회를 열고 시위를 할 수 있다. 개인이나 집단의 이익이 걸린 문제에서부터 사회 전체에 영향을 끼치는 환경 문제, 인권 문제, 정치적 문제 등을 이유로 집회가 열린다.

　우리는 집회를 통해 침해당한 권리를 되찾을 수 있고, 집단적으로 의사를 표현할 수 있다. 우리 사회가 안고 있는 문제점을 드러내 사회적 논쟁을 불러일으키기도 하며, 공동체가 지향해야 하는 가치를 공유하기도 한다. 또한 집회는 대의 민주주의 체제에서 시민들의 참여 의식을 높이는 기능도 한다. 시민 운동이나 시민 혁명을 통한 사회의 민주적 발전은 집회와 시위의 자유가 있기에 가능하다.

**사 실
관 계**　민주주의민족통일전국연합은 광화문 시민열린마당에서 '한국전쟁 당시 미군의 양민학살 진상규명 규탄대회'를 열고자 종로경찰서에 옥외 집회 신고서를 제출하였다. 그러나 종로 경찰서장은 집회 장소가 미국 대사관의 경계로부터 97미터, 일본 대사관 영사부의 경계로부터 35미터밖에 떨어져 있지 않으므로 집회 및 시위에 관한 법률(이하 '집시법') 제11조의 옥외 집회 및 시위의 금지 장소에 해당한다는 이유로 집회를 금지하였다.

　집회 불가 통보를 받은 민주주의민족통일전국연합은 집시법 제11조에 대해 서울행정법원에 위헌 여부 심판을 신청하였으나 법원이 이를 기각하자, 헌법소원 심판을 청구하였다.

1. 집회에 대한 상반된 생각

생각해
보기

🔍 집회 장소에서는 종종 몸싸움이 일어나는데 그 때문에 사회적 갈등이 커지기도 한다. 시위 행렬 때문에 교통 체증이 심해지고, 각종 소음으로 시민들이 불편을 겪으며, 특히 집회 장소 주변에서 장사를 하는 사람들은 경제적 손실을 보게 된다. 계속되는 시위는 국가 이미지를 떨어뜨리고, 무역에도 부정적인 영향을 미친다. 이러한 사회적 손실을 막기 위해서라도 집회와 시위는 삼가야 한다.

🔍 집회의 자유는 헌법에 보장된 국민의 기본적 권리이며, 사회적 화합을 위해서도 집회가 필요하다. 사회적 약자들이 자신들의 입장과 주장을 집단적으로 표현할 수 있는 유일한 방법이 집회와 시위다. 또한 사회의 부조리나 부정부패가 집회를 통해 드러나 사회적 쟁점이 될 수도 있다. 집회는 정치적 반대 의사를 공동으로 표현하는 수단이며, 대의 정치 제도에서 소홀하게 다룰 수 있

는 소수 의견을 국가 정책에 반영하는 창구가 될 수 있다는 점에서 중요하다. 집회나 시위 자체를 금지한다면 오히려 저항이 심해질 우려가 있으며, 그것은 사회적 화합의 걸림돌이 될 것이다.

2. 집회는 어디서 할 수 있을까?

집회와 시위를 하는 사람들은 자신들의 주장을 효과적으로 전달하기 위해 집회 시간과 장소를 고려한다. 특히 장소는 집회의 목적과 효과에 큰 관련이 있으므로, 원하는 장소에서 집회를 할 수 있어야 비로소 집회의 자유가 보장된다고 볼 수 있다. 예를 들면 국회의사당이 있는 서울 여의도에서 열린 대규모 농민 집회, 간척 사업에 반대하는 환경 단체들이 새만금에서 벌인 새만금 살리기 운동, 서울시장과의 면담을 요구하며 서울시청 앞에서 시위를 벌인 장애인 이동권 단체의 집회 등이 그것이다. 그러나 집회가 허가되지 않는 장소가 있다. 법률에 따르면 국회의사당이나 법원, 외교 기관의 경계 지점으로부터 100미터

이내에서는 집회를 할 수 없다. 이처럼 집회가 금지되는 장소가 있는데, 이에 대해서도 입장이 대립된다.

🔍 국내 주재 외교 기관 100미터 안에서의 집회를 금지하는 것은 합당하다. 그곳에서 집회와 시위를 하면 외교 기관에 자유롭게 출입할 수 없고, 외교 기관의 업무를 방해할 수 있으며, 외교관의 신체적 안전이 위협받을 수 있다. 또 외국과의 친선 관계에 좋지 못한 영향을 미칠 수 있고, 그곳에 근무하는 외교관들이 한국에 대해 좋지 않은 이미지를 가질 수 있기 때문에 가급적 집회를 제한해야 한다.

🔍 외교 기관 부근에서 집회를 연다고 하여 항상 외교 기관의 업무에 불편을 주거나, 외교관에게 위협이 되어 외교 관계에 문제가 생기는 것은 아니다. 더구나 특정 나라나 특정 외교관을 대상으로 항의하고 싶은 경우에는 그 대상 외교 기관 앞에서 하는 것이 당연하다. 외교 기관의 업무에 불편을 준다는 사소한 이유 때문에 헌법에 보장된 집회의 자유가 침해되어서는 안 된다.

판결문 살펴보기 집회의 자유는 개인의 인격 발현의 요소이자 민주주의를 구성하는 헌법적 기능을 가지고 있으며, 집회의 자유는 구체적으로 집회의 시간과 장소, 방법, 목적을 스스로 결정할 권리를 보장하는 것이다. 물론 집회의 자유에 의하여 보호되는 것은 평화적 또는 비폭력적 집회다.

집회의 자유를 제한하는 경우는 다른 중요한 법익의 보호를 위하여 반드시 필요한 때, 즉 공공의 안녕을 해치는 직접적인 위협이 명백하게 존재하는 경우에 정당화될 수 있다. 그러나 특정 장소에서의 집회가 법률 조항에 의하여 보호되는 법익에 대한 직접적인 위협을 초래할 가능성이 적다면 입법자는 '최소 침해의 원칙'의 관점에서 금지에 대한 예외적인 허가를 할 수 있도록 규정해야 한다.

외교 기관에 대한 집회가 아니라 우연히 금지 장소 내에 위치한 다른 항의 대상에 대한 집회인 경우, 소음의 발생을 유발하지 않는 평화적인 소규모 집회인 경우, 예정된 집회가 외교 기관의 업무가 없는 휴일에 행해지는 경우 등은 외교 기관의 원활한 업무를 해치거나 외교관의 신변을 위협할 직접적인 위험이 적다고 볼 수 있다. 그러므로 입법자는 외교 기관의 집회의 경우에는 기본권 제한의 가능성이 완화될 수 있도록 일반적 금지에 대한 예외 조항을 두어야 할 것이다.

집회 금지 장소

예외적 허가 인정
– 헌법재판소 2003 –

이 판결은 집회의 자유가 국민이 누려야 하는 기본적 권리임을 다시 한 번 일깨워 주었고, 집회의 자유에 대해 더 넓게 해석하였다. 특히 집회 장소와 관련한 논쟁을 통해, 국가의 질서 수호와 국민의 기본권이 충돌하는 지점을 살펴보았다. 그러나 절대적 집회 금지 구역을 설정할 필요가 있느냐에 대한 근본적인 의문은 여전히 남아 있다.

국회의사당과 법원 같은 기관은 국가의 정책을 결정하고 집행하는 곳인 만큼 집회나 시위로 업무에 방해를 받는다면 국가의 기능이 마비되고 혼란스러워질 수도 있다. 그러나 다른 한편으로는 국민의 다양한 의견과 소수의 의견에 적극적으로 귀 기울여야 하는 기관이기도 하므로 100미터 이내의 집회 금지는 국민과의 거리를 멀어지게 하는 것일 수도 있다.

집회를 통해 의견을 표현하고 전달하기 위해서는 그 대상이 되는 기관을 향하여 목소리를 내야 한다. 국가 기관이 모여 있는 지역은 국민의 다양한 목소리가 수렴되는 광장의 역할을 해야 한다. 국가 기관 100미터 이내의 집회 금지는 헌법에 보장된 집회의 자유권을 지나치게 제한할 수 있다는 문제점이 있다. 집회의 자유는 헌법이 보장하는 귀중한 권리다. 어느 정도의 소음이나 불편을 감수해야 이러한 권리를 보장받을 수 있다.

법원 앞 집회는 안 된다?

헌법재판소는 2003년에 외교 기관 100미터 이내 집회 금지에 대한 예외적 허가를 인정하였으나, 2005년에는 법원 100미터 이내 집회의 절대적 금지에 대한 합헌 결정을 내렸다. 다음 글을 읽고, 이 판결에 대해 자신의 생각을 이야기해 보자.

외국 영화를 보다 보면 중요한 판결을 앞두고 시민들이 법원 앞에서 팻말을 들고 시위하는 장면이 가끔 나온다. 그러나 우리나라에서는 법원 부근에서 집회를 할 수 없다. 2005년 11월, 헌법재판소는 각급 법원의 청사 또는 저택의 경계 지점으로부터 100미터 이내에서 옥외 집회나 집회를 금지하고 있는 집시법 제11조가 합헌이라고 결정하였기 때문이다. 이전의 외교 기관의 경우와는 다른 판결을 내린 것이다.

헌법재판소는 그 이유를 이렇게 밝혔다. 법관이 법정에서 적법 절차에 따라 보고 들은 것에만 영향을 받아야 하는 것이 원칙이지만, 법관도 인간이기 때문에 재판 중이나 재판 전에 법정이나 그 부근에서 집단행동이 벌어진다면 그로부터 의식적이든 무의식적이든 영향을 받을 위험이 있다는 것이다. 설사 법관이 그러한 집단행동에 영향을 받지 않더라도 그것을 지켜본 시민들은 법관이 영향을 받았을 것이라는 의혹을 가질 수 있고, 그로 인해 사법에 대한 신뢰가 훼손될 가능성이 있다고 판단한 것이다.

그러나 이에 대한 반대 주장도 만만찮다. 먼저 외교 기관의 판례와 형평성에 맞지 않을 뿐만 아니라 지나치게 집회의 자유를 제한한다는 것이다. 집회 때문에 마음이 흔들릴 수 있다고 하더라도 "법관은 헌법과 법률에 의해 그 양심에 따라 독립하여 심판해야 하기 때문에 법원 앞에서의 시위를 금지하는 것은 옳지 않다는 것이다. 더구나 법원을 대상으로 하지 않는 집회, 소규모 평화적 집회, 각급 법원의 업무가 없는 휴일에 개최되는 집회 등을 금지하는 것은 집회의 자유를 지나치게 제한하는 것이라고 생각한다.

화장실에서 인격을 찾다 13

유치장 내 화장실 관리 판례
헌법재판소 2001. 7. 19. 선고, 2000헌마546 결정

쾌적한 환경에서 용변을 볼 권리 역시 중요한 권리이다.

○○ 고등학교는 학생들의 금연을 유도하려고 막대한 예산을 들여 화장실을 고쳤다. 그 결과 샤워 부스와 탈의실, 정수기 등이 생겼으나, 대신 문이 없어졌다. 학교 화장실에서 담배 연기는 사라졌으나, 문 없는 화장실에서 학생들은 공포에 떨며 용변을 본다.

남녀 공학인 A중학교의 3학년 남학생 화장실 문은 투명 유리로 되어 있다. 학교 측이 학생들의 흡연을 막기 위해 내놓은 궁여지책이다. 화장실의 내부가 적나라하게 보이다 보니, 그 앞을 지나가는 교사나 여학생 들이 화장실의 남학생과 눈이라도 마주치면 서로 멋쩍어한다.

화장실은 사적이고 은밀한 공간이다. 용변을 볼 때 타인의 시선을 과도하게 의식해야 한다면 인간다운 생활이 어렵다.

경찰서 내 유치장 화장실의 경우를 보자. 경찰서의 유치장은 피의자나 가벼운 범죄를 저지른 이들을 한때 가두어 두는 곳이다. 경찰에서는 유치장에 갇혀 두려움에 떨고 있는 피의자를 보호하는 한편, 피의자가 도망가거나 증거를 숨기지 못하게 감시도 해야 한다. 유치장에서는 피의자의 행동을 놓치지 않고 가능한 한 다 볼 수 있도록 낮은 칸막이 안쪽에 변기를 두었다. 그리고 폐쇄회로 텔레비전(CCTV)도 설치되어 있다. 갇힌 자들은 용변 보는 부끄러운 모습을 보이기 싫어 되도록 참아야 하고, 참기 힘들 때는 폐쇄회로 텔레비전에 잡힐세라 신경 쓰며 용변을 보아야 한다.

사실관계 송 모(여, 36세, 임상 병리사) 씨는 2000년 6월 18일 오전 2시에 야간 근무를 마치고 서울 구로구 H사 노조원들의 시위 현장을 지나다 영등포경찰서에 연행되었다. 송씨는 H사 노조원들의 시위에 가담하였다는 혐의로 조사를 받고 유치장에 갇혔다. 16.5제곱미터 정도의 유치장에는 여자 미결수 7, 8명이 함께 수용되어 있었고, 위층에는 남자 유치장이 있었다. 유치장 구석에는 용변을 보는 곳이 있었는데, 화장실이라기보다는 용변기에 불과하였다. 그 앞에는 약 60센티미터 높이의 칸막이 외에 아무것도 없었다.

송씨는 "옷을 내릴 때는 남자 '보호관'이 정면으로 보였고, 쪼그려 앉은 뒤에도 다른 사람의 얼굴과 그대로 마주쳤다."고 말하였다. 누군가 '큰 일'을 보면 악취가 그대로 퍼졌다.

송씨는 "함께 연행된 친구는 수치심 때문에 석방될 때까지 이틀 동안 용변을 참았다."며 "대소변 때문에 유치장 안에서 '밥과 국 안 먹기 운동'이 벌어지기도 하였다."라고 말하였다. 송씨는 연행 48시간 만인 20일 새벽 석방되었으나 유치장에서 겪은 불편과 수치심 때문에 잠을 이룰 수가 없었다. 그래서 송씨는

"옷을 벗고 용변을 보는 모습이 다른 유치인들과 위층에 있는 사람들한테 다보이고 폐쇄회로 텔레비전에 녹화되어 헌법이 보장하는 인간으로서의 존엄과 가치, 사생활의 비밀과 자유를 침해당하였다."라며 헌법 소원을 냈다.

관련 법률 조항

피의자 유치 및 호송 규칙(경찰청 훈령 제62호)

제19조 (간수자의 근무 요령)

② 간수자는 근무 중 간단없이 유치장 내부를 순회하여 유치인의 동태를 살피되 특히 다음 행위 등의 유무를 유의하여 관찰함으로써 사고 방지에 노력하여야 하며 특이 사항을 발견하였을 때에는 즉시 유치 주무자에 보고하여 필요한 조치를 취하도록 하여야 한다.

유치장 설계 표준 규칙(경찰청 예규 제65호)

제9조 (화장실)

① 화장실은 대변소를 2실 이상 설치하고 소변소를 부설하여야 하며 대변소의 문은 간수의 감시에 지장이 없도록 하반 부분으로 하여야 한다.

② 재래식 화장실의 경우에는 배설물의 배출구에 시정 장치를 하도록 하여야 한다.

③ 수세식 화장실의 경우에는 유치실 내에 설치할 수 있다.

생각해보기

1. 유치인의 인격권은 어디까지 보장되어야 하는가?

경찰서 내 유치장은 죄를 지었거나 지었을지도 모르는 자를 가두어 두는 곳이다. 실질적으로 죄를 지었다고 판단되지 않은 상황에서 의심된다는 이유로 자유를 과도하게 제한하는 것은 인권 침해 소지가 있다. 판결을 앞두고 갇힌 자는 긴장과 불안, 초조함 때문에 심리적으로 위축되기 쉽다. 유치장은 유치인의 건강과 인간다움을 보장하기 위한 최소한의 환경을 갖추어야 한다. 열악하고 불리한 유치장에서 생활하다 건강과 마음이 상처 받는다면 조사 과정에 적정하게 대처하는 것이 어려워진다.

2. 효율적인 통제와 보호가 우선인가, 갇힌 자의 기본적인 생리적 욕구를 존중하는 것이 우선인가?

🔍 유치인은 심리적으로 불안하다. 자유가 제한된 상황에서 함께 갇힌 자에게 해를 당하거나 입힐 수도 있고, 자신의 처지를 비관해 자해할 수도 있다. 특히 심리적 압박감을 못 이겨 화장실에서 자살이라도 한다면 큰일이 아닐 수 없다. 그러므로 유치인을 효율적으로 통제하기 위해서는 일거수일투족을 감시해야 한다. 화장실 역시 감시인의 시야에서 최대한 벗어나지 않도록 해야 한다.

🔍 비록 현행범으로 체포되었거나 죄를 저질렀다고 잠정적으로 판단되는 유치인이라 할지라도 이들은 아직 구속조차 되지 않았고 판결을 받지 않은 상황이다. 이들의 기본권은 이미 구속되었거나 판결을 받은 사람들보다 덜 제한되

어야 한다. 가려진 화장실 안에서 어떤 일이 벌어질지도 모른다는 우려 때문에 화장실 벽을 주변 공간과 구별되지 않게까지 낮추는 것은 명백한 기본권 침해다. 보호와 관찰을 명분으로 여럿이 생활하는 공간에서 볼일 보는 광경까지 보이게 된다면 어느 누구도 자유롭게 배설할 수 없으며, 수치심과 굴욕감을 느낄 것이 틀림없다. 인간으로서 최소한의 기본적 품위를 지키기 위해서는 볼일을 보면서 타인을 의식하거나 감시를 받는 느낌에서는 벗어나야 한다. 유치장 화장실에 차단벽을 설치하여 냄새와 소리를 의식하지 않고 용변을 볼 수 있는 권리를 보장해야 한다.

판결문 살펴보기 무죄가 추정되는 미결 수용자●의 자유와 권리에 대한 제한은 구금의 목적인 도망·증거 인멸의 방지와 시설 내의 규율 및 안전 유지를 위한 필요 최소한의 합리적인 범위를 벗어나서는 안 된다. 또한 미결 구금은 수사 및 재판 등의 절차 확보를 위해 불가피한 것이기는 하나, 실질적으로 형의 집행에 유사한 자유의 제한을 초래하는 폐단이 있다. 미결 수용자들은 구금으로 인해 긴장과 불안, 초조감을 느끼는 등 심리적으로 불안정한 상태에 빠지고 위축되며, 육체적으로도 건강을 해치기 쉽고, 자칫 열악하고 불리한 환경의 영향으로 형사 절차에서 보장되어야 할 적정한 방어권● 행사에 제약을 받거나 나아가 기본적 인권이 유린되기 쉽다. 그러므로 구금 자체의 폐단을 최소화하고 필요 이상으로 자유와 권리가 제한되는 것을 피해야 한다. 형사 절차상 방어권의 실질적 보장을 위해서는 규율 수단의 선택에 있어 충돌되는 이익들 간의 신중한 비교 교량을 요하며, 통제의 효율성에만 비중이 두어져서는 안 된다.

● **미결 수용자** 법적 판결이 확정되지 않은 상태로 구금되어 있는 피의자 또는 형사 피고인.
● **방어권** 형사 절차에서 피고인이 검사에 대하여 자기의 정당한 이익을 방어할 수 있는 권리.

보통의 평범한 성인인 청구인들로서는 내밀한 신체 부위가 노출될 수 있고 역겨운 냄새, 소리 등이 흘러나오는 가운데 용변을 보지 않을 수 없는 상황에서 수치심과 당혹감, 굴욕감을 느꼈을 것이고, 나아가 생리적 욕구까지도 억제해야만 하였을 것이다.

유치 기간 동안 위와 같은 구조의 화장실을 사용하도록 강제한 피청구인의 행위는 인간으로서의 기본적 품위를 유지할 수 없게 만들었다. 비인도적·굴욕적일 뿐만 아니라 동시에 비록 건강을 침해할 정도는 아니라고 할지라도 헌법 제10조의 인간의 존엄과 가치로부터 유래하는 인격권을 침해하는 정도에 이르렀다고 판단된다.

미결 수용자의 굴욕적 화장실 사용

효율적인 통제에서 얻는 이익과 인간에 대한 기본적 예의를 지킴으로써 얻는 이익 사이에 균형점은 어디인가 생각해 볼 수 있는 판결이다.

죄를 지어 기본권을 제한당하는 수형자에게 가혹 행위를 해서는 안 된다. 너무 좁지 않은 공간에서 생활해야 하며, 운동도 할 수 있고 쉴 권리도 보장되어야 한다. 특별한 위험이 있지 않다면 소중한 가족과 최소한 한 달에 두 번은 만날 수 있어야 하며, 얼굴을 맞대고 손을 마주 잡고 신체적으로 접촉할 수 있는 인간적인 배려도 필요하다.

마찬가지로 학교에서 말썽을 일삼는 학생들이라도 그들의 기본적 권리는 보장되어야 하며 인격적 모욕을 당하지 않도록 배려해야 한다. 비록 흡연하는 학생이 많은 학교라 하더라도 금연 목적으로 화장실을 터 놓는 것은 인간의 품위를 모욕하는 처사이다.

인간다움을 유지하는 데 예외는 없다. 인간으로 태어났다는 그 자체만으로 존중되어야 한다.

노르웨이 교도소

욕실과 텔레비전, 냉장고 갖춘 1인실 ······브레이빅 수감으로 관심

커다란 창으로 햇살이 쏟아져 들어오는 12제곱미터의 1인실. 천장이 높은 이 방에는 별도의 욕실과 평면 스크린 텔레비전과 소형 냉장고 등 편의 시설이 골고루 갖추어져 있다. 10~12개의 방이 공동 거실과 주방을 사이에 두고 나란히 들어선 모습은 흡사 대학교의 고급 기숙사를 방불케 하지만 이곳은 엄연히 범죄자들이 수감되어 있는 교도소이다. 노르웨이에서 두 번째로 큰 할덴 교도소의 풍경이다.

지난 22일, 노르웨이에서 폭탄 테러와 총기 난사로 76명의 목숨을 앗아간 안데르스 베링 브레이빅이 이곳에 수감될 것이란 전망이 나오면서, 이 교도소가 새삼 세상의 이목을 집중시키고 있다고 시사 주간지 《타임》 등이 27일 보도하였다.

성폭행이나 살인 등 무시무시한 강력 범죄자 248명을 수용하고 있는 이 교도소는 지난해 6월 문을 열었다. 각 감방에는 창살 대신 두꺼운 유리가 끼워져 있다. 말 그대로 '창살 없는 감옥' 인 셈이다. 무거운 교도소의 분위기를 없애기 위해 건물은 회색 콘크리트 대신 벽돌과 낙엽송 등을 이용하여 만들었고, 유명 그래피티(낙서형 벽화) 아티스트인 돌크의 그림 등 예술 작품들도 쉽게 볼 수 있다.

교도관은 무기를 갖고 있지 않으며, 수감자들과 섞여 스포츠를 즐기기도 한다. 조깅을 위한 트랙, 실내 암벽 등반 시설은 물론 도서와 잡지, CD, DVD 등이 고루 구비된 도서관도 있고, 수감자들은 밴드를 구성하여 교도소 안의 음악 녹음실에서 직접 음반을 제작할 수도 있다. 《타임》을 비롯한 외신들은 이 교도소를 세상에서 가장 '인간적인 감옥', '럭셔리한 감옥' 이라고 전하였다.

노르웨이가 1억 6,500만 유로라는 엄청난 비용을 들여 이런 교도소를 만든 까닭은 현재 20퍼센트 수준인 재범률을 더 낮추기 위해 처벌보다는 교화에 방점을 찍고 있기 때문이다. 노르웨이 교정당국의 한 관계자는 "수감 기간 동안 개인의 자유를 빼앗는 것만으로도 충분한 처벌이 되는데 굳이 수감자에게 가혹한 환경을 만들 필요까지 없지 않겠느냐."고 말하였다.

- 《한겨레》(2011. 7. 28.)

물음 1 노르웨이 교도소와 우리나라 교도소의 차이점을 비교해 보고, 어떤 곳이 범죄의 재발을 막는 데 도움이 될지 자신의 생각을 말해 보자.

물에 잠긴
법적 권리를 찾다

망원동 수재 사건
서울민사지방법원 1987. 8. 26. 선고, 84가합5010 판결

법의 주요 역할은 벌을 주는 것일까, 권
리를 지켜 주는 것일까? 국민의 권리를
지키기 위해 법을 위반한 사람에게 벌
을 준다는 점에서 법은 두 가지 모습을
지니고 있다. 그러나 많은 사람이 '법'
이라고 하면 정의의 여신이 들고 있다
는 칼과 함께 '법의 강제성'이라는 문

한강둑이 터져 불어난 물에 놀란 서울 망원동 주민들이 대
피하고 있다.

구를 먼저 떠올리지 않을까? 법을 처음 배울 때 접하는 것이 바로 "법은 다른
사회 규범과 달리 강제성을 가지고 있다."라는 구절이다. 법의 강제성이라는
말은 권력이 나의 외부에 존재하는 타자의 권력, 위에서 내려오는 강압적 권력
이라는 의식을 은연중에 심어 준다. 일상에서 쓰는 용어와 거리가 있는 법률
용어, 일반인은 이해하기 어려운 판결문 등은 이런 의식을 더욱 강화한다.

그렇다면 법은 소수 권력자들의 것, 혹은 법률 전문가들의 것일까? 그리고 그들의 이익을 위해서만 작동하는 것일까? 근대 이전의 법은 그러하였다. 그러나 근대 시민 혁명의 정신이 반영된 오늘날의 법은 그 권위와 권력이 국민으로부터 나온다. 법은 타자의 것, 소수 권력자의 것이 아니라 나의 것, 우리 모두의 것이고, 시민의 권리를 보호하는 것이 법의 첫 번째 역할이다.

우리나라는 1948년에 근대적 헌법을 제정하였지만, 법이 시민의 것이라는 의식이 널리 퍼질 수 있는 계기가 오래도록 없었다. 그래서 헌법이 만들어진 이후에도 법조문에 적힌 권리들이 현실에서는 무시되는 경우가 많았다. 망원동 수재 사건이 발생한 1984년에도 동사무소(지금의 주민 센터)의 공무원들은 시민들에게 공적 서비스를 제공한다는 생각보다는 이들을 관리하고 통제한다는 권위적인 사고를 가진 경우가 많았다. 홍수로 피해를 입은 사람들은 그저 하늘만 원망할 뿐 자신들의 권리를 찾을 수 있다는 생각을 하지 못하였다. 의식 있는 변호사들이 함께한 망원동 수재 사건은 현대 사회에서 시민과 법의 관계를 대변해 준 대표적인 사건이다.

사실 관계 1984년 9월 1일부터 4일까지 서울에 폭우가 쏟아졌다. 이 때문에 서울시가 관리하던 마포구 망원동 유수지의 수문 상자가 무너졌다. 삽시간에 망원동 거주 지역으로 한강물이 흘러들었고, 이 일대의 5,000여 가구가 물에 잠겼다. 망원 유수지는 지대가 낮은 망원동 지역을 홍수 피해로부터 보호하기 위한 시설로, H건설이 설치 공사를 하였고, 서울시가 관리를 맡고 있었다. 망원 유수지는 평상시에는 유수지에 모인 물이 자연 배수 관로를 따라 한강으로 흘러가도록 되어 있었다. 한강 수위가 이 배수 관로의 높이를 넘을 경우에는 수문을 닫아 한강물의 역류를 방지하는 역할을 하였다. 그런데 집중 폭우로 한강 수위가 높아지자 수문 상자와 배수 관로의 이음 부분이 끊어지고 결국 수문 상자가 무너져 내리는 사고가 발생하였다.

1984년 10월, 망원동 주민 5가구, 21명이 서울시와 H건설을 상대로 손해 배상 청구소송을 제기하였다.

관련 법률 조항

국가배상법

제5조 (공공시설 등의 하자로 인한 책임)

도로, 하천 기타 공공의 영조물●의 설치 또는 관리에 하자가 있기 때문에 타인에게 손해를 발생하게 하였을 때에는 국가 또는 지방 자치 단체는 그 손해를 배상하여야 한다. 이 경우에는 제2조 제1항의 단서·제3조 및 제3조의2의 규정을 준용한다.

생각해 보기

1. 사익 소송과 공익 소송은 어떤 차이가 있는가?

이 사건은 개인의 이익을 위한 사익 소송이 아닌 공익 소송이라고 할 수 있다. 이때의 공익이란 '사회적으로 아주 중요한 권리임에도 잘게 쪼개져서 사회 구성원 개개인에게 흩어져 있기 때문에 법으로 제대로 보호받지 못하는 이익'을 말한다. 이러한 사안의 경우 공익을 침해당한 개인이 권리를 찾기 위해 소송을 하기에는 그가 누릴 이익보다 비용 부담이 커서 쉽게 나서기 어렵다.

공익 소송은 단순히 경제적인 문제 때문에 소송하기 어려운 사람들을 구제

● **영조물** 국가나 공공 단체가 일반 대중이 이용하도록 제공하거나 공공의 목적에 쓰기 위하여 만든 시설. 학교, 병원, 도서관, 철도, 교도소 따위다.

하기 위한 법률 구조˚와는 구별된다. 공익 소송의 특징은 법원을 통해 사회 문제를 해결하고 사회 제도를 개선하는 데 목적을 둔다는 점이다. 망원동 수재 사건에서 수해 지역 주민들의 피해가 국가적 차원에서 보상된다면 앞으로 이와 비슷한 사안이 발생할 경우 같은 수준의 피해 보상을 받을 수 있게 된다. 또 국가는 이러한 일이 재발되지 않도록 수해 방지 시스템의 안전성을 확보하는 데 필요한 정책을 마련하고, 주민들은 법이 권력자들만을 위한 것이 아니라 시민의 권리를 실현하기 위한 것이라는 인식을 갖게 된다.

2. 사건의 쟁점 – 인재인가, 천재인가?

이 홍수 사태의 책임은 누구에게 있을까? 시공 업체가 부실 공사를 하였을 가능성이 있고, 서울시가 관리를 제대로 못하였을 수도 있다. 혹은 건설사나 서울시의 잘못이라고 할 수 없는, 천재지변으로 판단될 수도 있다. 천재지변으로 판단될 경우에는 피해에 대한 구제를 받기 어렵다.

원고(피해 주민) 측은 서울시의 관리에 문제가 있었다고 주장하였다. 배수 관로 시설은 200년 빈도의 홍수위에 견딜 수 있도록 설계되어야 하는데, 사건 당시의 배수 관로 시설은 12년 전 홍수가 일어났을 때 한강 최고 수위인 11.24미터에도 못 미치는 10.6미터에서 파손되었다. 게다가 한강 저지대 수문 148개 중 망원 유수지 수문 상자만 파손된 것으로 볼 때 망원동 배수 관로 시설의 설치와 보존에 하자가 있었음이 분명하다는 것이다. 이에 대해 피고(서울시)는 서울시 측의 신청으로 선정된 최 모 씨의 감정서를 인용하여, 하천 계획에는 불확실한 요인들이 끼어들게 마련이며, 우리나라의 하천 관리나 홍수 예지, 수방 대책은 사회적·재정적 제약, 기술적 사정으로 인하여 대체로 수준이 낮다고 하였다.

부실 공사에 대한 의견도 양측이 달랐다. 원고 측은 한강의 모든 수리 구조물은 200년 빈도의 홍수위에 견딜 수 있어야 하고, 특히 대규모 수재를 일으킬 수 있는 수문 상자와 철근 콘크리트 구조물 간의 이음 부문은 충분한 조사를 거쳐 공사가 진행되었어야 하는데도 이를 게을리하였다고 주장하였다. 이에 또 다른 피고인 건설사 측은 공사 발주자인 서울시의 설계서와 토목 공사 일반 표준 시방서®를 준수하였으며, 이 시설물이 계획 홍수위에 못 미치는 홍수 때문에 붕괴되었더라도 이는 발주자인 서울시의 잘못이라고 항변하였다.

판결문 살펴보기 ▶ 국가배상법 제5조에 규정한 "영조물의 설치상의 하자"라는 것은 객관적인 견지에서 그 영조물이 통상적으로 갖추어야 할 안전성을 갖추지 못한 상태를 의미하는 것으로서, 전혀 예상할 수 없는 불가항력적인 사고를 대

● **법률 구조** 법률적인 문제에 대하여 돈이나 법률 지식이 없는 사람에게 소송 행위를 도와주는 사회 제도이다. 소송 비용을 빌려 주거나 변호사를 선임해 주는 따위의 일을 한다.
● **시방서** 공사 등에서 일정한 순서를 적은 문서.

비할 정도의 고도의 안전성을 의미하는 것은 아니다. 이 사건 사고 당시의 홍수 수위는 불과 12년 전의 홍수위에도 못 미치는 것으로서 이를 결코 예상할 수 없을 정도의 것이라 할 수 없다.

이 수해 사고는 자연적인 하천이 범람하여 발생한 것이 아니라 이미 설치된 인공 구조물인 망원 유수지의 수문 상자에 내재된 하자, 즉 통상적으로 갖추어야 할 안전성을 갖추지 못하여 발생한 것이다.

정부의 안전 관리 미흡에 따른 손해 배상

원고 측은 서울시의 설계상의 문제점을 인정하더라도 건설사 측에도 필요한 제반 조치를 취하지 않은 책임이 있다고 주장하였으나, 법원은 1심, 2심 모두 피고 H건설의 책임은 인정하지 않았다.

이 사건은 우리나라 최초의 공익 소송이라 할 수 있다. 흩어져 있는 이익을 대변하여 권리를 구제하고, 정부의 시설물 관리에 중대한 변화를 이끌어 낸 소송이라는 점에서 망원동 수재 사건은 공익 소송의 전형적인 모습을 보여 준다. 이 소송은 그동안 법적 권리 바깥에 존재하였던 피해를 법적 권리 안으로 끌어들이고, 법에 대한 시민들의 인식을 변화시키는 데 기여하였다. 또 국가 기관과 시민들의 관계를 평등하게 세우는 계기를 마련해 주었다.

인권 변호사 조영래

고 조영래 변호사의 모습.

1970년대부터 1990년대 초까지 군사 독재 정권 아래에서 인권을 침해당한 민주 인사들에 대한 인권 변론은 한국 사회의 맥락에서 보면 공익 소송의 한 형태였다. 우리나라 현대사에는 군사 독재 정권에 저항한 수많은 민주 인사와 함께 그들을 도운 인권 변호사들이 있었다. 조영래는 대표적인 인권 변호사로, 현대사의 격변기에 일어났던 중요한 사건의 변론에는 그의 이름이 자주 등장한다.

고등학교 시절부터 사회 문제에 깊은 관심을 가졌던 조영래는 대학 시절, 군사 독재 체제에 저항하는 학생 운동에 적극 참여하였다. 1970년대 노동자들의 비참한 삶을 온몸으로 알린 전태일의 죽음은 당시 조영래와 같은 대학생, 지식인 들에게 큰 영향을 미쳤다. 조영래는《전태일 평전》을 지어 한국의 노동 현실을 고발하였다. 그는 변호사가 되어 민중에게 다가가 인권을 보호하고 사회를 변화시키는 길을 선택한다.

1984년 서울 망원동에 수해 사건이 나자 조영래 변호사는 무보수로 소송에 참여하여 3년 동안 법정 싸움을 이끌었고, 망원동 수해 피해자들이 피해 보상을 받을 수 있게 하였다.(본 책 14절)

1985년 사고를 당한 여직원의 피해 보상을 요구하는 재판에서 법원은 '미혼 여직원의 정년은 25세'이므로 이후는 소득이 없는 주부의 가사 노동에 준하는 피해 보상만 하면 된다는 판결을 내렸다. 이 판결이 여성을 차별하는 사회의 관행을 그대로 반영한 것이라는 문제 의식을 가졌던 조영래 변호사는 항소심 변호를 맡아 '여성의 정년도 남성과 똑같은 55세'임을 확인하는 판결을 이끌어 냄으로써 여성의 인권 향상에 크게 기여하였다.(본 책 4절)

1980년대 후반에 접어들면서 전두환 군사 정권은 자신들의 권력을 연장시키기 위해 민주 인사들을 가혹하게 탄압하였다. 1986년 부천경찰서에서 경찰이 체포된 여성 노동 운동가를 취조 과정에서 성적으로 학대한 성 고문 사건이 발생하였다. 조영래 변호사는 이 사건의 변호인단을 이끌면서 전두환 군사 정권의 비도덕성을 세상에 알렸다. 이 사건은 민주주의와 인권의 소중함을 되새기게 하였고, 이는 이듬해에 일어난 1987년 6월 민주항쟁에도 영향을 미쳤다.

1987년 상봉동의 연탄 공장 근처에 살던 주민이 진폐증에 걸리자, 조영래 변호사는 진폐증이 공장에서 나온 석탄 가루 때문이라는 판결을 이끌어 냈다. 이 판결은 법원이 최초로 공해병을 인정한 사례라는 점에서 그 의의가 크다.(본 책 26절)

암울한 시대에 법이 고통 받는 사람들 편에 서서 세상을 변화시킬 수 있다는 것을 몸소 보여 주었던 조영래 변호사는 안타깝게도 1990년 43세의 젊은 나이에 폐암으로 세상을 떠났다.

공익 소송이 일반 소송과 다른 점은 무엇이며, 공익 소송으로 제기할 수 있는 사안은 무엇이 있을지 생각해 보자.

나의 권리인가, 국가가 베푸는 은혜인가?

노령 수당 지급 관련 판례
대법원 1996. 4. 12. 선고, 95누7727 판결

권리를 침해받기는 쉽지만 소송을 제기
하여 자신의 권리를 주장하기는 쉽지 않
다. 시간과 비용이 많이 들기 때문이다.
그것이 많은 시민이 사법 제도에 거리감
을 느끼는 이유 중 하나이다. 가난하고
힘없는 시민이 정부에서 주는 생활 보조
금을 부당한 이유로 받지 못하였을 때

노인들의 생활 안정을 위한 복지 제도의 중요성이 점점 커
지고 있다.

소송을 제기하는 것 역시 매우 어렵다. 정부로부터 받을 수 있는 돈에 비해 소
송 비용이 훨씬 많이 들 뿐 아니라, 생활 보조금을 자신의 권리라기보다는 정
부가 베푸는 은혜라고 생각하기 때문이다. 이처럼 시민들은 미처 자신에게 권
리가 있다고 생각하지 못하여 국가를 상대로 당당하게 권리를 주장하지 못하
는 경우가 많다. 이는 시민에게 자신이 권리 주체라는 생각을 길러 주는 시민

교육이 부재한 탓이기도 하다.

그런데 지난 1996년 이 모든 어려움을 극복하고 2년여의 법정 다툼 끝에 결국 대법원에서 승소 판결을 받은 할아버지가 있다. 이 할아버지의 승리는 큰 의미를 지닌다. 할아버지는 민주 시민으로서 자신의 권리를 지켰고, 더불어 같은 처지에 있는 여러 사람의 권리도 지킬 수 있었다. 나아가 정책의 변화까지 가져와 우리나라 복지 정책을 한 단계 끌어올렸다. 할아버지의 소송 배경에는 우리 사회의 소외된 이웃의 법적 권리를 키우려고 노력하는 시민 단체의 도움이 있었다. 이제부터 우리나라가 복지 국가로 발돋움하고, 우리 사회가 성숙한 민주 시민 사회로 변화하는 중요한 계기가 되었던 사건 속으로 들어가 보자.

사실 관계 서울시 관악구에 살고 있던 이 모 할아버지는 1929년생으로, 1991년부터 생활보호법상 자활 보호 대상자로 지정되었다. 이 할아버지는 노인복지법이 바뀌어 65세 이상 노인들에게 노령 수당●(1만 5,000원)을 지급한다는 소식을 텔레비전에서 보고, 1995년 12월 5일 해당 구청에 노령 수당 지급 신청을 하였다.

그런데 사흘 뒤 관악구청장은 보건복지부 장관이 정한 노인복지사업지침의 규정에 따르면, 노령 수당은 만 70세 이상의 생활 보호 대상자에게만 지급하도록 되어 있는데, 원고는 아직 만 70세가 되지 않았다며 이 할아버지를 노령 수당 지급 대상자에서 뺐다. 그러자 이 할아버지는 시민 단체인 참여연대의 도움을 받아, 상위법인 노인복지법에서 65세 이상의 생활 보호 대상자에게 노령 수

● **노령 수당** 경제적으로 어려움을 겪고 있는 노인들에게 노후 생활 안정을 도모하기 위하여 지급하는 복지 급여의 일종이다. 과거에는 노인 복지가 전적으로 가족에게 맡겨졌지만, 이제는 국가가 일정 부분 책임져야 하는 것으로 인식되고 있다. 이런 인식의 변화에 따라 국가의 보호가 더 필요한 저소득층 노인을 우선 보호하려는 취지에서 노령 수당 지급제도가 만들어졌다.

당을 지급하라고 정하였는데 하위법인 노인복지사업지침에서 70세 이상 노인에게만 노령 수당을 지급하라고 정한 것은 부당하다며, 자신을 노령 수당 지급 대상자에서 뺀 처분을 취소해 달라는 소송을 제기하였다.

관련 법률 조항

헌법

제95조

국무총리 또는 행정 각부의 장은 소관 사무에 관하여 법률이나 대통령령의 위임 또는 직권으로 총리령 또는 부령을 발할 수 있다.

노인복지법

제13조 (노령 수당)

① 국가 또는 지방 자치 단체는 65세 이상의 자에 대하여 노령 수당을 지급할 수 있다.

② 제1항의 노령 수당을 지급할 시기 및 대상자의 선정 기준 등에 관하여 필요한 사항은 대통령령으로 정한다.

노인복지법 시행령

제17조 (노령 수당의 지급 대상자)

법 제13조의 규정에 의한 노령 수당의 지급 대상자는 65세 이상의 자 중 소득 수준 등을 참작하여 보건복지부 장관이 정하는 일정 소득 이하의 자로 한다.

생각해 보기

1. 노인복지법에는 "국가 또는 지방 자치 단체는 ……노령 수당을 지급할 수 있다."라고 규정되어 있다. 이런 복지 행정에 대해서도 국민은 권리를 주장할 수 있는가?

🔍 주장할 수 있다. "국가 또는 지방 자치 단체는 ……노령 수당을 지급할 수 있다."라는 규정은 노령 수당을 지급하는 권한이 국가 또는 지방 자치 단체에

있다는 의미지, 국가 등이 노령 수당을 지급해도 되고 안 해도 그만이라는 의미가 아니다. 만일 국민이 노령 수당을 받을 자격을 갖추었다면 국가 등은 반드시 노령 수당을 지급해야 하고, 그에 따라 국민에게도 노령 수당 지급을 요구할 권리가 있다.

🔍 주장할 수 없다. 노인복지법은 "국가 또는 지방 자치 단체는……노령 수당을 지급할 수 있다."라고 규정하고 있다. 이에 따르면 국가 또는 지방 자치 단체는 노령 수당을 지급할 수도 있고 지급하지 않을 수도 있다. 즉, 노령 수당 지급은 정부의 재량에 맡겨져 있고, 재량껏 판단하여 지급하지 않을 수도 있다. 따라서 국가 등이 노령 수당을 지급해야 할 의무를 갖는 것은 아니고, 국민에게 그것을 요구할 권리가 있는 것도 아니다.

2. 상위법인 법률과 대통령령이 '65세 이상의 자'라고 규정하였는데도 보건복지부 장관은 예산 부족을 이유로 하위법인 노인복지사업지침에서 '70세 이상의 자'에게만 노령 수당을 지급한다고 정하였다. 이런 지침은 상위법에 어긋나므로 무효인가, 아니면 예산이 부족한 상황에서는 어쩔 수 없으므로 정당한가?

🔍 무효이다. 우리 헌법 제95조는 "국무총리 또는 행정 각부의 장은 소관 사무에 관하여 법률이나 대통령의 위임 또는 직권으로 총리령 또는 부령을 발할 수 있다."라고 규정하고 있다. 이에 따르면 각부 장관은 법률이나 대통령령에 어긋나지 않는 한에서 필요한 법을 만들 수 있다. 이 사건에서 보건복지부 장관이 '70세 이상의 자'에게만 노령 수당을 지급한다고 정한 것은 상위법에서 정한 노령 수당 지급 대상자의 범위를 하위법이 이유 없이 부당하게 축소한 것이다. 상위법인 노인복지법과 노인복지법 시행령을 어긴 노인복지사업지침은 무효라고 보아야 한다.

🔍 정당하다. 노인복지법은 노령 수당의 지급 여부를 정부의 재량에 맡기고 있다. 그러므로 정부는 노령 수당을 지급하지 않을 수도 있고, 만일 지급하기로 하였다면 예산에 맞게 축소하여 집행할 수도 있다. 노인복지법과 노인복지법 시행령에서 '65세 이상 노인'에게 노령 수당을 지급할 수 있다고 규정하고 있는데, 만일 예산이 부족하여 65세 이상 노인 모두에게 노령 수당을 지급할 수 없다면 70세 이상으로 그 대상자를 줄여 지급하는 것이 더 합리적이다. 그러므로 예산이 부족하여 '70세 이상의 자'에게만 노령 수당을 지급하는 것은 정당하다.

판결문 살펴보기 노인복지법과 노인복지법 시행령은 노령 수당의 지급 대상자의 연령 범위에 관하여 '65세 이상의 자'로 규정한 다음 '소득 수준 등을 참작한 일정 소득 이하의 자'라고 하는 지급 대상자의 선정 기준과 구체적인 지급 수준(지급액) 등의 결정을 보건복지부 장관에게 위임하고 있다.

그러므로 보건복지부 장관이 노령 수당의 지급 대상자에 관하여 정할 수 있는 것은 65세 이상의 노령자 중에서 그 선정 기준이 될 소득 수준 등을 참작한 지급 대상자의 범위와 그 지급 대상자에 대하여 매년 예산 확보 상황 등을 고려한 구체적인 지급 수준과 시기, 지급 방법 등일 뿐이지, 지급 대상자의 최저 연령을 법령상의 규정보다 높게 정하는 등 노령 수당 지급 대상자의 범위를 법령의 규정보다 축소·조정하여 정할 수는 없다.

그런데 보건복지부 장관이 정한 1994년도 노인복지사업지침은 노령 수당의 지급 대상자를 '70세 이상'의 생활 보호 대상자로 규정함으로써 당초 법령이 예정한 노령 수당의 지급 대상자를 부당하게 축소·조정하였으므로 상위법의 위임 한계를 벗어나 무효이다.

상위 법령 위반하며 노령 수당 지급 대상자 범위를 축소한 것은

국가나 지방 자치 단체에서 노인에게 노령 수당을 지급할지 말지를 결정할 수는 있지만, 일단 지급하기로 결정하였다면 법 규정의 내용과 요건을 준수하여 지급해야 할 의무가 있다. 그리고 국민은 법 규정에 따라 노령 수당을 지급해 달라고 요구할 권리가 있다. 즉, 국가 등이 일단 노령 수당을 지급하기로 하였다면 상위법인 노인복지법과 노인복지법 시행령이 정한 대로 지급하여야 하고, 만일 그렇게 하지 않는다면 국민은 법에서 정한 대로 노령 수당을 지급받을 권리를 주장하며 소송을 제기할 수 있다.

우리나라는 과거에 경제 성장을 우선으로 예산이 편성됨에 따라, 복지 분야는 소홀히 하였다. 또한 법령에서 명시적으로 규정한 사항이라 하더라도 일선 행정청이 법을 마음대로 해석하여 제대로 시행하지 않는 경우가 많았다. 더욱 안타까운 것은 노령 수당과 같은 복지 행정의 경우, 그 대상자들이 부당하게 혜택을 못 받게 되더라도 이의를 제기하거나 자신의 권리를 주장하지 못하였다는 점이다.

하지만 이 사건의 경우, 법이 약속한 권리를 찾으려는 한 시민과 우리 사회의 소외된 약자들의 법적 권리를 공익 소송을 통해 지키려 하였던 시민 단체의 노력이 어우러져 결국 대법원에서 승소 판결을 받아 냈다. 그 결과 상위법의 취지를 살리지 못하였던 복지 행정에 변화를 가져올 수 있었고, 소외된 계층의 많은 사람이 법이 보장하는 권리를 되찾을 수 있었다.

2008년 1월 기초노령연금법이 제정되면서 노령 수당은 폐지되고, 현재 만 65세 이상 노인 중 소득 및 재산 기준 하위 70퍼센트에 해당하는 노인은 매월 일정액의 기초노령연금을 지급받고 있다. 제도의 명칭과 취지는 바뀌었지만, 한 할아버지가 지키려고 하였던 '만 65세 이상'이라는 기준은 여전히 엄정하게 준수되고 있다. 그의 노력이 세상을 바꾼 것이다. 2012년도 기준 기초노령연금 수급 대상은 402만여 명이고, 단독 수급자는 매월 최고 9만 4,600원, 부부 수급자는 매월 최고 15만 1,400원을 지급받고 있다.

실질적 평등을 향한 장애인의 외침

정신 지체 1급 장애인 박 모 씨와 이 모 씨는 모녀 사이다. 이들은 혼자서는 움직일 수 없는 중증 장애인이며 국민기초생활보장법상 급여를 받아 생활하고 있다. 이들은 참여연대의 도움을 받아 2002년 최저 생계비 기준이 장애인을 차별하고 있다며 헌법 소원을 제기하였다. 이들의 청구 취지는 다음과 같다.

현행 최저 생계비는 장애인이 없는 가구와 있는 가구의 차이를 전혀 반영하지 않았고, 그 기준 역시 대도시 가구가 아닌 농촌의 중·소도시 가구를 기준으로 하여 결정한 것입니다. 대다수 대도시 장애인 가구는 통상적인 도시 가구보다 추가적으로 부담해야 하는 생계비만큼 법률상의 급여를 지급받지 못하는 불이익을 입고 있으며, 이로 인하여 헌법 및 법률에서 정하고 있는 '인간다운 생활을 할 권리'를 본질적으로 침해당하고 있습니다. 장애인의 경우 일반인보다 월 평균 15만 8,000원의 추가 생계비가 지출되고 있지만 대상자 선정 기준이나 급여에 이 부분이 반영되지 않고 있습니다.

이에 대해 헌법재판소는 다음과 같이 결정하며 이들의 청구를 기각하였다.

국가가 생활 능력 없는 장애인의 인간다운 생활을 보장하기 위하여 행하는 사회 부조에는 국민기초생활보장법에 의한 생계 급여 지급을 통한 최저 생활 보장 외에 다른 법령에 의하여 행하여지는 것도 있으므로, 국가가 행하는 최저 생활 보장 수준이 그 재량의 범위를 명백히 일탈하였는지 여부, 즉 인간다운 생활을 보장하기 위한 객관적 내용의 최소한을 보장하고 있는지 여부는 보장법에 의한 생계 급여만을 가지고 판단하여서는 안 되고, 그 외의 법령에 따라 국가가 최저 생활 보장을 위하여 지급하는 각종 급여나 각종 부담의 감면 등을 총괄한 수준으로 판단하여야 한다.

– 헌법재판소 2004(2002헌마328)

근대 사회에서는 누구도 차별받지 않고 모두가 같은 기회를 가져야 한다는 기회의 평등과 형식적 평등이 강조되었다. 그러나 기회가 균등하게 보장된다 하더라도 신체 조건이나 가정 배경 등에 따라 출발선 자체가 다른 경우가 발생한다. 그래서 현대 사회에서는 모든 사람이 실질적으로 자유와 평등을 누리는 것이 중요해지고 있다. 장애인의 경우 비장애인에 비해 훨씬 더 많은 생계비가 필요한데 이를 고려하지 않고 일괄적으로 최저 생계비를 산출한 것은 실질적 평등과는 거리가 멀다. 그럼에도 헌법재판소는 장애인이 최저 생계비 외에 다른 혜택을 받는다는 이유로 실질적으로 불평등한 최저 생계비 기준이 합헌이라고 결정하였다.

장애인 모녀의 소송을 도왔던 참여연대는 "정부가 장애인의 특수성에 따른 추가 생계비를 고려하지 않고 최저 생계비를 정하였음에도 불구하고 생활 능력이 없는 국민을 보호할 국가의 의무를 다하였다고 결정한 것은 우리나라 사회 복지 분야의 발전을 더디게 할 수 있는 실망스런 결정이다."라며 아쉬움을 표현하였다.

앞의 그림에서 장애물의 높이가 다른 이유는 무엇일까? 세 사람을 차별하는 것일까, 아니면 보다 평등하게 만들기 위한 것일까?

 우리 사회에서 사회적 약자를 도와 실질적 평등을 실현하기 위한 제도에는 어떤 것이 있는지 알아보자.

소액 주주의 권리  16

소액 주주 대표 소송 사건
대법원 2005. 10. 28. 선고, 2003다69638 판결

2004년 2월 27일, S전자 주주 총회에서 폭력 사태가 벌어졌다. 회사 측이 발언할 기회를 달라는 시민 단체와 소액 주주 들의 요구를 무시하고 일방적으로 회의를 진행하자 양측 사이에 몸싸움까지 일어나면서 아수라장이 된 것이다.

어느 회사의 주주 총회 모습이다.

소액 주주들은 S전자 이사회에서 정당에 불법 정치 자금을 지원하고 부실 계열사(S카드)에 자금을 지원한 것에 대해 추궁하고, 이 같은 불법 행위를 저지른 이사들의 퇴진을 주장하였다. 이에 회사 측은 아무 문제가 없다며 일사천리로 회의를 끝마치려 하였고, 그 과정에서 폭력 사태가 벌어진 것이다.

연 매출액이 40조가 넘고 순익이 10조에 육박하는 회사, 우리나라 수출 총액

의 10퍼센트 이상을 담당하고 있고, 세계 100대 기업에 진입한 회사에서 주주의 정당한 권리가 무시되는 일이 일어났다면 이를 어떻게 받아들여야 할까?

　내가 만약 S전자 주식을 한 주라도 갖고 있다고 가정해 보자. 이사회에서 정치인에게 불법 정치 자금을 주어 나에게 돌아와야 할 배당금이 줄어들었다면? 한 주의 가격은 보잘것없기에 주주로서 나의 권리는 무시당해도 괜찮을까? 내가 투자한 자금이 과연 제대로 쓰이고 있는지, 회사의 수익이 정당하게 배당되고 있는지 알아야 할 권리마저 없는 것일까?

사실 관계　**사실 1**　S그룹의 이 모 회장은 1988년부터 1992년까지 노태우 전 대통령에게 S그룹 계열사에서 조성한 250억 원을 뇌물로 전달하였고, 이 중 75억 원이 S전자에서 조성된 자금이다.

사실 2　S전자 이사회는 인수하였을 때 위험성이 높다고 예상되는 I전기를 충분히 검토하지 않고 한 시간 만에 인수를 결정하였다. I전기는 퇴출 전 2년 동안 S전자에 1,900억여 원의 손해를 끼쳤다.

사실 3　S전자가 액면가 1만 원에 취득한 S종합화학 주식 2,000만 주를 1주당 순자산 가치 5,700원에도 훨씬 못 미치는 2,600원에 처분하는 결정을 이사회에서 불과 한 시간 만에 결정, 회사에 626억 6,000만 원의 손해를 입혔다.

참여연대를 주축으로 한 소액 주주들이 이 회장 등 회사 임원의 불법 비자금 조성, 부실 기업 인수, 계열사에 주식 저가 매각 등으로 생긴 손해를 보전하라며 주주 대표 소송(소액 주주 운동)을 제기하였다.

　S전자를 비롯한 경제계는 이사의 고유 권한인 경영 활동에 법원이 관여하는 것은 타당하지 않다며 '경영 판단의 법칙'을 근거로 반박하였다. 경영 활동이 위축·지연될 수 있고 유사 소송의 남발로 경영 혼란이 예상된다는 것이다.

상법

제399조 (회사에 대한 책임)

① 이사가 법령 또는 정관에 위반한 행위를 하거나 그 임무를 해태●한 때에는 그 이사는 회사에 대하여 연대하여 손해를 배상할 책임이 있다.

② 전항의 행위가 이사회의 결의에 의한 것인 때에는 그 결의에 찬성한 이사도 전항의 책임이 있다.

제400조 (회사에 대한 책임의 면제)

전 조의 규정에 의한 이사의 책임은 총주주의 동의로 면제할 수 있다.

1. 소액 주주의 권리는 무엇인가?

주식회사는 여러 명의 주주들이 돈을 투자하여 만든 회사이기 때문에 회사를 움직이기 위해서는 여러 기관이 필요하다. 이 기관들은 국가 권력의 견제와 균형의 원리에 빗대어 살펴볼 수 있다.

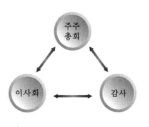

'주주 총회'는 주식을 소유한 주주들의 모임으로, 회사의 최고 의사 결정 기관이다. 국가로 치면 입법 기능을 담당하는 국회에 해당한다. 주주는 각자가 출자한 만큼의 권리를 갖는다. '이사회'는 업무를 집행하는 기관으로, 국가의 행정부가 여기에 해당한다. 우리가 익히 알고 있는 '회장'이나 '사장' 등이 바로 이사회의 우두머리이며, 그들은 회사의 많은 주식을 갖고 있는 대주주인 경우가 많다. '감사'는 회사의 헌법이라 할 수 있는 정관 및 법령을 기초로 이사회의 업무가 적절하게 집행되고 있는지를 감시한다. 정부의 감사원과 유사한 역할을 한다.

● **해태** 게으름. 어떤 법률 행위를 할 기일을 이유 없이 넘겨 책임을 다하지 아니하는 일.

주주들이 낸 돈을 가지고, 이사회에서 정당한 방식을 통해 열심히 이익을 많이 남겨 그 이익을 다시 주주들에게 배당금으로 되돌려준다면 서로서로 좋은 일이 될 것은 분명하다. 그런데 만약 이사회에서 불법적인 활동을 하거나 회사에 불이익이 되는 행위를 하여 주주들에게 돌아가야 할 수익에 손해를 끼쳤다면 이사회에 속하지 않는 주주들은 어떻게 해야 할까? 주식을 조금밖에 가지고 있지 않기 때문에 권리가 없다며 발언할 기회조차 주지 않는다면 어떻게 해야 할까?

상법과 증권거래법에 따르면, 회사가 이사에 대한 책임 추궁을 게을리할 경우 주주가 회사를 대신하여 이사의 책임을 묻기 위해 주주 대표 소송을 제기할 수 있다. 회사가 이사들의 위법 행위로 손해를 입더라도 실제 회사를 장악하고 있는 이사들을 상대로 소송을 제기할 가능성이 낮기 때문에 소액 주주들이 모여서 소송을 하는 것이다.

2. 회사 경영자의 불법 행위도 '경영 판단의 원칙' 으로 보호될 수 있는가?

'경영 판단의 원칙' 이란 미국 회사법에서 비롯한 것으로, 이사들이 내린 '경영 판단' 에 대해서는 나중에 실패를 하더라도 책임을 면하도록 하는 법칙이다. 기업 경영은 대내외적으로 수많은 변수가 작용하고 고도의 위험이 도사리고 있기 때문에 그 결과를 예측하기 어렵다. 이러한 불확실한 여건에서 이사로서 최선을 다하였는데도 실패하였을 때, 그에 대해 이사가 책임져야 한다면 누구도 경영에 나서지 않을 것이다. 그렇다면 경영 판단의 원칙을 근거로 들어 회사 경영자의 모든 행위가 보호될 수 있을까?

S전자는 두 번에 걸친 이사회에서 I전기의 지분을 85퍼센트 인수하였는데, 불과 2년 후에 그 회사는 부도가 나 1,900억 원의 손실이 발생하였다. 문제는 의사 결정 과정에 있었다. 이사들은 인수 과정에서 전문가의 자문이나 대안 검토는 물론 부채나 자산 가치, 수익성 등 재무 상황에 대한 기본적인 검토조차 하지 않았다. 또한 불법 정치 비자금을 조성하고 전달하였는데 이러한 이사회의 행동도 '경영 판단의 원칙' 으로 보호받을 수 있을까?

판결문 살펴보기 ▶ 이 회장이 1988년부터 1992년까지 S전자 자금 75억 원을 노태우 전 대통령에게 건넨 부분에 대해서는 1988년에 전달한 5억 원은 10년의 소멸 시효가 지났으므로 배상 책임이 없다. 따라서 나머지 70억 원 부분에 한해서만 인정된다.

S전자는 I전기의 인수를 1년 전부터 준비해 왔고 수차례 인수 협상을 벌였으며, 이사들은 실무자들로부터 인수가 이익이 된다는 설명을 듣고 결정한 만큼 합리적 범위 안에서 경영 판단을 내렸다고 보인다. 따라서 원심 결정인 손해액 276억 2,000만 원 배상 결정을 파기한다.

S전자는 액면가 1만 원에 취득한 S종합화학 주식 2,000만 주를 1994년 12월 1주

당 2,600원에 계열사에 처분하였는데, 당시 S종합화학의 주당 적정 주가가 5,733원이었다는 점에 비추어 이사회 결의를 통해 S전자가 626억 원의 손해를 입은 점이 인정된다. 그러나 주식 가격에는 객관적 자산 가치 외에 다른 요소도 고려될 수 있고, S전자가 주식 매각에 따른 단기 처분 손실을 입었지만 이후 반도체 부분에서 많은 수익을 얻었다는 점, 당시 이사회 구성원이던 피고들이 S전자의 핵심 경영진으로서 이윤 창출에 많은 기여를 한 점 등을 감안, 책임 비율은 20퍼센트인 120억 원으로 제한한다.

S전자 이사의 경영 과실에 따른 배상 책임

법원은 이 회장이 정치 자금을 전달한 사실과 S종합화학의 주식을 싼 가격으로 처분한 사실은 분명 불법적인 행위로 회사에 손해를 끼쳤기 때문에 배상해야 한다는 판결을 내렸다. 그러나 원심의 626억 원 배상 결정에 대해서는 S전자가 사회에 공헌한 점이 크기 때문에 이를 정상 참작하여 배상액을 줄여 주었다.

이런 불법 행위가 있었을 때 소액 주주들을 보호하기 위한 장치가 바로 주주 대표 소송이다. 주주 대표 소송은 경영자에 대한 소액 주주의 영향력을 높여 기업의 투명성을 보장하기 위한 운동을 말한다.

우리나라는 1997년 J은행 전·현직 이사들을 상대로 한 주주 대표 소송과 위 소송에서 원고, 즉 소액 주주가 승소한 판례가 있다.

이 사건은 우리나라의 기업 관련 소송 사상 기념비적 판결로 꼽힌다. 우리나라 최고의 기업으로 자타가 공인하는 S전자의 이 회장을 비롯한 전·현직 임원들에게 190억 원이라는 엄청난 금액의 손해 배상 책임을 인정한 것이다. 또한 소액 주주들의 권리를 보호하는 데 주주 대표 소송의 중요성을 알게 하였고, 이사진들이 불법 행위를 통해 손해를 끼친 것에 대해서는 경영 판단의 원칙으로 보호받을 수 없다는 사실도 일깨웠다.

우리의 현행 상법은 이사가 법령 또는 정관에 위반한 행위를 하거나 그 임무를 다하지 못하는 때에는 회사에 대해 연대하여 손해 배상 책임을 지도록 규정하고 있으며(상법 제399조 제1항), 이러한 이사의 책임은 총주주의 동의로만 면제할 수 있도록 규정하고 있다(상법 제400조). 그런데 법원이 상법을 어기면서까지 손해 배상액을 낮추어 준 점에서 대기업의 힘을 실감할 수 있다.

무한 경쟁의 세계화에서 살아남기 위해서도 기업의 투명한 경영은 필수적이다. 이것이 회사의 주인인 주주들의 권리를 보장해 주는 길이며, 제2의 외환 위기에 대처할 수 있는 길일 것이다. 그 사회적 책임이 바로 대기업에 있다.

소액 주주 권익 강화에 관한 논쟁

우리는 앞의 판례를 통해 기업의 투명한 운영이 얼마나 중요한지, 그리고 소액 주주의 역할이 결코 작지 않음을 알 수 있었다. 지금까지도 대기업의 부실운영과 그로 인한 주주들의 피해는 계속되고 있다.

'주가 조작' LG가(家) 3세 구본현, 소액 주주 피해 배상해야

주가를 조작하여 부당 이득을 챙기고 회삿돈 수백억 원을 빼돌린 혐의로 실형을 선고받은 범 LG가(家) 3세 구본현(44세) 전 엑사이엔씨 대표에게 소액 주주들의 피해를 배상하라는 판결이 나왔다. 서울중앙지법은 10일 엑사이엔씨 소액 주주 김 모 씨 등 10명이 구 전 대표와 부친 구자극 현 엑사이엔씨 회장 등을 상대로 낸 손해 배상 청구소송에서 "구 전 대표 등은 연대하여 4,000여만 원을 배상하라."며 원고 일부 승소 판결을 내렸다.

– 〈법률신문〉(2012. 8. 13.)

한화 소액 주주, 김승연 상대 1,959억 원 소송

김 모(38세) 씨 등 한화 소액 주주 10명이 지난 16일 법정 구속된 한화그룹 김승연 회장을 상대로 "한화에 1,959억 원을 손해 배상하라."는 주주 대표 소송을 서울중앙지법에 21일 제기하였다. 한화 주식 1만 3,680주(총 주식의 0.00018퍼센트)를 보유한 이들은 "김 회장의 업무상 배임으로 한화 중요 계열사의 신뢰도가 하락하였고 주가가 급락하였다."라고 주장하였다.

– 〈법률신문〉(2012. 8. 16.)

소액 주주 소송은 언제부터 시작되었을까? 참여연대는 1997년 6월에 국내 최초로 소액 주주들의 대표 소송을 제기하였다. 이 소송에 참가한 제일은행 소액 주주 52명은 0.506퍼센트의 지분을 확보하여 이철수 전 행장 등 전·현직 이사 4명을 상대하였다. 참여연대 경제민주화위원회는 6월 3일 오전 서울지방법원에 제일은행 주주 대표 소송 소장을 접수하였다. 참여연대는 지난 2월 5일 제일은행 소액 주주 운동을 시작한 이래로 주주 총회 참가 운동, 소액 주주 모집 신문 광고 게재, 총회꾼 고발, 주주 총회 결의 취소 소송 제기 등 소액 주주들과 함께 이 운동을 계속해 왔으며, 지난 4월 10일 제일은행 총주식 발행 수의 0.5퍼센트(82만 주) 이상을 확보하여 실질적인 소송 준비에 들어갔다.

이 주주 대표 소송의 의의는 첫째, 다수의 소액 주주들을 무시한 채 전횡적 경영을 하여 은행과 주주 들에게 손실을 입힌 은행 경영진에 대해 상법과 증권 거래법에 보장된 정당한 소수 주주권을 행사함으로써 경영진에 대해 손해 배상의 책임을 묻고 책임 경영을 촉구하는 경종을 울리고자 하는 것이다.

둘째, 이 소송은 소액 주주들이 주체가 되어 제기하는 우리나라 최초의 집단적 주주 대표 소송이다. 경영권 남용에 대한 견제 장치로서의 각종 소수 주주권 행사를 활성화함으로써 기업 경영의 투명성을 제고하고 증권 시장의 소액 투자자들을 보호하는 데 크게 기여할 것이다.

셋째, 기업과 정치권, 금융계가 총망라된 '한보'라는 초대형 비리 사건에 대하여 일반 시민의 입장에서 법적 수단을 통해 비리를 단죄한다는 의미에서 공익적 성격의 소송이다.

이 소송을 준비하는 과정에서 소수 주주권의 행사에 법적·제도적 장애 요인이 많아서 소수 주주권의 행사가 지극히 어려운 우리나라의 현실이 알려졌다. 외국의 경우에는 소수 주주권의 행사가 수월하여 실질적인 경영 견제 기능을 하고 있다는 점을 고려할 때, 기업 경영의 투명성과 책임 경영을 제고하기 위한 소수 주주권 행사를 활성화할 수 있도록 관련 법 제도의 재정비가 필요한 실정이다.

 대기업의 부실 운영을 방지할 수 있는 방법에는 어떤 것들이 있을까?

무죄를 유죄로 보도한 언론은 무죄인가, 유죄인가?

17

포르말린 통조림 사건
대법원 2003. 10. 9. 선고, 2003다24406 판결

성급한 보도로 피해를 입는 개인이 많아지면서 언론의 책임감에 대한 관심이 높아지고 있다.

1995년 11월 서울의 한 호텔에서 인기 가수가 숨진 채 발견되었다. 사망한 가수의 애인 김 모 씨가 사건의 피의자로 지목되어 조사를 받았다. 김씨는 1심에서 살인죄로 유죄 판결을 받았으나, 2심에서 무죄 판결을 받았고, 뒤이어 대법원에서 무죄를 확정하였다. 그러나 사건 이후 김씨의 사생활은 흥미 위주로 여론에 여과없이 폭로되어 당사자는 돌이킬 수 없는 인권 침해를 당하였다. 유죄 선고를 받은 1심에 비해 2심 무죄 판결은 훨씬 낮은 비중으로 보도되어 죄의 유무와 관계없이 김씨는 지속적인 사회적 처벌을 견뎌야 하였다. 결국 정상적인 사회생활에 큰 어려움을 느낀 김씨는 무죄 판결 뒤에 이름을 바꾸었다. 언론 보도로 인한 인권 침해 문제는 자주 논란이 되고 있다.

서울지방검찰청 형사 2부는 서울특별시 보건환경연구원으로부터 포르말린*이 검출되었다는 확인을 받은 3종의 통조림 원료와 완제품 및 장부 일체를 압수 수사하여 재차 포르말린 검출을 확인받고, A농산의 대표 이사 이 모 씨와 공장장 서 모 씨에 대해 구속 영장을 발부받아 집행하였다.

1998년 7월 7일, 서울지검 형사 2부 부장 검사는 서울지검 기자실에 각 언론사의 출입 기자들을 불러 모은 뒤 '유해 식품 사범 단속 결과' 라는 보도 자료를 나누어 주면서 수사 내용을 발표하였다. 다만 다음 날 피의 사실에 관해 공소를 제기할 예정이니 기소 후 보도할 것을 단서(엠바고*)로 덧붙였다.

검찰의 요청에 따라 공소 후 Y1(M텔레비전 방송 사업자), Y2(S텔레비전 방송 사업자), Y3(B일간지 발행 업자)는 자신의 언론 매체에 사건 내용을 보도하였다.

서울지방법원은 위 사건을 심리한 결과 1999년 1월 22일 이씨와 서씨에게 자가 품질 검사를 하지 아니한 '식품위생법 위반'에 대하여는 공소 사실을 인정하여 유죄 판결을 선고하였으나, 포르말린이 섞인 통조림을 제조하였다는 '보건범죄 단속에 관한 특별조치법 위반'(부정 식품 제조 등)에 대하여는 무죄 판결을 선고하였다. 법원은 통조림에서 검출된 것은 포르말린이 아니라 포름알데하이드로서, 포름알데하이드는 자연 상태의 많은 식품 중에 천연적으로 존재하고 있으며, 통조림에서 검출된 포름알데하이드가 인위적으로 첨가되었다고 볼 증거가 없다는 것을 이유로 들어 검사의 항소 및 상고를 모두 기각하였다.

무죄가 확정된 뒤, A농산에 원료를 공급하고 다시 A농산으로부터 제조된 통조림을 공급받아 판매한 회사 X는 Y1, Y2, Y3를 상대로 손해 배상 청구소송을 제기하였다.

● **포르말린** 포름알데하이드를 물과 메탄올에 혼합한 수용액을 말하며, 포름알데하이드 37퍼센트, 메탄올 10~15퍼센트, 나머지는 물로 이루어진 화학적 합성물이다. 실내 소독용과 생물 표본의 보존용 등에 사용된다.
● **엠바고** 원래는 한 나라가 상대편 나라의 항구에 상업용 선박이 드나드는 것을 금지하도록 법으로 명령하는 것을 의미한다. 최근에는 일정 시점까지의 보도 금지를 뜻하는 매스 미디어 용어로 더 잘 알려져 있다.

관련 법률 조항

헌법

제21조

① 모든 국민은 언론·출판의 자유와 집회·결사의 자유를 가진다.

④ 언론·출판은 타인의 명예나 권리 또는 공중도덕이나 사회 윤리를 침해하여서는 아니 된다. 언론·출판이 타인의 명예나 권리를 침해한 때에는 피해자는 이에 대한 피해의 배상을 청구할 수 있다.

제27조

④ 형사 피고인은 유죄의 판결이 확정될 때까지는 무죄로 추정된다.

형법

제126조 (피의 사실 공표)

검찰, 경찰 기타 범죄 수사에 관한 직무를 행하는 자 또는 이를 감독하거나 보조하는 자가 그 직무를 행함에 당하여 지득한 피의 사실을 공판 청구 전에 공표한 때에는 3년 이하의 징역 또는 5년 이하의 자격 정지에 처한다.

제307조 (명예 훼손)

① 공연히 사실을 적시하여 사람의 명예를 훼손한 자는 2년 이하의 징역이나 금고 또는 500만 원 이하의 벌금에 처한다.

② 공연히 허위의 사실을 적시하여 사람의 명예를 훼손한 자는 5년 이하의 징역, 10년 이하의 자격 정지 또는 1천만 원 이하의 벌금에 처한다.

생 각 해 보 기 **언론의 자유와 무죄 추정의 원칙, 누구의 손을 들어 주어야 할까?**

범죄 수사 보도의 사회적 기능과 피의자의 인권, 우리는 누구의 손을 들어 주어야 할까?

언론에 일단 피의자로 보도된 사람은 죄의 유무를 떠나 치명적인 상처를 입게 된다. 나아가 보도 자체가 때로는 사법 영역에 영향을 주어 피고인이 공정한 재판을 받을 권리를 침해하기도 한다. 그렇기 때문에 실제 범인이라 할지라도 유죄 판결이 확정될 때까지는 무죄로 추정하고, 형법 제126조에 따라 피의 사실(혐의가 있음)을 공개 발표하지 못하도록 하고 있다. 이는 언론 보도에도 그대로 적용된다.

🔍 민주주의 사회를 향해 가는 데 언론의 사회적 기능은 매우 크며, 특히 범죄 수사 보도는 범죄에 대해 국민의 경각심을 불러일으키고 더 이상의 피해자가 생기지 않도록 예방하는 차원에서 그 정당성을 인정해야 한다. 국민의 건강과 직결되는 식품 관련 범죄인 경우에는 언론의 사회적 기능이 더욱 절실하다. 인체에 치명적인 물질이 들어간 식품이 전국에 유통되고 있고, 오늘 저녁에도 수많은 국민의 식탁에 오르고 있는데도 언론은 한 달이건 두 달이건 유죄 판결이 확정되기 전까지 관련 식품에 대한 경고를 늦추어야 하는 것일까? 국민은 자신의 건강을 위협하는 요소에 대해 즉각적으로 알 권리가 있고, 언론과 정부는 이를 신속하게 알려야 할 의무가 있다. 내 아이가, 내 이웃이 오늘도 독이 든 음식을 먹고 있다면 하루도 지체할 수 없을 것이다.

이 사건 각 보도가 공공의 이해에 관한 사항으로서 그 목적이 오로지 공공의 이익을 위한 것임은 인정되지만, 이 사건 각 보도에서 적시한 사실이 진실한 것이라고 볼 수는 없다.

언론 보도가 가지는 광범위하고 신속한 전파력은 오보로 인한 피해를 매우 심각한 것으로 만든다. 따라서 피의 사실을 보도함에 있어 언론 기관은 보도 전에 피의 사실의 진실성을 뒷받침할 적절하고 충분한 취재를 해야 하고, 보도 내용 또한 객관적이고 공정해야 하며, 무죄 추정의 원칙에 입각하여 유죄를 암시할 가능성이 있는 용어나 표현을 사용해서는 안 된다. 그러나 한편으로 보도 기관은 수사 기관과 달리 사실의 진위 여부를 확인함에 있어 상당한 제약을 받으며, 신속한 보도의 필요성이 있는 경우 조사에서도 어느 정도 한계가 있을 수밖에 없다.

이 사건 각 보도의 내용은 국민의 생명과 건강에 직결되는 유해 식품에 관한 것으로서 보도의 필요성과 신속성이 절실히 요구된다.

또한 그 취재원이 이 사건 수사를 직접 담당하고 지휘한 부장 검사이며, 사적으로 얻은 정보가 아니라 수사를 마친 후 법원에 공소를 제기하는 단계에서 위 부장 검사가 출입 기자 전부를 불러 모아 놓고 수사 담당 검사가 배석한 상태에서 사전에 작성된 보도 자료를 배포하면서 수사 착수 배경, 단속 결과, 향후 대책 등에 관하여 브리핑하는 형식으로 설명한 것이다. 의문 사항에 관하여 일문일답하는 기회도 부여하고, 압수한 통조림을 촬영하도록 허가하는 등 소정의 절차에 의하여 검찰의 최종적인 수사 결과를 공식적으로 발표하는 형식을 취하고 있어 신뢰도가 높았다. 더욱이 A농산 대표 이사인 이 모와 공장장인 서 모가 당시 구속되어 있는 상태로, 다른 피의자들도 포르말린 검출 사실은 대체로 시인하면서 인위적인 첨가 사실만 부인하고 있는 상황인 데다 사안 자체의 특성상 서 모 등 관련자들에 대한 보충 취재가 용이하지 않았고, 기타 당시 위와 같은 경우 별도의 보충 취재 없이 보도하더라도 종래의 취재 관행에 크게 반하지 않는다. 이러한 여러 사정을 참작하여 보면, 피고들이 검찰의 최종적인 공식 수사 발표에 기하여 피의 사실을 보도한 이상(각 보도가 검찰의 보도 자료 내용을 과장하거나 윤색한 것으로 보이지 않는다), 그 보도 내용이 진실하다고 믿은 데에 상당한 이유가 있다고 할 것이다.

위와 같은 이유로 원심에서 손해 배상 청구를 배척하였다. 기록에 비추어 원심의 위와 같은 사실 인정 및 판단은 정당하고, 거기에 채증 법칙˙ 에 위배하여 사실을 오인하거나 언론 기관이 검사의 공식적인 수사 발표 내용에 따라 보도하는 경우의 위법성 조각 사유에 관한 법리를 오해한 잘못이 있다 할 수 없다. 그러므로 상고를 기각한다.

언론이 진실이라 믿은 데 상당성

인정
- 대법원 2003 -

언론은 보도와 관련하여 공공성과 진실성, 상당성이 인정될 경우 명예 훼손을 하였더라도 책임을 면할 수 있다. 범죄 수사 보도의 경우 대체적으로 공공성을 전제하고 있으며 '익명 보도의 원칙'으로 피의자의 인권을 보호하고 있다.

범죄 수사 보도와 관련하여 가장 많은 문제가 되는 점이 바로 상당성인데, 이 판례에서는 보도 내용이 진실이 아니더라도 진실이라고 믿은 데 상당한 이유가 있는 경우, 즉 진실을 알아내기 위하여 필요한 조사 의무와 확인 절차를 모두 거친 때에는 상당성이 인정된다 하여 그 위법성이 없다고 판결하였다. 언론의 취재 보도의 자유를 비교적 넓게 인정하여 언론 보도의 사회적 기능을 적극적으로 반영한 것이다. 언론 기관이 우리 사회의 어두운 면을 파헤치고 이를 국민에게 알려 사회 전체의 건전한 발전을 도모하려는 의도로 그랬다면 그 보

● **채증 법칙** 채증 법칙이란 증거를 채택할 때 지켜야 하는 원칙을 말하는 것으로서, 채증 법칙을 위반하였다는 말은 이러한 원칙을 지키지 않아 잘못된 증거 혹은 진정성이 낮은 증거를 채택하였다는 의미다. 채증 법칙에는 증거가 우리의 경험에 의해 얻어진 지식이나 법칙에 비추어 어긋남이 없어야 한다는 경험칙, 증거가 논리적으로 어긋남이 없어야 한다는 논리칙 등이 있다.

도가 타인의 명예를 침해하더라도 표현의 자유로서 보호하고자 한 것이다.

'공식' 발표에 보도 자료가 있었고, 보도 자료와 발표에 대해 일문일답하는 자리가 마련되었으며, 기관의 발표 내용과 보도 내용에 큰 차이가 없다는 점, 게다가 국민의 건강과 직결되는 문제라서 보도의 신속성이 절실하였다는 점 등이 매우 중요한 판단 근거였다는 사실 또한 놓쳐서는 안 된다.

이 판례는 공공성을 앞세워 언론 보도로 인한 인격권 침해를 소홀히 여기는 것에 경각심을 일깨우되, 사회 감시자로서의 언론의 역할과 국민의 알 권리가 위축되지 않아야 한다는 것을 보여 주었다. 피의 사실에 대한 언론 보도의 적법한 경계선이 어디쯤인지, 우리 사회는 어디쯤에서 합의하고 있는지 생각해 보게 만든다.

이와 관련하여 아직 해결되지 않은 과제가 있다. 이 판결에서 위법성 조각 사유가 되는 '상당성'이라는 다소 추상적인 개념을 어떻게 구체화할 것인지 하는 문제다. 이를 위해서는 더 정교한 입법 과정이 필요하겠다. 그것이 언론의 범죄 수사 보도의 정당성과 피의자 인권 침해의 위험성을 화해시키는 열쇠가 될 것이다.

'쓰레기 만두'의 진실

범죄 보도의 공공성을 인정한다 하더라도 그것이 또 다른 권리를 침해할 수 있음을 언제나 경계해야 한다. 따라서 범죄 보도가 국민의 호기심을 자극하는 상업적인 형태가 되지 않도록 언론 스스로 노력하고 국회에서는 범죄 보도 시에 피의자의 인권이 보호될 수 있도록 정교한 제도적 장치를 마련할 필요가 있다.

2004년 6월, 경찰은 "폐기 처리용 중국산 단무지 자투리를 우물물로 세척해 만두소 재료로 공급한 악덕 업자 6명을 입건하였다."고 발표하였다. 언론은 이를 대대적으로 보도하였고, 국민의 분노는 피의자들을 극형에 처하라는 주문을 하기에 이르렀다. 보도 일주일 만에 만두 매출은 70퍼센트 이상 급감하고, 2,000억~3,000억 원대에 이르던 만두 시장은 꽁꽁 얼어붙었으며, 중소 만두 제조 업체의 도산이 줄을 이었다. 이러한 사태는 외신을 타고 세계에 전해졌고, 우리나라 식품에 대한 불신이 일파만파로 번져 일본은 한국으로부터 만두는 물론 불량 만두를 돼지 사료로 먹여 키웠다는 제주도의 돼지 역시 수입하지 않겠다고 발표하였다. 그리고 끝내 한 만두 업체 사장은 "쓰레기 만두의 오명을 벗겨 달라."는 유서를 남긴 채 가족의 사진을 품고 한강에 몸을 던졌다. 보도 후 반품이 밀려들어 생긴 13억 원의 빚보다 그를 더욱 괴롭힌 것은 불량 만두를 만들었다는 씻을 수 없는 불명예였다.

그로부터 한 달여 만에, 식품의약품안전청(이하 '식약청')의 조사 결과 경찰이 불량 만두를 만들었다고 발표한 업체들 가운데 상당수가 불량 만두 제조 업체가 아닌 것으로 밝혀졌고, 몇 개 업체는 불량 만두 업체로 발표된 지 불과 며칠 만에 번복되었다. 그러나 이미 회복할 수 없는 치명적인 피해를 입은 뒤였다.

경찰은 당시 자투리 무가 식용으로 이용될 수 없는 '쓰레기 수준의 무'라고 단정적으로 발표하였으며, 대부분의 언론은 '쓰레기 만두'라는 선정적인 표현으로 이를 기사화하였다. 방송사들은 경찰 측이 제공한 화면을 별다른 확인 작업 없이 보도하여 단무지가 폐기 처분되는 화면을 만두소 제조 과정인 것처럼 잘못 인식하게 하였다. 그리고 이 보도 이후 해당 만두 제조 업체를 공개하라는 거친 여론에 밀려 식약청은 6월 10일 성급하게 25개의 불량 만두 제조 업체를 발표하였다. 하지만 이 중 14개 업체가 최종적으로 무혐의 판정을 받았고, 나머지 업체들이 사용한 불량 만두소라는 것 역시 인체에 무해하다는 판결이 나왔다.

– 〈동아일보〉(2004. 12. 22.)

 물음 1 피의자의 인권을 보호하기 위해 범죄 수사 보도에 필요한 원칙들은 어떤 것이 있을지 생각해보자.

 물음 2 제2차 세계 대전 중 '노르망디 상륙작전'은 당시 언론이 엠바고를 받아들여 보도를 유예한 대표적인 예다. 쓰레기 만두 사건에서 만약 엠바고가 적용되었다면 결과는 어떻게 달라졌을까? 어떤 경우에 엠바고가 적용되어야 할까?

3

적은 사람들의
작지 않은 외침

소수자(Minority): [명사] 적은 수의 사람. 이성애자에 비해 수적으로 적은 동성애자, 한국 노동자에 비해 수적으로 적은 외국인 노동자, 비장애인에 비해 수적으로 적은 장애인, 병역 의무를 다하는 사람에 비해 수적으로 적은 양심적 병역 거부자, 수적으로 적은 혼혈인, 그리고 수형자, 성 전환자 등등.

남아프리카 공화국에서는 백인이 흑인보다 적지만 그 사회에서 큰 영향력을 발휘하며 사회적으로 높은 지위에 있기에 그들을 소수자라 칭하지 않는다. 결국 소수자는 수적으로 적은 것이 문제라기보다는 그 사회에서 영향력을 갖고 있지 못하거나, 공식적으로 인정받는 지위를 얻기가 상대적으로 어려운 '정도의 문제'인 셈이다. 이런 이유로 우리는 '소수자'와 '사회적 약자'를 같은 의미로 사용하고 있다.

　나의 시각으로 보는 그의 모습이 조금은 누추하고 나와 다를지라도 인간은 인간이라는 이유만으로도 충분히 존중받아야 한다. 거기에는 우리 모두가 똑같은 하나가 아니라 '다른' 다수라는 것이 전제되어 있다. 법이 소수자를 보호할 수 있을 때, 결국 우리 모두를 보호할 수 있다.

　적은 사람들의 작지 않은 외침은 때로는 '생존'의 문제이고, '양심'을 지키는 일이며, '새로운 권리의 발견'이다.

18
보복 살해인가, 정당방위인가?

성폭행 보복 살해 사건
광주고등법원 1991. 12. 20. 선고, 91노899 · 91감노80 판결

자신을 성폭행한 사람을 살해한 혐의로 구속 기소된 김 모 피고인의 모습이다.

1532년 10월 1일, 독일 쾰른 출신의 상인 한스 콜하제는 물건을 운반하기 위해 라이프치히로 떠났다. 그가 말에 싣고 있던 물건들은 단기 대출을 받아 구입한 것으로, 즉시 팔아야만 빌린 돈을 갚을 수 있었다. 그런데 그는 지방 도로에서 뜻하지 않은 상황에 처하게 되었다. 쉬고 있던 선술집에 세습 봉건 영주인 차슈비츠의 노예 몇 명이 와서는 영주의 명령이라며 그의 말을 약탈해 갔다. 콜하제는 말 두 마리를 되찾기 위해 백방으로 노력하였고, 결국 말을 돌려 받을 수 있었다. 하지만 그는 빌린 돈을 기한 내에 갚지 못하였고, 이로 인해 집과 농장, 논밭과 초지까지도 잃고 말았다. 콜하제는 자신의 권리를 찾기 위해 법에 호소하였지만 당시 재판관들 대부분은 자율적인 판결을 내리지 못하였고, 법률적 기초도 미약하여 별 소용이 없었다. 그래서 그는 자신이 직접 권리를 되찾기로 결심하였다. 그리하여 그는 "눈에는 눈, 이에는 이, 손에는 손, 발에는 발, 방화에는 방화, 상처에는 상처"라는 〈출애굽기〉의 속죄 법률에 따라 처절히 보복하였다. 콜하제는 살해와 방화를 저지르고는 번개처럼 사라졌다. 주민들은 그를 도와 길을 안내하였고, 농부들은 먹을거리를 공급해 주었다. 마을의 선술집들은 그의 은신처와 범행의 기지가 되었다. 하지만 그는 끝내 잡혀 죽음을 당하며 외쳤다. "나는 정의로운 인간이 버림 받는 것을 본 적이 없다."

– 지그프리트 피셔 파비안, 《위대한 양심》 중에서 재구성

법의 역사를 보면 형법의 기원은 복수에 있다. 원시 부족 사회에서 인과응보로서의 복수는 지극히 감정적이고 잔인할 수밖에 없었다. 그러나 그것은 극단적 미봉책일 뿐이었다. 국가의 사법 체계가 확립되면서 사적 복수는 점차 사라져 갔고, 공적 형벌권이 그 자리를 대신하게 되었다. 개인의 범죄에 국가가 개입하여 죄에 상응하는 형벌과 조치를 취하기 시작하였다. 국가가 형벌권을 전담하게 되면서 자연스레 형벌권에 대한 제한도 가해졌는데, 바로 이것이 죄형법정주의*의 원칙이다. 이는 법률이 없으면 범죄도 없고, 법률이 없이는 형벌도 없다는 의미다.

　그런데 죄형법정주의 원칙을 따르다 보면 때로는 명백한 범죄에 대해 국가가 형벌권을 행사하지 못하는 경우가 발생할 수도 있다. 그중 하나가 공소 시효 문제로, 일정한 기간이 지나면 국가가 형벌권을 행사할 수 없다. 이런 경우 스스로 복수하기 위해 개인이 나섰다면 이는 유죄인가?

● **죄형법정주의** 법률이 없으면 범죄도 없고 형벌도 없다. 즉, 어떤 행위가 범죄가 되고, 그 범죄에 대해 어떤 처벌을 할 것인가는 미리 성문의 법률에 규정되어 있어야 한다는 원칙이다.

김 모 씨가 전북 남원군 자신의 집에서 100미터쯤 떨어진 곳에서
이웃 구멍가게 주인 송 모(당시 35세) 씨에게 성폭행을 당하였을 때
의 나이는 불과 아홉 살. 송씨는 물을 길으러 가던 그녀를 "심부름
하나만 해 달라."며 방 안으로 끌어들였다.

그 후 21년이 지나도록 김씨는 자신이 받은 충격을 아무에게도 털어놓을 수
없었다. 김씨의 어머니는 "평소 말수가 적던 딸이 커 가면서 먼 산을 보고 혼자
중얼거리는 때가 많았지만, 어린 딸이 그런 엄청난 일을 겪었으리라고는 꿈에
도 생각지 못하였다."고 말하였다.

김씨는 1983년 유 모 씨와 결혼하였으나 한 달 만에 친정으로 돌아왔다. 유
씨가 "아내가 잠자리를 거부해 도저히 못 살겠다."라며 이혼을 요구하였던 것
이다. 경계성 인격 장애라는 진단을 받고 부산의 언니 집에 머물면서 공장에
취직하였을 때도 김씨는 방 안에 틀어박혀 있는 날이 더 많았다.

김씨는 1987년 재혼하였지만, 심한 대인 기피와 남성 혐오증으로 이유 없이
화를 내거나 아무 말 없이 남원 고향 집으로 달려가기 일쑤였다. 김씨는 자신
의 이러한 행동의 근원이 어릴 적의 성폭행 사건임을 깨닫게 되었고, 그제야
고소를 하려 하였지만, 당시 성폭력 범죄는 친고죄*로 고소 기간은 6개월이었
으므로 이미 고소 기간을 훨씬 넘긴 후였다. 김씨는 법적 도움을 전혀 받을 수
없음을 알고 스스로 가해자를 벌하기로 마음먹었다. 김씨는 송씨를 찾아가 살
해한 후 현장에서 검거되었다.

관련 법률 조항

형법
제1조 (범죄의 성립과 처벌)

① 범죄의 성립과 처벌은 행위 시의 법률에 의한다.

제10조 (심신 장애자)

① 심신 장애로 인하여 사물을 변별할 능력이 없거나 의사를 결정할 능력이 없는 자의 행위는 벌하지 아니한다.

② 심신 장애로 인하여 전항의 능력이 미약한 자의 행위는 형을 감경한다.

③ 위험의 발생을 예견하고 자의로 심신 장애를 야기한 자의 행위에는 전 2항의 규정을 적용하지 아니한다.

제21조 (정당방위)

① 자기 또는 타인의 법익에 대한 현재의 부당한 침해를 방위하기 위한 행위는 상당한 이유가 있는 때에는 벌하지 아니한다.

② 방위 행위가 그 정도를 초과한 때에는 정황에 의하여 그 형을 감경 또는 면제할 수 있다.

③ 전항의 경우에 그 행위가 야간이나 기타 불안스러운 상태하에서 공포, 경악, 흥분 또는 당황으로 인한 때에는 벌하지 아니한다.

형사소송법

제326조 (면소의 판결)

다음 경우에는 판결로써 면소●의 선고를 하여야 한다.

3. 공소의 시효가 완성되었을 때

생 각 해
보 기

1. 성폭행에 대한 보복 살해인가, 정당방위인가?

김씨는 아홉 살에 성폭행을 당하였다. 그 후 누구에게도 성폭행 사실을 털어놓지 못한 채 성장하였고, 결혼하여서도 어릴 적 성폭행의 상처 때문에 이혼을 당하였다. 김씨는 재혼을 하고 아이를 낳지만 계속되는 우울증과 공포 속에서 고통의 나날을 보냈다. 성폭행의 악몽에서 벗어나지 못한 김씨는 급기야 성폭행범을 살인하기에 이르렀다. 성폭행 피해자에서 살

● **친고죄** 간통죄의 경우 상대 배우자만이 소를 제기할 수 있는데, 이처럼 피해자 혹은 법률이 정한 사람만이 소를 제기할 수 있는 범죄를 가리킨다.

● **면소** 형사 소송에 있어 당해 사건에 관한 법원의 소송 절차를 종결시키는 종국 재판.

인을 저지른 가해자가 된 김씨를 검찰은 살인죄로 구속 기소하였다. 하지만 변호인 측은 김씨의 범행은 성폭행에 대한 보복이 아니라 자신에 대한 정당방위였다고 주장하였다. 아홉 살 때 당한 성폭행으로 정신적 충격을 입어 고통 속에서 시달려 오다 21년간 유예되었던 정당한 자기방어를 했으므로, 이는 성폭행 피해자로서 정당방위에 해당한다는 것이다.

2. 성폭력 범죄의 공소 시효, 이대로 괜찮은가?

공소 시효는 형사상 불법 행위자에 대해 각 사안에 따라 법률이 정하는 기간을 두고 범죄나 불법 행위 발생일로부터 그 정해진 기간 만료일까지 소를 제기하지 않으면 그에 따른 형사 처벌이 면제되는 제도이다. 통상 범죄 행위 발생으로부터 지나치게 오랜 시간이 흐르면 사건 당사자의 기억과 물리적 증거가 변질되기 때문에 재판의 공정성을 담보하기 어렵고 지나치게 오래전에 발생한 분쟁 때문에 사회 기반이 흔들릴 수 있다는 우려에서 도입되었다. 범죄자도 오랫동안 처벌에 대한 불안감으로 형벌에 맞먹는 고통을 받았다는 인식도 깔려 있다.

당시 국내 형사법상 성폭력에 대한 공소 시효는 미성년자에 대한 간음죄 7년, 강간 및 강제 추행죄 7년, 강간 등에 의한 상해 치사상죄 10년 등으로 정해져 있었다. 그런데 아동들은 성폭력의 심각성에 대해 제대로 인지하지 못하는 경우도 있고, 또는 가해자의 협박에 의한 두려움, 자책감이나 수치심, 주변 사람들이 비난할지도 모른다는 걱정 때문에 성폭력에 대한 고발을 망설이는 경우가 많다. 그래서 미성년자의 성폭력 피해에 대해서는 공소 시효를 폐지해야 한다는 주장이 제기되었다.

당시 한국의 성폭력 범죄 공소 시효는 외국에 비해 지나치게 짧고, 더욱이 미성년자에 대한 특칙도 없다는 지적이 있었으며, DNA 증거 채증 기술 발전 등 수사 환경의 변화를 고려하지 않고 있다는 문제 제기도 있었다.

판결문 살펴보기

피고인은 살해할 마음을 먹고 범행에 사용할 식칼과 과도를 미리 구입하여 찾아갔고, 범행 당시 일차 식칼을 빼앗기자 과도로 재차 가해하는 등 범행 방법과 수단을 사용하였다. 또한 수사 기관에서 범행 동기와 경위, 시간과 방법 등을 논리 정연하게 구체적으로 진술하고 있다. 그러나 피고인의 내성적인 성격은 아홉 살 때 강간을 당한 경험으로 인하여 정신 분열성의 성격으로 진행되었다. 결혼 후에도 정상적인 성생활이 어렵고 그로 인한 이혼으로 충격을 받게 되면서 증상이 악화되어 외상 후 스트레스 장애°로 발전하고 정신 분열성 인격의 영향으로 잔재형 정신 분열증 환자가 되었다. 피고인은 20여 년 후에 외상 후 스트레스 장애 등 증상이 갑자기 발현되어 심신 장애 상태에서 강간자를 살해하였다.

피고인은 공판 과정 및 범행 전후의 행동 등에 비추어 사물을 판별하거나 의사를

● **외상 후 스트레스 장애(post traumatic stress disorder)** 전쟁, 천재지변, 화재, 신체적 폭행, 강간, 자동차·비행기·기차 사고 등의 심각한 사건으로 신체적·정신적 충격을 경험한 후 나타나는 정신적 질병이다.

결정할 능력이 미약한 상태에 있었다고 인정된다.

피고인의 심신 미약

재판부는 어린 나이에 성폭행을 당한 뒤 고통 속에 살다가 21년 만에 가해자를 찾아가 죽인 김씨에 대해 '외상 후 스트레스 장애'로 인한 심신 미약*을 인정하였다.

이 사건은 당시 일반인의 성폭력에 대한 인식을 전환시키는 계기가 되었다. 개인의 순결 상실로만 여겼던 성폭력은 피해자 개인에게는 전 인격에 걸친 깊은 상처와 후유증을 남길 뿐만 아니라 사회적으로도 심각한 범죄 행위라는 인식이 생기기 시작하였다. 판결 이후, 이 사건의 해결에 참여했던 여성 단체들을 중심으로 성폭력 추방 운동이 적극적으로 전개되었으며 성폭력을 근절하기 위한 법과 제도적 해결책이 마련되어야 한다는 사회적 공감대가 형성되어 1993년에는 성폭력특별법이 제정되었다. 그 후 성폭력 범죄가 갈수록 심각해지자 이에 대한 처벌을 강화하기 위해 성폭력 범죄를 친고죄로 정한 조항이 삭제되었고, 이와 함께 '부녀'에만 해당되던 강간죄 대상도 '사람'으로 범위가 확대되었다. 또한 아동·청소년 대상 강간죄의 경우 최고 무기징역까지 선고할수 있도록 법정형이 강화되었고, 피해자 보호를 위한 제도들도 보완되었다. 예를 들어, 성폭력 피해자에 대한 국선 변호인 지원 대상은 19세 미만에서 모든 피해자로 확대되었으며, 증인으로 법원에 출석하는 피해자와 신고자를 보호·지원하는 증인 지원관 제도가 신설되었다.

● **심신 미약** 마음이나 정신의 장애로 사물을 변별할 능력이나 의사를 결정한 능력이 미약한 상태.

가정 내 성폭력 사건

가장 사적인 공간인 가정 내에서 일어나는 성폭행은 방치되고 지속될 수밖에 없는 문제점을 안고 있다. 특히 성폭력의 경우, 가해자를 처벌하려면 피해자가 직접 고소를 해야만 하였기에(친고죄) 가정 내의 성폭력은 은폐될 수밖에 없었다. 다음의 사건은 가정 내 성폭력의 실상을 보여 주고 있다.

1992년 1월 7일, 13년 동안 의붓딸을 성폭행해 온 가해자 A를 피해자 B의 남자 친구인 C가 살해한 사건이 충북 충주에서 일어났다. B의 어머니는 B가 일곱 살 때 A와 재혼을 하였고, A는 B가 아홉 살 때부터 상습적으로 성폭행을 가하기 시작하였다. B는 대학에 진학하면서 비로소 주중에나마 A와 떨어져 기숙사에 머물게 되었고, 학교 친구인 C에게 이러한 사실을 털어놓았다. C는 고통스러워하는 B를 도우려는 마음에 그날 밤 A를 찾아가 "이제 B를 놓아 주라."고 간청하였다. 하지만 A가 오히려 "다 잡아넣겠다. 죽여 버리겠다."고 당당하게 나오는 데에 격분하여 C는 A를 살해하기에 이르렀다. 재판 결과 C는 징역 5년, B는 집행 유예형을 선고받았다. 재판부는 "비참한 생활을 강요당한 점은 인정되지만, 사적인 복수를 함으로써 법적 질서를 무너뜨렸다."고 선고의 이유를 밝혔다. *

물음1 사적 복수가 사회적으로 인정된다면 어떤 문제가 발생할까?

물음2 사적 복수를 줄이기 위하여 필요한 것은 무엇일까?

● 이 사건 이후 성폭력특별법이 제정되어 친족 간의 성폭행을 제3자가 고소할 수 있도록 바뀌었다.

19 불쾌하고 곤혹스러운 느낌이 들었다

직장 내 성희롱 사건
대법원 1998. 2. 10. 선고, 95다39533 판결

〈노스 컨츄리〉는 미국 최초로 성희롱 소송에서
여성이 승소한 실화를 바탕으로 한 영화이다.

영화 〈노스 컨츄리(North Country)〉는 미국 역사상 최초의 성희롱 집단 소송으로 알려진 '젠슨 대 에벨레스 광산 사건'을 소재로 하고 있다. 1984년 미국 미네소타 에벨레스 광산의 여성 노동자 루이스 젠슨이 제기한 소송으로 1991년에야 종료되었다. 사건은 미국 법정이 여성 노동자의 손을 들어 준 사례로 역사에 남았고, 이후 미국에서 성희롱 방지 관련 법안을 마련하는 데 큰 영향을 미쳤다.

영화에서, 아버지가 다른 두 아이를 키우는 조시는 가정 폭력 끝에 이혼을 결심하고 친정으로 돌아오지만, 광부인 아버지와 갈등을 빚게 된다. 경제적 독립을 결심한 조시는 친구 글로리아의 소개로 광산에서 일하기로 한다. 광산 경기가 기울어 남자들도 일자리를 잃는 마당에 여성 광부는 남자들의 밥그릇을 뺏는 '공공의 적'으로 여겨졌다. 입사 후 조시는 성적 농담과 성추행 등 일상적인 성희롱에 노출된다. 그러나 노조와 경영진은 물론이고 여성 동료들까지 그녀의 문제 제기를 외면하였고, 결국 조시는 법정행을 택한다.

성희롱을 그저 장난이라고 강변하는 남자들, 성희롱 피해자이면서도 조시의 편이 되어 주지 않는 여성 동료들, 어느 순간 '골칫거리 투사'가 되어 버린 조시를 따라가다 보면 성희롱이 얼마나 큰 폭력인지, 때로는 성희롱에 공개적으로 저항하는 것이 성희롱을 참아 내는 것보다 얼마나 힘든 일인지를 알 수 있다.

그럼 우리나라에서 직장 내 성희롱 문제를 최초로 부각한 사건을 살펴보자.

사실 관계 신 모 씨는 S대 화학과 교수였고, 우 모 씨는 화학과의 실험 관련 기기 담당 유급 조교(계약직)였다. 우씨가 정식 임용되기 전후 2, 3개월 동안 신씨는 우씨에게 기기의 조작 방법을 지도하는 과정에서 우씨의 어깨, 등, 손 등을 무수히 접촉하였다. 복도 등에서 마주칠 때면 신씨는 우씨의 등에 손을 대거나 어깨를 잡았고, 실험실에서는 "요즘 누가 시골 처녀처럼 이렇게 머리를 땋고 다니느냐." 하면서 머리를 만지기도 하였다. 우씨가 정식 임용된 후에 신씨는 단둘이서 입방식을 하자고 제의하기도 하고, 심부름과 기타 명목으로 우씨를 교수 연구실에 수시로 불러들여 위아래로 훑어보면서 몸매를 감상하는 듯한 태도를 취하여, 우씨로서는 불쾌하고 곤혹하였다.

또한 신씨가 교내 목공소까지 동행을 요구하여 함께 가던 중 우씨에게 관악산에는 조용한 산책 길이 많으니 점심 먹고 함께 산책을 가자고 제의하면서 옷차림이 불편하면 자기 연구실에 청바지와 운동화를 가져다 놓고 갈아입으면 된다는 취지의 이야기를 하기도 하였다. 우씨가 이를 거부하자, 그 뒤로 신씨의 태도가 돌변하여 자신의 업무를 방해하였다고 우씨는 주장하였다.

1993년 재임용에서 탈락한 뒤 우씨는 자신의 억울함을 알리는 대자보[•]를 교내에 붙였다가 신씨로부터 명예 훼손으로 고소당하였다. 신씨는 우씨가 재임용에 탈락하자 앙심을 품고 꾸며 낸 거짓이라고 주장하였다. 우씨는 결국 가해자 신씨와 대리 감독자인 S대학교의 설치 운영자 대한민국을 상대로 손해 배상 청구소송을 제기하였다.

관련 법률 조항

민법

제750조 (불법 행위의 내용)

고의 또는 과실로 인한 위법 행위로 타인에게 손해를 가한 자는 그 손해를 배상할 책임이 있다.

남녀고용평등법

제12조 (직장 내 성희롱의 금지)

사업주, 상급자 또는 근로자는 직장 내 성희롱을 하여서는 아니 된다.

제13조 (직장 내 성희롱의 예방 교육)

① 사업주는 직장 내 성희롱을 예방하고 근로자가 안전한 근로 환경에서 일할 수 있는 여건 조성을 위하여 직장 내 성희롱의 예방을 위한 교육을 실시하여야 한다.

국가인권위원회법

제2조 (정의)

이 법에서 사용하는 용어의 정의는 다음과 같다.

5. "성희롱"이라 함은 업무, 고용 그 밖의 관계에서 공공 기관의 종사자, 사용자 또는 근로자가 그 직위를 이용하거나 업무 등과 관련하여 성적 언동 등으로 성적 굴욕감 또는 혐오감을 느끼게 하거나 성적 언동 그 밖의 요구 등에 대한 불응을 이유로 고용상의 불이익을 주는 것을 말한다.

● **대자보** 대학가 등에서 게시판 등에 붙여 자신의 주장을 알리는 글이다.

1. 성희롱인가, 아닌가?

초등학교 5학년 여자아이들이 놀이터를 지나가고 있었는데, 나무
의자에 누워 있던 아저씨가 갑자기 일어나더니 "너희 어디 가니?"
하면서 한 여자아이의 엉덩이를 때렸다면? 남자 교사가 머리가 긴 여학생의
머리를 잡고 목을 쓰다듬고는, "뭐 하세요?"라는 여학생의 말에, "귀여워서 그
런 거야."라고 하였다면? 아저씨와 교사의 행동은 성희롱인가, 아닌가?

아저씨와 교사는 "그냥 귀여워서 한 번 만졌을 뿐인데, 그게 무슨 성희롱이
냐? 자식 같은 아이들을 만지는 것도 안 되냐?" 하고 반문할지도 모른다. 그러
나 당하는 사람의 입장은 어떨까? 앞의 초등학생은 수치심에 매일 울음이 났
지만 부모님한테도 말 못하고 혼자 속앓이를 하였다. 여학생의 경우도 교사의
손길이 반가웠을 리가 없다. 성희롱은 가해자에게는 별것 아닌 행동이지만, 피
해자에게는 일상생활이 어려울 만큼 심각한 피해를 가져다 준다. 그래서 최근
에는 성희롱이냐 아니냐를 따질 때 피해자가 어떻게 느꼈는가를 더욱 중요하

게 생각한다. 여성부는 "성적 언동으로 인해 상대방이 성적 굴욕감 또는 혐오감을 느꼈다면 이것은 성희롱이 될 수 있다. 즉, 성희롱의 판단 기준은 가해자의 의도가 아니라 피해자의 입장에서 보아야 한다."라고 밝혔다.

2. 직장에서의 성희롱은 왜 거부하기 힘든가?

노동부에서 제시하고 있는 '직장 내 성희롱'의 기준은 '업무와 관련이 있었는가, 직장 내 지위를 이용하였는가'이다. 직장 내 성희롱은 많은 경우 직장 내의 지위를 이용하여 이루어지기 때문에 거부하기가 어렵다. 상사의 부적절한 행동에 거부 의사를 표현하였다가는 불이익을 당할까 봐 은폐하는 경우가 많다.

  국가인권위원회가 조사한 성희롱 실태를 보면, 성희롱이 일어난 장소는 학교나 직장, 병원 등 다양하였고, 가해자도 대학교수나 선배, 직장 상사 등 다양한 것으로 드러났다.

판결문 살펴 보기 신씨(지도 교수)의 성적인 언어와 행동은 사회 통념상 일상생활에서 허용되는 단순한 농담 또는 호의적인 것으로 볼 수 없고, 오히려 우씨(피해자)로 하여금 성적 굴욕감이나 혐오감을 느끼게 하는 것으로서 피해자의 인격권˙을 침해한 것이며, 이러한 침해 행위는 선량한 풍속 또는 사회 질서에 위반하는 위법한 행위이고, 이로써 피해자가 정신적으로 고통을 입었음은 명백하다.

피해자의 성적 굴욕감

인정
– 대법원 1998 –

● **인격권** 권리의 주체와 분리하여 생각할 수 없는 인격적 이익을 내용으로 하는 권리. 구체적으로는 생명, 신체, 정신의 자유에 대한 권리를 말한다. 타인의 성명이나 초상의 무단 사용, 정조의 침해, 생활 방해 등도 불법 행위다.

이 사건은 1심 승소(배상금 3,000만 원)와 2심 패소를 거쳐 1998년에야 최종 대법원 승소 판결(배상금 500만 원)을 얻어 낼 수 있었다. 이 사건은 직장 내 성희롱을 사회적인 문제로 제기한 최초의 사건이다. 이때부터 권력을 이용한 일상생활의 폭력이 표면 위로 드러났고, 성폭력의 의미가 새롭게 논의되었다. 1995년 여성발전기본법에서 '성희롱'이라는 용어가 처음 등장하였다. 이어 1999년 등장한 남녀고용평등법, 남녀차별금지법에는 성희롱 금지, 성희롱 예방 교육 실시 등을 규정하게 되었다.

직장 내 성희롱은 대부분 상하 관계에서 많이 발생한다. 직급에 따른 수직적 질서가 기본인 대부분의 기업 문화에서 상사의 제안을 부하 직원이 거부하기란 어려운 일이기 때문이다. 여자가 늘 피해자인 것은 아니며, 여자 상사가 남자 부하 직원을 성희롱하는 사례도 계속 증가하고 있다. 그러나 불이익을 당할수 있기 때문에 쉬쉬하고 넘어가는 경우가 다반사이다.

가해자는 그것이 단지 '친근감의 표현'이었다고 여기며, 자신의 행동이 왜 잘못되었는지 모를 수도 있다. 그러므로 직장에서 직장 내 성희롱의 사례와 심각성, 관련법 등에 대해 교육할 필요가 있다. 직원들이 편안한 환경에서 근무할 수 있도록 노력하는 것도 기업의 의무이기 때문이다.

우리 안의 성희롱

직장뿐 아니라 학교라는 공간에서도 성희롱은 알게 모르게 일어나곤 한다. 학생들에게는 학교가 열려 있기보다는 닫혀 있는 공간으로 여겨지기 쉬우며, 몇몇 악덕 교사들에 의해서 성희롱이 이루어지는 경우도 있다. 이런 사건이 일어나도 대처법을 모르거나 문제 제기를 해도 논란이 커지는 것을 우려하여 쉬쉬하고 덮는 경우가 대부분이었다. 이런 일이 나에게 일어난다면 어떻게 대처해야 할까?

성희롱 여고 교사 첫 중징계

교육인적자원부가 2002년 6월 교내 성희롱 근절 대책을 발표한 이후 처음으로 여학생들을 수년 동안 성희롱해 온 서울의 한 여고 체육 교사가 중징계를 받게 되었다.

성희롱 논란은 J씨가 2002년 4월 체육 수업 중 2학년 여학생(17세)의 엉덩이를 손으로 건드리며 "내가 아기를 낳게 해 줄까?" 라고 말하였다가 피해 여학생이 이를 학교 홈페이지에 공개하고 시 교육청에 민원을 제기하면서 불거졌다. 이후 재학생은 물론 졸업생까지 나서 피해 사례를 잇달아 폭로하면서 파문이 확산되었다.

조사 결과 J씨는 "우리 2세를 만들어야지.", "같이 옷 갈아입으러 가자.", "여름 방학 때 비키니 수영복을 준비해서 함께 수영장에 가자." 라고 하는가 하면 "집으로 놀러 오라." 며 엉덩이를 쳤다는 등의 증언이 쏟아졌다.

J씨는 학교에 사직서를 제출하고 "학생들에게 친근함을 표시하기 위해 '사랑한다.' '집에 놀러 오라.' 는 등의 말을 한 적은 있지만 신체적 접촉이나 성희롱을 한 적은 없다." 라며 "학생들이 나를 모함하기 위해 꾸며 낸 일" 이라고 주장하였다.

– 〈동아일보〉(2002. 7. 18.)

다음은 학교에서 실제로 일어났던 일을 그림으로 나타낸 것이다. 이 중에는 친구 사이의 장난처럼 대수롭지 않게 벌어지는 일도 있다. 학교에서 유사한 경험을 한 적이 있는가? 장난을 거는 입장이었나, 당하는 입장이었나? 이 경우 단순히 친구 사이의 장난이라고 느껴졌나, 아니면 불쾌하고 수치스럽게 느껴졌나?

20 자기방어 소홀은 네 탓이오

여성 장애인 성폭력 사건
부산고등법원 2004. 9. 15. 선고, 2004노425 판결

지적 장애인의 부성애를 담은 영화 〈7번방의
선물〉의 포스터이다.

모든 사람은 태어날 때부터 자유롭고 동등한 존엄성과
권리를 가지고 있다. 사람은 천부적으로 이성과 양심
을 가지고 있으며 서로 형제애의 정신으로 행동하여야
한다.

– 〈세계 인권 선언〉 제1조

장애인은 개인으로서 존엄과 가치를 존중받으며, 이
에 상응하는 처우를 받는다. 누구든지 장애를 이유로
정치적 · 경제적 · 사회적 · 문화적 생활의 모든 영역에
있어 차별을 받지 아니한다. 모든 장애인에게는 국가 · 사회를 구성하는 일원으로서
정치 · 경제 · 사회 · 문화 기타 모든 분야의 활동에 참여할 기회가 보장된다.

– 장애인복지법 제3조

영화 〈7번방의 선물〉은 정신 지체 장애가 있는 아버지가 하나밖에 없는 딸을 지키기 위해 고군분투하는 감동적인 이야기다. 또한 〈맨발의 기봉이〉란 영화에서 주인공 기봉이는 어려서 열병을 앓은 탓에, 나이는 마흔이지만 정신 연령은 여덟 살인 정신 지체 장애인이다. 여든의 노모를 극진히 모시는 효자 기봉이의 따뜻한 마음씨가 많은 사람에게 감동과 웃음을 주었다.

장애인을 소재로 한 영화를 보면서 감동하여 눈물 흘리거나 미소 짓게 되는 것은 왜일까? 주인공들의 삶이 비장애인들이 잊고 지내던 가치를 되돌아보게 해 주기 때문은 아닐까? 우리는 '그럼에도 불구하고' 장애를 이겨 나가는 모습이나 그들이 전해 주는 따뜻함에 감동한다. 그러나 이들이 '장애'를 이용한 범죄에 노출되는 빈도가 비장애인에 비해 매우 높은 게 현실이다.

이는 특히 여성 장애인의 성폭력 상담 건수에서 드러난다. 2011년 발표한 한국여성장애인연합 부설 성폭력상담소의 10주년 통계에 따르면, 지난 10년 동안 여성 장애인 성폭력 상담 건수가 3만 8,325건으로 5년 동안 무려 73퍼센트 증가하였다. 여성 장애인의 성폭력 피해 유형으로는 강간이 73퍼센트로 가장 높게 나타났다.

성폭력 피해를 겪은 여성 장애인 중에는 지적 장애 70퍼센트, 지체 장애 2퍼센트, 뇌병변 장애 6퍼센트, 정신 장애 5퍼센트, 청각 장애 3퍼센트로 나타나고 있는바, 장애 유형을 막론하고 얼마나 많은 여성 장애인이 성폭력의 위험에 노출되어 있는지 그 심각성을 읽을 수 있다. 여성 장애인은 성폭력에 대한 인지 능력과 방어 능력의 부족, 성폭력 피해 후의 대처 능력 부족, 지원 체계의 부족 등으로 성폭력 피해 앞에 무방비로 노출되어 있다. 그렇다면 여성 장애인의 이러한 '특수성'은 법 앞에서도 인정받을 수 있을까?

A는 7~8세 정도 지능의 정신 지체 장애 1급 장애인이다. 사건 당
시 17세였던 A는 평소에 마을에 있는 요트 경기장 등을 돌아다니
면서 시간을 보내 왔다. A는 겁이 많아서 누가 큰 소리를 치면 겁
을 먹고 시키는 대로 다 해 왔고, B는 누구보다 이러한 사실을 잘 알고 있었다.

B는 범행을 저지른 그날, A의 집으로 가서 A에게 집 밖으로 나오라고 하며,
만일 나오지 않으면 경찰차가 와서 잡아간다고 위협하였다. 겁을 먹은 A는 집
밖으로 나왔고, B는 A를 마을 회관 이장 집무실로 데려가서 옷을 벗으라고 하
였다. A가 옷을 벗지 않으려고 하자, B는 A의 얼굴을 손바닥으로 때려 겁을 주
어 옷을 벗게 하여 A를 한 번 간음*하였다. 이후에 B는 아버지에게 이르면 때
린다고 하면서 A를 위협하였다.

관련 법률 조항

형법
제297조 (강간)*
폭행 또는 협박으로 부녀를 강간한 자는 3년 이상의 유기 징역에 처한다.
제298조 (강제 추행)
폭행 또는 협박으로 사람에 대하여 추행을 한 자는 10년 이하의 징역 또는 1,500만
원 이하의 벌금에 처한다.
제299조 (준강간, 준강제 추행)
사람의 심신 상실 또는 항거 불능*의 상태를 이용하여 간음 또는 추행을 한 자는 전
2조의 예에 의한다.

* 형법 제297조는 2012년 12월 18일 개정되어 '부녀'에서 '사람'으로 바뀌었다.

● **간음** 남녀의 성교 행위.
● **항거 불능** 형법 제299조에서 항거 불능의 상태라 함은 같은 법 제297조, 제298조와의 균형상 심신 상실 이외의
원인 때문에 심리적 또는 물리적으로 반항이 절대적으로 불가능하거나 현저히 곤란한 경우를 의미한다. (대법원
2000. 5. 26. 선고, 98도3257)

제302조 (미성년자 등에 대한 간음)

미성년자 또는 심신 미약자에 대하여 위계● 또는 위력●으로써 간음 또는 추행●을 한 자는 5년 이하의 징역에 처한다.

성폭력범죄의 처벌 및 피해자보호 등에 관한 법률*

제8조 (장애인에 대한 간음 등)

신체장애 또는 정신상의 장애로 항거 불능인 상태에 있음을 이용하여 여자를 간음하거나 사람에 대하여 추행한 자는 형법 제297조(강간) 또는 제298조(강제 추행)에 정한 형으로 처벌한다.

* '성폭력특별법'이라고도 부른다. 2010년 4월 15일에 '성폭력범죄의 처벌 등에 관한 특례법'과 '성폭력방지 및 피해자보호 등에 관한 법률'이 제정되면서 이 법은 폐지되었다.

생각해
보기

1. 성폭력의 위험에 더 노출되어 있는 사람이 있다면?

한국성폭력상담소는 2012년 성폭력 피해자 상담 건수 1,321건 중 여성이 1,261건(95.5퍼센트), 남성이 60건(4.5퍼센트)이었고, 그중 20세 이상 여성 성인이 802건(60.8퍼센트), 청소년 257건(19.4퍼센트), 어린이 144건(10.9퍼센트), 유아 60건(4.5퍼센트) 등이라고 밝혔다. 남성보다는 여성이 성폭력의 위험에 많이 노출되어 있으며, 특히 어린이나 유아, 청소년 등을 대상으로 한 성폭력 역시 전체의 35퍼센트에 가까워 적은 비율이 아니다. 성폭력 피해 아동 10명 중 7명은 정신 장애 진단을 받고 있다. 13세 미만 미성년자의 경우에는 사회적 약자라는 사실을 인정하고 자발적 또는 동의에 의한 성행위 자체가 불가능하다고 생각하기 때문에 형법에서 따로 미성년자 성범죄에 대한 처벌 규

● **위계** 목적이나 수단을 상대방에게 알리지 않고 상대방의 착오나 무지를 이용하여 속이는 행위.
● **위력** 사람의 의사를 제압할 수 있는 유무형의 힘.
● **추행** 성욕의 흥분, 자극 또는 만족을 목적으로 하는 행위로서 건전한 상식이 있는 일반인에게 성적 수치심을 느끼게 하는 모든 행위.

정을 두고 있다. 그렇다면 실제 나이는 많더라도 미성년자의 정신 연령을 지닌 정신 지체 장애인이나 지체 부자유 장애인의 경우는 어떨까? 그들도 특별한 보호를 받아야 하지 않을까?

2. 강간죄의 성립 여부인 '항거 불능'의 기준이 어떻게 적용되어야 할까?

강간죄는 첫째, 피해자는 원치 않고, 둘째, 폭행 또는 협박이 있었고, 셋째, 폭행 또는 협박이 저항이 불가능할 정도여야 하며, 넷째, 성기 삽입이 있었을 때 성립된다. 이는 다시 말해 폭행 또는 협박이 있지 않은 경우, 폭행이나 협박이 있었더라도 피해자의 저항이 가능한 정도였다면 강간죄가 성립하지 않는다는 것이다. 이런 논리대로라면 극도의 공포로 인해 저항조차 불가능한 상태가 된 경우 성폭력 피해의 모든 책임은 가해자가 아닌 피해자에게 떠넘겨지게 된다.

3. 여성 장애인의 '특수성'을 '항거 불능'으로 인정할 수 있는가?

형법 제305조는 13세 미만의 아동을 간음한 자에 대해서는 폭행, 협박 및 위계, 위력의 유무와 관계없이, 심지어 피해자의 의사에 반하는지 여부와도 관계없이 강간죄로 처벌하고 있다. 즉, 13세 미만 미성년자는 간음 행위의 의미 자체를 제대로 파악하지 못할 정도의 지적 능력을 갖는다고 판단하여 특별히 보호하는 것이다. 정신 지체 장애인의 경우는 실제 성인이라 할지라도 정신 연령으로는 13세 미만의 미성년자보다 낮다고 보기 힘들다. 이들의 '특수성'은 그 상태로 '항거 불능'이라고 할 수 있지 않을까?

판결문 살펴 보기 성폭력특별법 제8조에서 말하는 '항거 불능'이란 '심리적 또는 물리적으로 반항이 절대적으로 불가능하거나 현저하게 곤란한 경우'를 의미한다. 이에 해당하려면 피해자가 신체적인 장애나 정신상의 장애로 인해 성적 자기방어를 할 수 없는 상태에 있었어야 한다. 또 미성년자나 심신 미약자에 대하여 거짓말이나 상대방을 누를 만큼의 힘으로써 간음이나 추행을 한 자의 경우는 따로 형법 제302조에서 규정하고 있기 때문에 성폭력특별법 제8조의 적용은 더욱 엄격해야만 한다.

그러므로 비록 피해자가 정상인보다 지능이 떨어지는 정신상의 장애가 있는 사실은 충분히 인정할 수 있지만, 이것은 정신 지체 장애인인 피해자가 반항하기 어렵고 약간의 위협이나 폭행이 있더라도 쉽게 강간당할 수 있다는 취지에 불과할 뿐이지, 피해자가 성적인 자기방어를 할 수 없는 상태에 있었다는 의미로 보이지는 않으므로, '항거 불능의 상태'는 아니다.

정신 지체 장애인의 항거 불능

불인정
- 부산고등법원 2004 -

재판부는 피해자가 범행 당시 자기방어를 할 수 없는 항거 불능의 상태에 있었던 것은 아니라고 판단하여 피고인에게 유죄를 인정한 원심 판결을 깨고 무죄를 선고하였다. 형법에서 '심신 미약자에 대한 강간'을 명시하고 있다는 이유로 이보다 더욱 저항이 불가능한 경우, 즉 항거 불능 상태였다는 것을 증거로 제시할 수 있을 때에만 성폭력특별법에 의한 장애인 강간죄를 적용할 수 있다고 보아, 여성 장애인이 성폭력 범죄에 노출되기 쉽다는 현실을 외면하고 말았다.

이 판결은 항거 불능인 상태를 지나치게 엄격하게 해석하였다. 7~8세 정도의 지능을 가진 피해자에게 때려 주겠다는 등의 방법으로 위협하여 간음한 것을 항거 불능 상태에 있는 것이 아니라고 판단한 것은 장애인의 특수성을 제대로 파악하지 못한 판단이라 할 것이다. 더 나아가 강간죄 성립 여부를 '가해자가 폭력을 행사하였는가'가 아니라 '피해자가 얼마나 저항하였는가'에 맞춤으로써 결국 강간 피해자에게 자기방어에 소홀한 책임을 묻는 결과를 낳고 말았다.●

2011년에 실제 장애인 학교에서 일어난 학대와 성폭행 문제를 다룬 영화 〈도가니〉가 우리 사회에 엄청난 충격을 가져다 주었다. 이 영화를 계기로 장애인과 아동에 대한 성폭행 범죄의 처벌을 대폭 강화한 내용으로 성폭력범죄의 처벌 등에 관한 특례법이 개정되었다. 이에 따라 '항거 불능'만이 아닌 '항거 곤란' 상태를 이용한 간음도 성폭력으로 인정하게 되었다.

또한 아동·청소년 대상 성범죄의 공소 시효는 피해자가 성년에 달한 날부터 적용되었고, 이외에도 피해자가 13세 미만의 아동 및 신체적인 장애가 있는 경우에는 성폭력 범죄에 대한 공소 시효를 적용하지 않는 변화가 있었다.

● 박상기, 〈강간죄의 폭행, 협박의 정도〉, 《판례월보》 105호 참조.

진술 취지가 일관되면 성폭력 인정

지금까지 성폭력 사건을 재판하는 과정에서 피해자의 취약성과 특수성을 배려하는 일은 드물었다. 그보다는 피해자의 진술 능력의 신빙성을 문제 삼고, 피해자에게 입증 책임을 전가해 왔다. 피해자가 당황하고 부끄러워 당시의 상황을 잘 기억하지 못할 때에는 진술에 신빙성이 없다고 판단해 왔는데, 진술 취지만 일관된다면 신빙성을 인정해야 한다는 대법원의 판결이 나왔다.

성폭력 피해자들, 그 가운데에서도 특히 어린 학생들의 경우에는 당황하거나 부끄러운 나머지, 당시 상황을 명확히 기억하지 못하는 경우가 많다. 그러나 일부 진술이 부정확하거나 엇갈리더라도 취지가 일관된다면 피해 사실을 인정해야 한다는 대법원 판결이 나왔다.

초등학교 3~4학년 때부터 의붓아버지로부터 8년여간 성추행을 당한 이 모 씨는 어머니와 함께 의붓아버지를 신고하였고, 아버지는 기소되어 1심에서 유죄 판결을 받았다. 하지만 항소심 재판부는 피해자 이씨와 어머니의 진술이 부정확하다면서 의붓아버지에게 무죄를 선고하였다.

이처럼 엇갈려 나온 판결에 대해 대법원은 피해자 진술의 전체적인 맥락과 취지가 일관된다면 일부 내용이 부정확하더라도 피해 사실을 인정해야 한다고 판시하였다. 최초 추행 당시에 대해 피해자가 당황하고 부끄러운 나머지 엇갈린 진술을 해 왔지만, 이는 오래전 기억을 되살리는 과정에서 발생한 것으로 보아야 하며, 허위 진술을 할 동기나 이유가 없는 경우 수치스러움과 보호자의 처벌을 무릅쓰고 밝힌 피해 사실을 사소한 이유를 들어 배척해서는 안 된다고 덧붙였다.

이윤상 한국성폭력상담소 부소장은 "어렸을 때부터 장기적으로 이루어진 청소년 피해의 경우 일관성이 없다는 이유로 진술의 신빙성을 인정받지 못하는 경우가 많았는데, 이번 판결은 이런 특성들이 충분히 고려되었다는 점에서 의의가 큽니다."라고 말하였다.

이번 대법원 판결로 성폭력 발생 당시 상황에 대해 구체적인 진술을 요구해 왔던 하급심 판결에도 일대 변화가 예상된다.

- 〈매일경제 TV〉 (2006. 11. 13.)

 성폭력 피해의 경우, 미성년자 및 여성 장애인과 비장애인에 대한 판결 기준이 똑같다면 가해자를 처벌하는 데 어떤 문제점이 발생할지 생각해 보자.

 위의 판결이 피해자 진술을 너무 쉽게 믿을 만한 것으로 여기다 보니 그만큼 쉽게 범죄자를 만들어 내어 인권을 후퇴시켰다는 주장도 있다. 이에 반박하는 글을 써 보자.

〈도가니〉이후 달라진 성폭력 관련법
(2012. 12. 18. 개정)

장애인 성폭력 문제를 다룬 영화 〈도가니〉가 사회적 반향을 일으켜 성폭력 관련법이 개정되었다.

1. 친고죄 조항, 반의사 불벌죄 조항 폐지

'고소가 있어야 공소를 제기할 수 있다'라는 친고죄 조항과 '피해자의 의사에 반해 공소를 제기할 수 없다'는 반의사 불벌죄 조항이 폐지되어 피해자의 고소가 없어도 공소를 제기할 수 있게 되었다. 피해자 보호 명분으로 유지되어 온 친고죄 조항은 오히려 성폭력 피해가 수치스러운 것이라는 인식을 강화하여 피해 신고를 어렵게 만들었다.

2. 부녀→사람

개정 이전 형법은 성폭력 범죄의 객체를 '부녀'로 제한하였으나 형법 및 '성폭력범죄의 처벌 등에 관한 특례법'을 개정하여 '부녀'를 '사람'으로 변경하였다.

3. 진술 조력인 제도 도입

진술 조력인 제도는 13세 미만의 아동 또는 신체적·정신적 장애로 의사소통이나 의사 표현에 어려움이 있는 피해자에 대한 조력을 목적으로 만들어져 2013년 12월 19일부터 시행되고 있다.

4. 공소 시효 적용 배제

13세 미만의 아동 또는 장애인에 대한 강간과 강간 치사의 범죄 등에 대해 공소 시효가 적용되지 않게 되었다. 공소 시효의 적용 배제 대상이 확대되었다.

5. 장애인 준강간 요건에 '항거 곤란' 추가

장애인 준강간에 대해 항거 불능 상태만을 인정하였다가 '항거 불능 또는 항거 곤란 상태에 있음을 이용해 사람을 간음하는 행위'로 수정하였다. 항거 불능은 저항의 불가능 또는 현저히 곤란함을 의미하였는데, '항거 곤란'을 추가하여 저항의 곤란함이 현저한 수준에 이르지 않아도 장애인 준강간죄로 처벌할 수 있도록 구성 요건을 완화하였다.

6. 유사 강간죄 조항 신설

유사 강간죄 조항을 새로 만들면서 폭행이나 협박을 하여 구강, 항문 등 타인의 신체 내부에 성기를 넣거나 성기, 항문에 손가락 등 신체의 일부 또는 도구를 넣는 행위를 구성 요건에 추가하였다. 이는 성폭력을 성기 중심으로만 사고하고 처벌하던 관행에 대한 비판이 반영된 변화이다.

7. 성적 목적을 위한 공공장소 침입 행위 처벌 가능

공공장소(화장실, 목욕탕 등) 침입 행위는 건조물침입죄 말고는 처벌할 규정이 없었는데, '성적 목적을 위한 공공장소 침입 행위'에 대한 독자 조항이 새로 생겼다.

8. 음주·약물로 인한 형량 감경 배제

음주·약물로 인한 심신 장애 상태에서 행한 성범죄의 경우 형량을 경감해 주었으나 이를 더는 인정하지 않기로 하였다. 이전까지는 특수 강간 등에 제한적으로 적용되다가 거의 모든 성폭력 범죄에 확대 적용하기로 하였다.

갇힌 자의 주권 21

수형자의 선거권 행사 금지 판례
헌법재판소 2014. 1. 28. 선고, 2012헌마409 판결

교도소에 수감 중인 수형자의 모습.

학생회장 선거를 할 때, 교칙을 위반하여 징계를 받고 있는 학생들이 있다면 그들에게도 선거권을 주어야 할까, 주지 말아야 할까?

민주주의의 발전 과정은 사회 구성원이 평등한 시민권을 누리도록 시민권의 주체가 확대되어 가는 과정이라고 할 수 있다. 시민권이란 "시민으로서의 사상·재산·직업·신앙 등의 자유가 보장되며 국정에도 참여할 수 있는 권리"를 말한다.

이에 따르면 시민권의 핵심 요소 두 가지는 자연권적 권리로서 인정되는 포괄적인 자유권과 공동체의 일원으로서 갖는 선거권 및 피선거권® 같은 참정권이라고 할 수 있다. 그런데 민주주의 국가라고 할지라도 모든 구성원에게 시민

권을 부여하지는 않는다. 시민의 권리에는 의무가 따르기 때문이다. 예를 들어, 민주 정치의 기원이라고 불리는 고대 아테네와 로마에서도 시민의 의무를 이행하지 않는 자에게는 권리를 인정하지 않았다. 특히 국정에 참여할 수 있는 권리는 납세와 병역의 의무를 이행하는 자에게만 주어졌다. 법치를 바탕으로 하고 있는 현대 민주주의 국가에서는 시민의 가장 기본적인 의무라고 할 수 있는 준법의 의무를 이행하지 않는 자에 대해 시민권을 엄격히 제한한다. 우리나라 형법에 따르면, 준법의 의무를 저버리고 범죄를 저지른 경우에 그 죄가 무거울 때에는 신체의 자유를 제한하고 일정한 시설에 격리하여 구금할 뿐만 아니라, 선거권 및 피선거권도 제한한다. 공직선거 및 선거부정방지법에서도 금고[●] 이상의 형을 선고받은 자의 선거권은 제한하고 있다.

그런데 최근 들어 범죄를 저지르고 갇혀 있는 수형자들의 인권도 존중되어야 한다는 인식이 퍼지면서, 이들에게 죄의 대가로 신체의 자유를 박탈하는 것 이외에 별도의 권리인 선거권을 제한하는 것은 부당하다는 문제 제기가 이루어지고 있다. 현대 대의제 민주주의에서 주권 행사의 가장 기본 수단인 선거권을 제한하는 것은 이들을 공동체의 일원으로 인정하지 않는 것으로서, 이는 민주주의의 기본 정신에 어긋난다는 것이다. 수형자의 선거권과 관련한 판례를 통해 이 문제를 고민하여 보자.

사실 관계　구 모 씨는 2011년 9월 15일 서울동부지방법원에서 업무방해죄 등으로 징역 4월에 집행 유예 2년을 선고받았고, 2011년 12월 2일

● **피선거권** 선거에 입후보하여 당선인이 될 수 있는 권리.
● **금고** 강제 노동을 부과하지 않고 수형자를 구치소에 구금하는 형벌을 말한다. 징역과 같이 형법이 규정하는 자유형의 일종이나, 정역(定役)에 의무적으로 복무하지 않는 점에서 징역과 구별된다. 한편 우리나라 형법 제41조에 의하면, 형벌의 종류에는 '사형·징역·금고·자격 상실·자격 정지·벌금·구류·과료·몰수' 등 9가지가 있다. 여기서 금고 이상의 형벌에는 금고, 징역, 사형이 포함된다.

에 그 판결이 확정되었다. 홍 모 씨는 2011년 12월 22일 서울중앙지방법원에서 병역법 위반죄로 징역 1년 6월을 선고받았고, 2011년 12월 30일에 그 판결이 확정되었다. 전 모 씨는 2012년 2월 15일 인천지방법원 부천지원에서 병역법 위반죄로 징역 1년 6월을 선고받았고, 2012년 2월 23일에 그 판결이 확정되었다. 이들은 2012년 4월 11일에 실시된 제19대 국회의원 선거 당시 공직선거법 제18조 제1항 제2호의 선거권이 없는 자에 해당한다는 이유로 선거권을 행사하지 못 하였다. 이들은 공직선거법 제18조 제1항 제2호가 자신들의 선거권 등을 침해한다고 주장하면서 2012년 4월 25일에 헌법 소원 심판을 청구하였다.

관련 법률 조항

헌법

제10조

모든 국민은 인간으로서의 존엄과 가치를 가지며, 행복을 추구할 권리를 가진다. 국가는 개인이 가지는 불가침의 기본적 인권을 확인하고 이를 보장할 의무를 진다.

제11조

① 모든 국민은 법 앞에 평등하다. 누구든지 성별·종교 또는 사회적 신분에 의하여 정치적·경제적·사회적·문화적 생활의 모든 영역에 있어서 차별을 받지 아니한다.

② 사회적 특수 계급의 제도는 인정되지 아니하며, 어떠한 형태로도 이를 창설할 수 없다.

③ 훈장 등의 영전은 이를 받은 자에게만 효력이 있고, 어떠한 특권도 이에 따르지 아니한다.

제24조

모든 국민은 법률이 정하는 바에 의하여 선거권을 가진다.

제37조

② 국민의 모든 자유와 권리는 국가안전보장·질서유지 또는 공공복리를 위하여 필요한 경우에 한하여 법률로써 제한할 수 있으며, 제한하는 경우에도 자유와 권리의 본질

적인 내용을 침해할 수 없다.

공직선거법

제18조 (선거권이 없는 자)

① 선거일 현재 다음 각 호의 어느 하나에 해당하는 자는 선거권이 없다.

2. 금고 이상의 형의 선고를 받고 그 집행이 종료되지 아니하거나 그 집행을 받지 아니하기로 확정되지 아니한 자

형법

제43조 (형의 선고와 자격상실, 자격정지)

① 사형, 무기징역 또는 무기금고의 판결을 받은 자는 다음에 기재한 자격을 상실한다.

1. 공무원이 되는 자격

2. 공법상의 선거권과 피선거권

3. 법률로 요건을 정한 공법상의 업무에 관한 자격

4. 법인의 이사, 감사 또는 지배인, 기타 법인의 업무에 관한 검사역이나 재산관리인이 되는 자격

② 유기징역 또는 유기금고의 판결을 받은 자는 그 형의 집행이 종료하거나 면제될 때까지 전항 제1호 내지 제3호에 기재된 자격이 정지된다.

생각해 보기

1. 수형자의 선거권을 제한하는 것은 정당한가?

🔍 정당하지 않다. 수형자들은 자유를 박탈당함으로써 이미 범죄의 대가를 치르고 있다. 수형자를 외부 세계와 떼어 놓는 목적은 이들을 교화하여 건전한 시민으로 사회에 복귀시키는 것이다. 그러므로 범죄의 대가로 수형자들의 자유를 박탈하는 것 이외에 시민으로서의 기본권은 항상 존중되어야 한다. 대의제 민주주의에서 선거는 주권 행사의 기본 수단이다. 근대 민주주의 국가가 등장한 이래 선거권 확대를 위한 시민들의 희생과 노력은 바로 민주주의가 발전해 온 발자취이기도 하다. 이렇게 볼 때, 선거권은 민주 사회의 주인으로서 시민이 가지는 가장 기본적인 권리라고 할 수 있다. 따

라서 수형자들의 선거권을 제한하는 것은 부당하다.

🔍 정당하다. 수형자는 범죄를 저지른 대가로 유죄 확정 판결을 받고 외부와 격리, 차단되어 구금된 자들이다. 준법은 민주 시민에게 요구되는 기본적인 의무이다. 준법을 기대할 수 없다면 '법의 지배'를 통해 시민의 자유와 권리를 지키려는 민주주의의 이상이 실현되기를 기대하는 것 또한 어렵다. 법을 어겨 사회 질서를 파괴하고 공동체의 안전에 해를 끼친 수형자에게 공동체의 다른 구성원과 똑같은 권리를 줄 수는 없다. 더욱이 선거는 공동체의 안전과 유지를 책임질 정부를 구성하는 행위다. 공동체의 안전에 위협을 끼친 사람이 정부의 구성에 영향을 미치게 해서는 안 된다. 따라서 수형자에게 선거권을 제한하는 것은 정당하다.

2. 범죄의 종류와 내용과 관계없이 금고 이상의 처벌을 받은 모든 수형자의 선거권을 제한하는 것은 정당한가?

🔍 정당하다. 현행법은 금고 이상의 형을 선고받은 자에 대해서만 선거권을 제한하고 있다. 금고 이상의 형은 중대한 범죄를 범한 자에게만 가하는 것이다. 즉, 중대한 범죄를 범하여 사회로부터 격리되어 형벌을 받은 자들만의 선거권을 제한하는 것이므로 이는 지나치게 가혹하고 불공정하다고 할 수 없으며 정당하다.

🔍 정당하지 않다. 금고 이상의 형을 선고받은 경우라도 각각 범죄의 종류와 죄질, 내용이 다를 것이다. 수형자의 선거권을 제한할 경우에는 그들이 저지른 범죄의 종류와 내용 등을 고려하여야 한다. 예를 들어, '공정한 선거'를 유지하기 위해 선거의 공정성을 해친 선거 관련 범죄를 저지른 수형자의 선거권을 제한하는 것은 타당하다. 그러나 고의가 아닌 과실로 범죄를 저지른 경우도 똑같이 선거권을 제한하는 것은 국민의 기본권을 지나치게 제한하는 일이다. 따라서 선거권의 제한이 필요하다고 판단되는 수형자의 유형 등으로 선거권 제한 범위를 한정하여 규정하지 않고 금고 이상의 형을 선고받은 모든 수형자의 선거권을 제한하는 것은 부당하다.

판결문 살펴보기 심판 대상 조항은 집행 유예자와 수형자에 대하여 전면적·획일적으로 선거권을 제한하고 있다. 심판 대상 조항의 입법 목적에 비추어 보더라도, 구체적인 범죄의 종류나 내용 및 불법성의 정도 등과 관계없이 일률적으로 선거권을 제한하여야 할 필요성이 있다고 보기는 어렵다. 범죄자가 저지른 범죄의 경중을 전혀 고려하지 않고 집행 유예자와 수형자 모두의 선거권을 제한하는 것은 침해의 최소성 원칙에 어긋난다. 특히 집행 유예자는 집행 유예 선고가 실효되거나 취소되지 않는 한 교정 시설에 구금되지 않고 일반인과 동일한 사회생활을 하고 있으므로, 그들의 선거권을 제한해야 할 필요성이 크지 않다. 따라서 심판 대상 조항은 청구인들의 선거권을 침해하고, 보통 선거 원칙을 위반하여 집행 유예자와 수형자를 차별 취급하는 것이므로 평등 원칙에도 어긋난다. 단, 심판 대상 조항 중 수형자에 관한 부분의 위헌성은 지나치게 전면적·획일적으로 수형자의 선거권을 제한한다는 데 있다. 그 위헌성을 제거하고 수형자에게 헌법 합치적으로 선거권을 부여하는 것은 입법자의 형성 재량에 속하므로 심판 대상 조항 중 수형자에 관한 부분에 대하여 헌법 불합치 결정을 선고한다.

집행 유예자의 선거권 제한

수형자의 선거권 제한

헌법재판소는 공직선거법 제18조 제1항 제2호에 대하여 심판 대상을 집행 유예자와 수형자로 분리하여 집행 유예자에 대한 선거권 제한은 위헌으로, 수형자에 대한 선거권 제한은 2015년 12월 31일까지 개선 입법할 것을 전제로 헌법 불합치 판결을 내렸다.

그러나 재판관 이진성은 다음과 같은 요지로 수형자에 대한 선거권 제한도 단순 위헌을 선언하여야 한다고 주장하였다.

범죄를 저지른 대가로 유죄의 확정 판결을 받은 사람들에 대한 사회적 제재라는 심판 대상 조항들의 입법 목적은 정당하지 않다. 범죄자에 대하여 응보적 기능으로서 일정한 제재의 필요성을 부인하는 것은 아니지만, 그 제재가 참정권 중 가장 기본적 권리인 선거권을 제한하는 방법으로 발현되어야 하는 것은 아니다. 법의 정당성과 준법 의무는 모든 시민이 선거권을 행사하는 것으로부터 직접 도출되는바, 집행 유예자 및 수형자의 선거권을 제한하는 것이 준법 의식을 강화한다고 볼 수 없어 그 수단의 적합성을 인정하기 어렵다.

반면, 재판관 안청호는 집행 유예자에 관한 부분이 위헌이라는 다수 의견에는 찬성하지만, 수형자에 관한 부분은 헌법에 위반되지 않는다고 생각하므로 다음과 같은 반대 의견을 밝히기도 하였다.

심판 대상 조항에 의하여 수형자가 구금 기간 동안 선거권을 행사하지 못하는 것은 수형자 자신의 범죄 행위에 근거한 것으로서 자신의 책임으로 인하여 일정한 기본권 제한을 받는 것이므로, 심판 대상 조항 중 수형자 부분이 보통 선거의 원칙에 어긋난다거나 기본권 침해의 최소성 원칙을 위반한다고 할 수 없고, 수형자의 선거권 제한을 통하여 달성하려는 공익이 선거권을 행사하지 못함으로써 입게 되는 수형자 개인의 기본권 침해의 불이익보다 크지 않다고 단정할 수 없다.

수형자의 선거권에 대한 헌법재판소의 판결 변화

수형자의 선거권을 제한한 법률 조항의 위헌 여부에 대한 헌법재판소의 판단은 다음과 같이 변하여 왔다.

헌법재판소 2004. 3. 25. 선고, 2002헌마411 – 합헌

재판관 1인의 위헌 의견이 있었으나 8인의 합헌 의견에 따라 구 공직선거 및 선거부정방지법(1994년 3월 16일에 법률 제4739호로 제정되고, 2005년 8월 4일에 법률 제7681호로 개정되기 전의 것) 제18조 제1항 제2호의 법률 조항은 과잉 금지의 원칙에 위배된다고 할 수 없으며, 특별히 헌법에 위배된다고 볼 수 없다.

헌법재판소 2009. 10. 29. 선고, 2007헌마1462 – 심판 청구 기각

공직선거법(2005년 8월 4일에 법률 제7681호로 개정된 것) 제18조 제1항 제2호의 법률 조항에 대하여 재판관 5인이 위헌 의견을, 재판관 3인이 기각 의견을, 재판관 1인이 각하 의견을 표시하여 헌법에 위반된다는 의견이 다수이기는 하나, 헌법 소원에 관한 위헌 결정을 위한 심판 정족수*에 이르지 못하여 위헌 결정을 할 수 없으므로, 청구인의 심판 청구를 기각한다.

헌법재판소 2014. 1. 28. 선고, 2012헌마409 – 위헌

공직선거법(2005년 8월 4일에 법률 제7681호로 개정된 것) 제18조 제1항 제2호의 법률 조항

● **심판 정족수** 헌법재판소에서 법률의 위헌 결정, 탄핵의 결정, 정당 해산의 결정 또는 헌법 소원에 관한 인용 결정을 할 때에는 재판관 6인 이상의 찬성이 있어야 한다.

에서 범죄자가 저지른 범죄의 경중을 전혀 고려하지 않고 수형자 모두의 선거권을 제한하는 것은 침해의 최소성 원칙에 어긋나며 보통 선거 원칙 및 평등 선거 원칙에 위배되어 위헌성이 있다.

물음 1 헌법재판소의 두 번째 판결에서처럼, 위헌 결정이나 헌법 소원 심판 청구를 받아들이는 결정을 할 때 일반 정족수보다 더 많은 재판관 6인 이상의 찬성이 있어야 한다고 규정한 이유는 무엇인지 생각해 보자.

물음 2 수형자의 선거권 제한을 규정한 법률 조항의 위헌성 여부를 심판한 헌법재판소의 결정이 달라진 배경에 대하여 생각해 보자.

물음 3 위의 사례 같이 헌법재판소의 결정이 달라질 수 있다는 사실은 어떤 의미를 갖는지 '사법 정의'와 관련하여 생각해 보자.

성전환자 호적 정정 판례
대법원 2006. 2. 22. 선고, 2004스42 판결

나는 '여자'로 태어났다. 육체적으로는 여
자아이였는지 몰라도, 부모님은 장난꾸러
기 남자아이를 키운 것 같다고 기억하신
다. 다섯 살이 되어 분홍색 치마를 입고 유
치원에 가던 날, 나는 울었다. 소꿉놀이를
해야 할 때 절망하였다. 그러나 이것은 시
작에 불과하였다. 치마를 입고도 남자아

성전환자 이야기를 다룬 영화 〈천하장사 마돈나〉의 한 장
면이다.

이들과 신나게 놀았고, 타인에게 사내아이로 기억되길 바랐다. 사춘기 때 '가슴'이
나오기 시작하고부터 나는 내 몸을 더 이상 사랑할 수 없었다. 내 몸이 여성으로 진
화하고, 다른 사람들이 나를 여자로 인식하는 이 모든 상황에서 나는 도피하고 싶었
다. 수없이 나를 죽였다. 선생님과 친구 들은 조롱과 편견의 시선으로 괴롭혔다.

나의 시련은 학교를 졸업해도 끝나지 않았다. 졸업 후 구할 수 있는 일자리가 많지

않았다. 외모와 어울리지 않게 입사 서류에 뒷자리가 '2'로 시작하는 주민 등록 번호를 써야 하였다. 면접에서 사람들은 불편한 시선으로 나를 바라보았고, 나는 비웃음의 대상이 되었다. 만약 취업을 한다 해도 새로운 인간관계 속에 적응할 용기가 없었다. 내가 일할 수 있는 곳을 찾아 헤맸다. 할 수 있는 일은 배달이나 서빙, 운전이었다. 배달과 서빙은 서류를 갖추지 않아도 취업이 가능하였기 때문이다. 겨우 취직을 하였어도 형편없는 임금, 안정적이지 못한 자리에 만족해야 하였다.

마흔이 넘었다. 외로웠다. 가족은 나를 외면한 지 오래였다. 누군가와 함께하고 싶었다. 결혼을 하고 싶었다. 한 여자를 만났고, 사랑하였으며, 함께 살았다. 여자를 사랑하는 슬픈 여자로 더는 살지 않겠다고 마음먹고 성전환 수술을 결심하였다. 한 대학 병원에 나 홀로 입원하여 전신 마취 상태에서 수술을 받았다. 가슴과 자궁, 질 제거술과 음낭 성형 및 인공 고환 삽입술을 받아 남성 성기와 음낭을 갖게 되었다. 그후 계속 남성 호르몬을 투여받아서 남성의 몸을 갖게 되었다. 정신과 검사 결과, 남성으로서의 성적 정체성이 확고하다는 것도 증명되었다.

그러나 성전환 수술이 나의 시련을 끝내지는 못하였다. 병원에서, 은행에서, 부동산에서, 휴대 전화 대리점 등에서 주민 등록증을 요구받을 때마다 남성의 모습을 하고 '2'로 시작하는 주민 등록증을 내미는 나를 어느 누구도 곱게 바라보지 않았다. 주민 등록 성별란을 남자로 고쳐야 할 필요가 절실하였다. 법원에 가서 호적 정정을 요구하였으나 받아들여지지 않았다. 그러나 끝까지 투쟁하였다. 나는 남자로 정정되길 간절히 원한 슬픈 '남자'다.

사실
관계
50대인 이씨는 호적상으로는 여성이다. 하지만 남성 차림을 해야 마음이 편하였다. 스스로 남성이라고 생각하였다. 병원에서 성전환증이란 진단을 받고, 성전환 수술을 받았다. 하지만 호적상으로나 주민 등록상으로는 여전히 여성이었다. 은행에서 통장을 만들 때도 은행 직원은 외모와 주민 등록상 성별이 달라 이상한 눈초리로 쳐다보았고, 기업체 취직은 아예 엄두도 못 냈다.

이씨는 호적에 기재된 자신의 성을 남자로 고쳐 달라며 호적 정정 신청을 하였다.

관련 법률 조항

헌법

제10조

모든 국민은 인간으로서의 존엄과 가치를 가지며, 행복을 추구할 권리를 가진다. 국가는 개인이 가지는 불가침의 기본적 인권을 확인하고 이를 보장할 의무를 진다.

호적법

제120조 (위법된 호적 기재의 정정)

호적의 기재가 법률상 허용될 수 없는 것 또는 그 기재에 착오나 유루가 있다고 인정한 때에는 이해관계인은 그 호적이 있는 지를 관할하는 가정 법원의 허가를 얻어 호적의 정정을 신청할 수 있다.

생 각 해
보 기

1. 성은 무엇으로 결정되는가?

🔍 인간의 성을 결정하는 것은 성염색체이며, 개체의 성은 수정되는 순간 결정된다. 정자와 난자가 수정되어 만들어진 태아는 성별에 따라 각기 다른 성염색체를 갖고, 각 성염색체의 구성에 맞추어 내부 생식기와 외부 성기가 형성되고 발달한다. 성장 과정에서 대부분은 심리적·정신적 성이 출생 시 확인될 수 있는 성염색체 및 내부 생식기, 외부 성기와 일치하여 남성 또는 여성 가운데 하나를 나타낸다.

사람의 성을 결정하는 데에는 생물학적 요소뿐 아니라 개인이 스스로 인식하는 남성 또는 여성으로의 자아 정체성이나 귀속감도 중요하다. 즉, 단순히 Y 염색체의 존재만으로 남성화가 결정되는 것은 아니다. 또한 남성 또는 여성으로서 적합하다고 사회적으로 승인된 행동이나 태도, 성격적 특징 등의 성 역할이 미치는 영향도 크다고 인정된다. 그러므로 성을 결정하는 데에는 생물학적 요소와 정신적·사회적 요인을 종합적으로 고려해야 한다.

2. 성전환자를 인정하는 것이 사회적 혼란을 가져오는가?

성전환증 환자에게도 인권과 행복 추구권이 있음은 인정한다. 하지만 성별은 생명 윤리의 가장 기본적인 것이며, 주어진 자연의 섭리에 순응하는 것이 윤리적인 것이다. 생물학적 성은 염색체가 바뀌지 않는 한 변하지 않는다. 성 정체성 혼란은 심리적·사회적 원인이 대부분이므로 질병 치유의 관점에서 사회가 도움을 주어야지, 성을 바꾸는 것은 도움이 되지 않는다. 정신적·심리적 상담과 교육으로 성 정체성 혼란을 예방하고 치료할 수 있다. 만약 호적을 정정하여 주면 이후 봇물 터지듯 요구가 밀려들지 모른다. 그런데 성전환자에 대한 호적 정정은 병역법·민법·형법과 같은 각종 법률 관계와 사회에 중요한 변화를 초래하는 중대 사안이다. 어느 날 갑자기 아버지가 여자가 되고, 어머니가 남자가 되는 상황이 벌어진다면, 그 자녀가 받을 충격과 혼란을 어떻게 극복할 수 있을까? 병역 문제에서도 남성에서 여성으로 성전환 판결을 받은 사람은 병역 면제 대상이 되는 것은 물론 거꾸로 여성에서 남성으로 호적상 변경이 이루어지면 병역 의무 대상자가 되는 혼란이 생긴다. 또 군 복무 회피에 이용될 우려도 있다. 따라서 소수의 권익이라는 이름으로 사회 공동체의 안정을 훼손해서는 안 된다.

성전환자들은 배척에 대한 두려움, 사회적으로 비난받을지 모른다는 불안감으로 늘 고통에 시달리며, 상당수가 심각한 우울증을 겪고 있다. 성전환증으

로 인하여 주변 사람들로부터 소외를 당하거나 가족과 결별하는 경우도 많다. 일반인처럼 혼인 신고를 하고 보통의 가정을 이루려고 하여도 정정되지 않은 주민 등록 번호로 인하여 큰 어려움을 겪는다. 성전환자의 경우에는 그들이 갖고 있는 성적 정체성과 현재 법률적으로 평가되는 성이 다르다. 성에 관한 호적 기재가 현재의 진정한 신분 관계를 알리지 못하므로, 현재 법률적으로 평가되는 성이 수정되어야 한다. 성전환 수술로 어느 날 아버지가 여자가 되고, 어머니가 남자가 되는 상황이 자녀에게 충격을 줄 수 있다. 하지만 그것이 한 인간에게 불행한 삶을 강요하는 근거가 되어서는 안 된다.

이제껏 성전환자들은 극심한 차별과 편견 속에서 홀로 성 정체성을 찾아 나가고, 자신의 진정한 성별에 맞는 신체를 얻기 위해 기나긴 고통 속에서 살아야 하였다. 그리고 여러 차례 수술을 거친 후에도 호적과 주민 등록증의 성별이 변경되지 않아 직업과 사회생활, 결혼 등에서 철저하게 생존권과 행복 추구권을 박탈당하여 왔다. 또한 병역 기피의 목적으로 성전환을 시도한다거나 성의 변경으로 법률 관계에 큰 혼란을 불러올 수 있다는 것은 지나친 비약으로 보인다. 오히려 성별이 변경되지 않아 개인이 당하는 법적인 손해와 차별이 더 클 수 있다. 또한 이들의 수정된 성을 법률적으로 인정한다고 해서 공공의 이익이 침해되지는 않는다.

현행 법체계는 성의 결정 기준에 대해 별도의 규정을 두고 있지 않지만 성의 결정은 생물학적 요소와 정신적·사회적 요소를 종합해 고려해야 한다. 성전환자도 인간으로서의 존엄과 가치를 향유하며 인간다운 생활을 할 권리가 있다. 성전환자는 출생 시와는 달리 전환된 성이 그의 성이라고 인정받을 수 있다. 반대의 성에 귀속감을 느끼며 반대의 성으로 행동하고, 성전환증 진단을 받고 정신과 치료를 받아도 증세가 호전되지 않으며, 성전환 수술을 받은 뒤 바뀐 성에 따라 활동하며 주위 사람들도 바뀐 성을 허용하고 있다면, 사회 통념상 성전환이 이루어진 것으로 보아야 한다.

신청인은 법률상 혼인한 경력이 없고, 여자로서 자녀를 출산한 경험도 없으며, 성전환 수술 후 비로소 그의 처지를 이해하는 여성을 만나 현재까지 동거하고 있지만 남자로서의 생식 기능은 존재하지 않고, 나아가 신청인은 도로교통법 위반죄로 벌금형을 1회 선고받은 것 외에는 전과가 없고 신용 불량 전력도 없어 신청인이 성별란의 정정 및 개명으로 범죄 또는 탈법 행위를 할 개연성 또한 엿보이지 아니하여 성별 정정을 허락하였다.

성전환자에게 호적상 성별란의 기재 사항을 바꾸어 주어도 기존의 신분 관계 및 권리 여부에 영향을 미치지 않도록 하였고, 호적 정정을 허가하는 경우에는 이에 걸맞은 이름으로 바꾸는 것도 허가할 수 있다.

성전환자 성별 정정

허가
- 대법원 2006 -

성전환자에 대한 성 변경의 문제는 헌법이나 관련 법률을 만들 당시에 전혀 예상하거나 고려하지 않은 새로운 문제다. 새로운 문제에 대해서는 이를 적절하게 규율하려는 입법 목적을 가지고 새로운 법을 만들어 대처해야 한다.

　남녀 간 성의 결정은 개인 삶의 기본 요소가 될 뿐 아니라, 정치·경제·사회·문화의 모든 영역에서 공동생활의 근간이 된다. 또한 윤리적·철학적·종교적 사고와도 밀접한 관련을 갖는다. 인간의 본질적 문제를 어떻게 해결할 것인가는 국민의 의견을 수렴하고 신중한 토론과 심사 숙고의 과정을 거쳐 국회의 법률안 개정을 통해 해결해야 한다.

성전환자 호적 정정 판례들

성전환자 호적 정정에 대한 재판부의 판결 변화

1987. 10. 서울가정법원, "성별은 성염색체에 따라 결정되어야 하므로 성염색체 변화가 없는 이상 성별 정정은 인정되지 않는다." (불허)

1989. 7. 청주지법, "호적 판결은 신청인의 사회적 신분을 결정하기 때문에 신체적 조건을 갖춘 이상 일상생활에서 불편함을 덜어 줄 필요가 있다." (허가)

1990. 4. 천안지원, "정신이나 신체가 완전한 여성인데도 호적상 계속 남성으로 남았을 경우 군 입대 등 사회생활이나 법적 권리·의무 행사에 불편이 크다는 점을 참작하여야 한다." (허가)

1990. 8. 수원지법, "외과적 수술을 하였더라도 성인 여성의 주요한 내부 성기를 갖지 못한 채 일부 해부학적 구조가 인위적으로 만들어져 있다면 우리 사회 상식이나 사회적 가치관에 비추어 완전한 여성이라고 볼 수 없다." (불허)

1995. 10. 서울북부지원, "성전환 수술을 한 사람을 국가가 보호해 줄 필요가 없고 남녀의 성은 천부적으로 타고났으며 이를 인위적 방법을 통하여 변경한 것은 인정할 수 없다." (불허)

2001. 4. 대구지법 가정지원, "우리 법체계는 병역법, 민법, 형법 등 여러 법률에서 국민의 성별을 기준으로 규율을 달리하고 있으므로 성전환을 허용하는 특별법이 아직 없는 이상 호적 정정을 허용할 수 없다." (불허)

2002. 5. 김홍신 의원, '성별의 변경에 관한 특례법' 발의

2002. 7. 부산지법 가정지원, "관련 법률이나 호적법상 명시적 조항이 없다는 이유를 들어 성전환 수술로 성별 정정의 요건을 갖춘 성전환자들의 신청을 배척하고 입법이 될 때까지 기다리라고 할 수는 없다. 변화된 새로운 시대 상황에서 입법자의 의사를 유추해야 하고 호적 정정의 의미에 관해서도 전통적 해석을 넘어 전혀 새로운 방식의 해석을 통하여 현실과 유리되지 않은 진정한 정의를 구현할 필요가 있다." (허가)

2002. 7. 입법 관련 공청회가 열렸으나 회기 만료로 관련법 폐기

2002. 12. 인천지법, 연예인 하리수 씨 호적 정정 허가

2006. 6. 대법원 전원합의체, 호적 정정 허가

- 〈한겨레〉(2006. 6. 22.)

성 전환자 호적 정정에 대한 판결의 내용이 어떻게 변하고 있는가? 그리고 그 이유는 무엇이라고 생각하는가?

성전환으로 인한 신분 관계의 변동

성전환 수술로 여자가 된 아버지. 하지만 법적 서류에는 여전히 '부(父)'로 되어 있다. 그녀는 법적으로도 완벽한 여자이자 어머니가 될 수 있을까?

이런 문제에 대해 재판부는 "호적 정정 허가는 성전환에 따라 법률적으로 새로이 평가받게 된 현재의 진정한 성별을 확인하는 취지의 결정이므로 기존의 신분 관계, 권리·의무에 영향을 미치지 않는다고 해석할 수 있다."고 밝혔다. 즉, 결혼을 하여 자식을 낳은 남자가 성을 전환하여 여자로 호적을 고치더라도 결혼한 여성이나 자식과의 법률적 관계는 여전히 '남편'이고 '아버지'다.

자녀가 겪을 혼란, 신분 관계의 변동에도 불구하고 성전환을 법적으로 허용해야 한다고 생각하는가?

23 총을 들지 않는 사람들

양심적 병역 거부 판례
헌법재판소 2004. 8. 26. 선고, 2002헌가1 결정

오늘 저는 병역을 거부합니다

양심적 병역 거부에 관한 기자 회견을 하는 모습이다.

중세 유럽에서는 마녀사냥 광풍이 몰아쳤다. 이교도의 침입과 종교 개혁으로 혼란스러웠던 그 시기에 '마법'과 '마녀'는 혼란을 잠재우는 주요한 탄압 방법이었다. 기독교 이외의 어떤 사상과 움직임도 용납할 수 없었던 당시 체제에 대해 민중이 느끼는 불만과 저항 의식이 커져 가자, 지배 계층은 이런 불만을 해소할 희생양이 필요하였다.

공동체의 힘 없는 한 여성을 '마녀'라는 이름으로 몰아 가는 일에 증거는 필요치 않았다. 그녀가 단지 교회에 가는 일이 드물거나 너무 자주 나가도, 붉은 머리카락을 가지고 있거나 얼굴에 사마귀가 있어도, 신체 장애가 눈에 띄어도, 너무 우울하거나 아니면 말이 많아도, 너무 가난하거나 부자여도, 너무 영리하거나 아름다워도 마녀로 몰릴 수 있었다. 마녀 집회에 참가하였다는 자백을 받기 위해 손톱 밑 찌르기, 몸에서 표식 찾기, 발바닥 굽기 같은 고문이 행해졌다. 자백을 하지 않을 경우 몸에 돌을 매달아 물에 빠뜨려서 죽으면 마녀가 아니었다고 믿고, 살아나면 마녀가 분명하므로 처형하였다. 무고한 사람들이 고문에 못 이겨 마녀라고 자백하였고, 화형장으로 끌려갔다. 악마와 마법, 마녀가 공동체를 파괴한다는 믿음은 지배 계급과 당시의 지식인인 신부와 법관 들이 만들어 낸 문화적 산물이었다.

여린 감수성을 지닌 시인이자 예수회 신부였던 프리드리히 폰 슈페는 마녀사냥 광기를 향하여 펜과 잉크로 투쟁할 것을 마음먹는다. 그는 마녀재판을 보며 경험하고 관찰하였던 것들을 낱낱이 기록한 《법적 의문점 경고─마녀 재판 과정에서》라는 책을 썼다. 집필과 출판 과정에서 생명의 위협이 있었고, 신학 강사직도 박탈당하였다. 그가 지키려 하였던 것은 누구도 감히 불의에 저항하지 못하던 시대의 꺼지지 않는 마지막 양심이었다.

— 지그프리트 피셔 파비안, 《위대한 양심》 중에서 재구성

정의와 인권이 제도적으로 보장되어 있다는 지금도 자신의 양심과 신념을 지키기 위해 힘든 싸움을 하고 있는 사람들이 있다. 양심적 병역 거부자가 이에 속한다. 이들은 종교나 인도주의, 반전주의에 입각한 양심에 따라 총을 들고 훈련을 하는 병역 의무를 거부한다. 그러나 현행법에 따르면 병역 의무를 거부하면 3년 이하의 징역에 처해지고, 출소 후 전과 기록이 남으며, 공직 생활도 할 수 없다.

병역 의무는 국가 공동체 유지를 위한 공적 의무 중 하나이다. 의무를 이행하지 않는 자에게는 권리도 없다. 더군다나 공동체 유지는 개인의 안전을 위한 전제 조건이다. 그러므로 병역 의무는 반드시 이행하도록 강제되어야 하는 것인가? 아니면 사회 계약 사상에 따르면 천부의 권리를 보장받기 위해 개인들이 동의하여 공동체를 구성한 것이므로 기본적 인권인 양심과 사상의 자유가 우선시되어야 하는가?

박 모 씨는 '여호와의 증인●' 신자이다. 그는 현역병으로 입영하라는 병무청장의 현역 입역 통지서를 받았으나 입영일로부터 5일이 지나도록 응하지 않아 병역법 제88조 제1항 제1호 위반으로 서울지방법원 남부지원에 공소 제기되어 재판을 받았다. 박씨는 병역법 제88조 제1항 제1호가 종교적 양심에 따른 입영 거부자의 양심의 자유 등을 침해한다고 주장하며 법원에 위헌 제청 신청을 하였다. 이를 받아들인 법원은 위 규정에 대해 헌법재판소에 위헌 여부 심판을 제청하였다.

──── **관련 법률 조항** ────

헌법

제19조

모든 국민은 양심의 자유를 가진다.

제20조

① 모든 국민은 종교의 자유를 가진다.

② 국교는 인정되지 아니하며, 종교와 정치는 분리된다.

제37조

② 국민의 모든 자유와 권리는 국가안전보장·질서유지 또는 공공복리를 위하여 필요한 경우에 한하여 법률로써 제한할 수 있으며, 제한하는 경우에도 자유와 권리의 본질적인 내용을 침해할 수 없다.

제39조

① 모든 국민은 법률이 정하는 바에 의하여 국방의 의무를 진다.

② 누구든지 병역 의무의 이행으로 인하여 불이익한 처우를 받지 아니한다.

병역법

제88조 (입영의 기피)

① 현역 입영 또는 소집 통지서(모집에 의한 입영 통지서를 포함한다)를 받은 사람이 정당

● **여호와의 증인** 기독교의 한 종파. 19세기 후반 미국에서 발생하였는데, 〈성경〉만이 인류의 유일한 지침서라 믿으며, 교리에 따라 병역과 수혈, 이혼 등을 금한다.

한 사유 없이 입영 또는 소집 기일부터 다음 각 호의 기간이 경과하여도 입영하지 아니하거나 소집에 불응한 때에는 3년 이하의 징역에 처한다. 다만, 제53조 제2항의 규정에 의하여 전시 근로 소집에 대비한 점검 통지서를 받은 사람이 정당한 사유 없이 지정된 일시의 점검에 불참한 때에는 6개월 이하의 징역이나 200만 원 이하의 벌금 또는 구류에 처한다.

생각해 보기

1. 양심의 자유가 우선인가, 공적 의무가 먼저인가?

🔍 양심의 자유가 우선이다. 양심은 개인적으로 형성되는 것으로, 객관적이고 절대적인 기준이 없다. 저마다 살면서 가꾸어 온 신념과 사상, 가치관에 따라 양심이 만들어진다. 대한민국은 국민 개병제를 택하고 있으며, 남성에게는 병역 의무가 지워진다. 누구나 군대에 가서 총을 들고 군사 훈련을 해야 한다. 대다수는 병역 의무를 당연한 것으로 받아들이고 의무를 다한다. 국가 안보를 위해 공적 의무를 수행하는 것이 양심상 문제가 되지 않을 것 같지만 어떤 사람들은 평소 따르던 종교적 신념이나 가치관에 반한다는 이유로 총을 들고 군사 훈련 받기를 거부한다. 그들은 군사 훈련을 강요받았을 때 심각한 인격적 훼손이나 존재의 상실감을 겪는다고 호소한다. '생명 존중', '평화 추구' 같은 인류의 보편적 가치에서 나온 진지한 결단을 국가는 형벌로 제재한다. 그 때문에 양심을 지키려는 소수자들은 고된 징역살이를 해야 한다. 이것은 지나친 응징이다. 국가는 이들에게 형벌만 가할 것이 아니라 어떻게 양심의 자유를 보장해 줄 것인가를 고민해야 한다.

🔍 공적 의무가 먼저다. 양심이라는 주관적 의지를 모두 인정한다면 반사회적이고 반인권적인 양심까지 인정해야 한다. 수백만 명을 죽인 학살자가 양심에 따른 행위라고 주장하면 그것마저 받아들여야 하는가? 공동체를 유지하기 위해서는 최소한의 잣대와 기준이 있어야 한다. 국가라는 사회 공동체에서 살고

있는 국민은 공동체를 유지하기 위한 공적 부담을 공평하게 부담해야 한다. 공동체의 구성원으로서 부담해야 할 공적 의무 중 하나는 국가의 존립과 안전을 유지하는 병역의 의무이다. 우리나라는 남북 분단이라는 특수한 상황에 처해 있기에 병역의 의무는 더더욱 강조되어야 한다. 병역 의무가 제대로 이행되지 않아 국가의 안전이 보장되지 않는다면 국민의 인간 존엄과 가치도 보장될 수 없다. 신념에 따라 병역을 거부하는 이들의 양심의 자유가 공동체의 안전보다 우월하다고 볼 수 없다. 국가안전보장, 질서유지, 공공복리를 위하여 양심의 자유를 제한하는 것은 헌법상 허용된 정당한 제한이다. 양심에 따른 병역 거부를 인정하면 국가 방위자들이 줄어들고 결국 국가를 위험에 빠뜨릴 수 있다.

2. 대체 복무제[●]를 허용하는 것은 형평성에 어긋나는가?

🔍 양심적 병역 거부권은 국제 사회에서 인정되는 보편적 권리다. 양심적 병역 거부자들은 폭력과 살상을 가정하는 병역은 거부하지만, 비전투 분야에서는 양심과 인권을 지키며 어떤 고난과 긴 대체 복무 기간을 감수하더라도 의무를 다하겠다고 한다. 형평성 논란의 근본 원인은 불합리한 군 복무 제도에서 나오는 것이다. 군 복무 제도의 개선에서 해법을 찾아야 한다.

🔍 양심적 병역 거부자들은 기초적인 군사 훈련과 예비군 훈련은 물론, 전시 국가 방위를 위한 동원 자체도 부정한다. 사실상 병역 면제를 요구하는 것과 다름없다. 대체 복무 기간이 병역 기간보다 길다 해도 생명을 담보로 하는 병역과 달리 안전한 분야에서 복무를 할 것이므로, 이는 형평성에 어긋난다.

판결문 살펴보기 양심상의 결정이 공익에 부합하는 상태로 축소되거나 그 내용에 있어서 왜곡·굴절된다면 이는 '양심'이 아니다. 양심의 자유는 단지 '양심의 자유'와 '공익' 중 하나를 선택하는 것만이 있을 뿐이다. 국가의 존립과 모든 자유의 전제 조건인 '국가 안보'는 대단히 중요한 공익이다. 개인의 자유를 최대한으로 보장하기 위하여 국가 안보를 저해할 수 있는 무리한 입법적 실험을 할 것을 요구할 수 없다.

한국의 안보 상황, 징병의 형평성에 대한 사회적 요구, 대체 복무제를 채택하는 데 따를 수 있는 여러 가지 제약적 요소 등을 감안할 때, 대체 복무제를 도입하더라도 국가 안보에 손상이 없다고 단정할 수 없다. 대체 복무제를 도입하기 위해서는 남북한 사이에 평화 공존 관계가 정착되어야 하고, 군 복무 여건의 개선 등을 통하여 병

● **대체 복무제** 종교적 신념이나 양심에 따라 군사 훈련을 받을 수 없다는 사람에게 군 복무 대신 공익 봉사 요원 등으로 근무케 하는 제도를 말한다. 징병제를 실시하고 있는 국가 가운데 독일과 이스라엘, 타이완 등 40여 개 나라가 양심에 따른 병역 거부 및 대체 복무를 인정하고 있다.

역 기피의 요인이 제거되어야 한다. 나아가 우리 사회에 양심적 병역 거부자에 대한 이해와 관용이 자리 잡아야 한다. 그들에게 대체 복무를 허용하더라도 병역 의무의 이행에 있어서 부담의 평등이 실현되며 사회 통합이 저해되지 않는다는 사회 공동체 구성원의 공감대가 형성되어야 한다. 이러한 선행 조건들이 충족되지 않은 현 단계에서 대체 복무제를 도입하기는 어렵다고 본 입법자의 판단이 불합리하다거나 명백히 잘못되었다고 볼 수 없다.

입법자는 양심의 자유와 국가 안보라는 법익의 갈등 관계를 해소하고 공존시킬 수 있는 방안이 있는지 검토해야 한다. 우리 사회가 양심적 병역 거부자에 대하여 이해와 관용을 보일 정도로 성숙한 사회가 되었는지에 관하여도 진지하게 살펴야 한다. 대체 복무제를 도입하지 않더라도 양심에 우호적인 법 적용을 통하여 양심을 보호하는 조치를 취할 수 있는 법률적 장치를 숙고해야 한다.

양심적 병역 거부자 대체 복무제 불가

헌법재판소는 병역법 제88조 제1항 제1호가 위헌이 아니라는 의견을 내놓는 한편, 양심적 병역 거부자에 대한 법률 장치의 마련을 고민해 보아야 한다고 덧붙였다. 양심적 병역 거부는 인류 평화와 공존에 대한 간절한 희망과 결단을 밑바탕으로 하고 있다. 평화에 대한 이상은 인류가 오랫동안 추구하고 존중해 온 것이다. 양심적 병역 거부자들은 병역 거부가 고된 군 복무를 회피하기 위한 것이 아니라고 말한다. 국가 공동체에 대한 공평한 의무 분담은 하지 않으면서 공동체의 보호만 바라는 것도 아니다. 그들은 공동체의 일원으로서 납세 등 각종 의무를 성실히 수행해야 함을 인정한다. 다만 집총(총을 듦) 병역 의무는 도저히 이행할 수 없으니, 그 대신 다른 봉사 방법을 마련해 달라고 간청하고 있다. 병역 기피는 형사 처벌 대상이어서 이들이 겪어야 하는 불이익은 매우 크다. 특히 병역 거부에 대한 종교적 신념을 가족이 공유하고 있는 경우에는 부자가 대를 잇거나 형제들이 차례로 처벌받게 된다.

우리 군의 전체 병력 수에 비추어 양심적 병역 거부자를 인정한다고 하여 전투력이 크게 감소하고 국방력이 약해진다고 볼 수 없다. 국방의 의무는 병역법에 따라 군 복무에 임하는 직접적인 의무에 한정되는 것이 아니다. 양심적 병역 거부자들에게 현역 복무의 기간과 부담 등을 고려하여 이와 유사하거나 더 높은 정도의 의무를 부과한다면 국방 의무 이행의 형평성이 보장될 것이다. 다른 많은 나라의 경험에서 보듯이 엄격한 사전 심사 절차와 사후 관리를 잘 한다면 진정한 양심적 병역 거부자와 그렇지 않은 자를 가릴 수 있다.

외국의 대체 복무제

평화와 반전을 주장하는 강력한 의지에 따라 병역을 거부하는 사람들이 있다. 그들은 계속 병역을 거부하고 현행법에 따라 반복적으로 형벌을 받는다. 그러나 외국에는 대체 복무제를 도입하여 군 복무의 공평성을 유지하고, 국가안전을 확보하며, 인력을 효율적으로 운영하는 사례가 많다.

독일은 헌법상 병역 거부권을 보장한다. 종교적 이유가 아니더라도 원치 않으면 군대에 가지 않을 수 있다. 대신 현역 복무 기간보다 3개월 긴 15개월 동안 장애인을 위한 봉사 등 공익 분야에서 대체 복무를 해야 한다. 타이완은 중국과 군사적 긴장 관계에 있다는 점에서 우리와 많이 닮았다. 타이완은 지난 2000년, 동아시아 국가로는 처음으로 대체 복무제를 도입하였다. 대체 복무 기간은 현역 복무 기간보다 4~11개월 길다. 비종교적인 이유로 거부할 경우 26개월, 종교적인 이유로 거부할 경우 33개월 동안 사회 복지, 소방, 경찰 등의 분야에서 근무해야 한다. ……타이완의 양심적 병역 거부자인 주앙과 쳰난펑은 노인을 돌보는 일을 한다. 식사를 담당하는 주앙은 아침 6시면 일어나 아침식사를 준비한다. 쳰은 혼자서 32명의 노인을 돌보며 목욕에서 편지 쓰기, 건강까지 일일이 체크해야 한다. 9월부터 이 일을 시작한 두 사람의 손은 벌써 노인에게서 전염된 피부병으로 울긋불긋하다.

- 〈한겨레 21〉(2001. 3. 22.)

물음1 군 복무를 대신하는 대체 복무제가 병역 의무의 형평성을 해치지 않을 수 있는 조건을 말해 보자.

무얼 해서 살란 말인가? 24

시각 장애인의 안마사 독점 관련 소송
헌법재판소 2006. 5. 25. 선고, 2003헌마715·2006헌마368(병합) 결정

보건복지부가 한국보건사회연구원을 통
해 실시한 '2005 장애인 실태 조사'의
결과를 보면 장애인들의 욕구 1순위는
'일'이다.

   사람들은 일을 통해 경제적으로 자립
하며 자신의 꿈을 이루어 나간다. 일은
경제적 측면 못지않게 심리적으로도 많

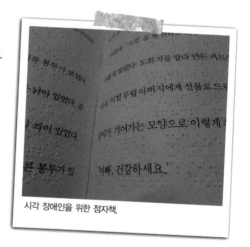

시각 장애인을 위한 점자책.

은 의미가 있다. 성인에게 일은 스스로를 가치 있는 존재라고 평가하는 데 중
요한 기준이 된다. 또한 다양한 사회 활동에 참여할 기회를 가져다주며 대인
관계의 형성에 토대가 된다. 이처럼 일은 심리적으로 자신감을 뒷받침하는 기
초가 된다.

   장애인에게도 일은 마찬가지로 중요하다. 일반적으로 취업을 한 장애인은

그렇지 않은 장애인보다 삶에 더 만족하는 것으로 나타났다. 장애인은 일을 함으로써 성취감을 느끼고, 자아 실현의 기회를 가지며, 사회의 생산적인 구성원이 된다. 일할 준비가 되었는데도 기회를 얻지 못한다면 장애인은 큰 고통과 좌절감을 느낄 것이다. 일은 장애인의 재활을 위해서나 삶의 행복을 위해 꼭 필요하다.

2006년 5월 29일, 시각 장애인 네 명이 마포대교 위에서 시위를 벌이다 한강으로 몸을 던졌다. 그 다음 날에는 시각 장애인 손 모 씨가 자신의 아파트에서 떨어져 스스로 목숨을 끊었다. 이들은 무엇을 위해 자신의 목숨을 건 것일까?

그보다 앞선 5월 25일, 헌법재판소는 시각 장애인에게만 안마사 자격을 주는 것은 일반인의 직업 선택의 자유를 제한하므로 위헌이라는 판결을 내렸다. 안마사 자격증은 시각 장애인의 생존권이 걸린 중대 사안이다. 시각 장애인들은 "장애인고용공단에서 아무리 떠들어도 지체 장애나 청각 장애인만 취직이 되고 시각 장애인은 받아 주는 곳이 없다."라며 분통을 터뜨렸다. 한편 100만 명에 이르는 스포츠 마사지사들은 시각 장애인들에게만 안마사 자격증을 주게 한 법이 자신들을 모두 범죄자로 만들었다며 이번 헌법재판소의 판결을 환영하였다.

목숨을 던져서라도 자신의 처지를 알리려는 시각 장애인들의 직업, 안마사 자격증 문제를 어떻게 해결해야 할까?

사 실 관 계 지금까지 약 90년 동안 안마사 자격증은 시각 장애인에게만 주었는데, 이는 시각 장애인의 생계를 보장해 주기 위해 법에 명시된 것이었다. 안마는 시각 장애인의 거의 유일한 생계 수단이다 시피 해 왔다. 그런데 10여 년 전부터 스포츠 마사지와 경락 마사지 같은 유사 업종이 늘어나면서 시장 개방에 대한 목소리가 높아졌다.

고용노동부와 한국장애인고용공단이 2013년에 발표한 자료에 따르면, 국내 시각 장애인은 약 25만 명 정도로 추산되고 있으며, 전체 시각 장애인의 4퍼센트 수준인 10,000여 명이 안마사로 일하고 있다. 반면 스포츠 마사지 등 유사 업종 종사자는 100만 명에 이른다. 스포츠 마사지 등 유사 업종에 종사하는 사람들은 안마사법 때문에 처벌을 받게 되고 생계도 어려운 상황이다.

스포츠 마사지 등 유사 업종 종사자는 법에 호소하였는데, 문제의 해결은 쉽지 않았다. 일반인에게도 안마사가 시각 장애인에게만 허용되는 업종이라는 법 의식이 형성되어 왔고, 안마사 자격을 시각 장애인에게만 주는 것이 정부의 장애인 복지 정책 차원에서 볼 때 지나치지 않다는 법률적 판단도 있었기 때문이다.(2003년 헌법재판소 합헌 결정, 2002헌가16)

이로 인해 송 모 씨 등은 스포츠 마사지 시술을 가르치는 학원 등에서 교육을 받았지만, 시각 장애인에게만 안마사 자격을 주도록 한 규정 때문에 해당 직종에서 일할 수 없게 되자 헌법재판소에 헌법 소원 심판을 청구하였고, 결국 패소하였다.

2006년, 전국스포츠마사지업소 연합회 회장인 이 모 씨는 시각 장애인이 아니라는 이유로 안마 수련 기관의 입학 신청과 자격 인정 신청이 거부되자 직업 선택의 자유 등을 침해당하였다며 헌법 소원을 냈다.

관련 법률 조항

헌법
제15조
모든 국민은 직업 선택의 자유를 가진다.
제34조

⑤ 신체 장애자 및 질병·노령 기타의 사유로 생활 능력이 없는 국민은 법률이 정하는 바에 의하여 국가의 보호를 받는다.

의료법

제61조 (안마사)

① 안마사는 '장애인복지법'에 따른 시각 장애인 중 다음 각 호의 어느 하나에 해당하는 자로서 시·도지사의 자격 인정을 받아야 한다.

④ 안마사의 업무 한계 및 안마 시술소 또는 안마원의 시설 기준 등에 관하여 필요한 사항은 보건복지부령으로 정한다.

안마사에 관한 규칙

제3조 (안마사의 자격)

① 안마사의 자격 인정을 받을 수 있는 자는 다음 각 호의 1에 해당하는 자로 한다.

1. 초·중등교육법 제2조 제5호의 규정에 의한 특수학교 중·고등학교에 준한 교육을 하는 학교에서 제2조의 규정에 의한 물리적 시술에 관한 교육 과정을 마친 앞을 보지 못하는 사람

2. 중학교 과정 이상의 교육을 받고 보건복지부 장관이 지정하는 안마 수련 기관에서 2년 이상의 안마 수련 과정을 마친 앞을 보지 못하는 사람

생각해 보기

1. 시각 장애인은 어떤 직업을 가질 수 있는가?

앞이 보이지 않아도 할 수 있는 일은 무엇일까? 전화로 상품을 홍보하는 '텔레마케터' 일은 어떨까? "전화 받는 것 자체가 어렵진 않지만, 문서 정리 작업은 일반인에게 많이 뒤처진다."(홍진희, 38세, 서현동) "성과급이어서 소득이 일정하지 않고, 조금만 일을 못해도 즉시 해고를 당한다."(양회섭, 서울맹학교 직업보도부장)

다른 사람의 말을 듣고 컴퓨터 자판을 치는 속기사는 어떨까? "비장애인과 자유 경쟁을 해야 한다는 부담에 하나둘 좌절을 맛보고 있다. 특기할 것은 이들을 절망의 늪으로 밀치는 원인이 실력 문제가 아니라 장애인에 대한 사회의

편견이라는 점이다. 그렇다고 속기사를 시각 장애인에게 특화시킬 수도 없는 상황이다."〔《오마이뉴스》(2003. 1. 24.)〕

시각 장애인을 비롯한 여러 장애인은 비장애인과 자유 경쟁을 통해 자기만의 직업을 가질 수 있을까? 능력도 뛰어나야겠지만 장애인에 대한 사회적 편견을 뛰어넘을 수 있을까? 아니면 장애인이기 때문에 비장애인과는 다른 특별한 대우를 받아야 할까?

2. 특정한 일을 장애인만 하도록 정할 수 있는가?

🔍 정할 수 있다. 장애인에게 '일'은 여러모로 중요하다. 하지만 장애 때문에 비장애인에 비하여 일을 능숙하게 못하며, 사회적 편견은 장애인의 일자리를 더 축소한다. 이런 상황에서 비장애인과 자유 경쟁을 하라는 것은 말도 안 된다. 장애인들만 할 수 있는 일이 보장되지 않으면 그들이 할 수 있는 일은 거의 없다. 이것은 '특혜'가 아닌 '생존'의 문제다.

정할 수 없다. 장애인이 사회적 편견이나 장애 때문에 특별한 위치에 있다는 것은 인정한다. 하지만 그렇다고 특정한 일을 장애인만 할 수 있게 정할 수는 없다. 만약 그 일을 하고 싶은 비장애인이 장애인이 아니기 때문에 그 일을 못하게 된다면 그 또한 차별일 수 있다. 이것은 헌법에 나와 있는 '직업 선택의 자유' 라는 중요한 기본권을 빼앗는 것이다.

3. 대안은 없는가?

안마사라는 직업을 둘러싸고 시각 장애인과 비장애인이 첨예하게 대립하였다. 스포츠 마사지 등이 대중화되면서 안마업 종사자가 늘어났고, 대부분이 불법적으로 안마업에 종사하고 있다. 그래서 합법 대 불법, 생존권 보호 대 직업의 선택권 중에 하나를 선택해야 하는 상황이 계속되어 왔다. 불법 안마사의 합법화와 시각 장애인의 생존이 대척점에 있는 문제인지, 다른 방식으로 서로의 생존을 보호할 방법은 없는지 생각해 보자.

> **판결문 살펴보기**
>
> 보건복지부 장관이 규칙 제정권을 행사함에 있어서 위임의 기준과 범위가 불분명하거나 지나치게 포괄적인 의료법 제61조 제4항을 빌미로 시각 장애인이 아닌 자들이 안마 사업에 종사하지 못하게 규정을 둠으로써 일반인의 직업 선택의 자유를 제한하고 있다.
>
> 안마사 자격 인정에 있어서 비맹 제외 기준은 기본권의 제한과 관련된 중요하고도 본질적인 사항임에도 불구하고 모(母)법률* 에 명확한 규정을 두지 않았다.
>
> 비시각 장애인 제외 기준은 시각 장애인을 보호하고 이들의 생계를 보장하기 위한 것으로서 입법 목적이 정당하다고 하더라도, 특정 직업에 대한 일반인의 진입 자

● **모법률(mother law)** 부령, 시행령, 규칙 따위의 근거가 되는 법률.

체를 원천적으로 봉쇄하고 있어 합리적이고 적절한 수단이라 할 수 없다. 일반 국민의 직업 선택의 자유를 지나치게 침해함으로써 기본권 침해의 최소성 원칙® 에도 어긋나며, 시각 장애인의 생계 보장이라는 공익에 비추어 비시각 장애인들이 받게 되는 기본권 침해의 정도가 지나치게 커서 법익의 균형성® 을 상실하고 있다.

시각 장애인의 독점적 안마사 자격 인정은
 기본권 제한
 - 헌법재판소 2006 -

원만한 사회 생활을 위해 헌법과 법률을 두고 있지만, 너무나 다양한 인간 생활을 모두 법에 반영할 수는 없다. 그래서 세부적인 사항들은 명령이나 규칙, 조례 등을 통해 일반 행정 담당자들이 정할 수 있게 해 두었다. '상위법 우선의 원칙'에 따라 '규칙'은 상위의 법률에 따라 제정되어야 한다. 그런데 보건복지부 장관(행정 담당자)이 의료 '법'에는 없는데도 안마사는 시각 장애인만 할 수 있도록 하는 '규칙'을 만들어서 문제가 되었다. 그에 따르면 일반인은 안마사가되고 싶어도 될 수 없기 때문에 헌법에 있는 '직업 선택의 자유'를 빼앗긴다. 이것은 기본권을 심각하게 침해한 것으로, 인정할 수 없다는 것이 위의 판결내용이다. 그러나 다음과 같은 소수 의견도 있었다.

일반인은 안마사 자격 인정 대상에서 배제되더라도 다른 직업을 선택하여 생계를유지할 수 있을 뿐만 아니라, 만약 안마 등의 직종에서 일하기를 원할 경우 일련의수련 과정과 시험을 거쳐 물리 치료사 자격을 취득하고 그 분야에서 종사할 수 있어

● **기본권 침해의 최소성 원칙** 국민의 기본권이 필요한 정도를 넘어서 조금이라도 더 침해되는 일이 없도록 유의해야 함.
● **법익의 균형성** 공권력의 작용으로 인해 달성하려는 공익과 그로 인하여 침해되는 사익 사이에 합리적인 균형 관계가 성립하여야 한다는 원칙.

피해의 최소성에 반하지 않는다. 무엇보다도 일반인의 직업 선택의 자유를 보호하는 것과는 비교할 수 없을 만큼 시각 장애인의 인간다운 생활을 보장해 주어야 하는 공익이 월등히 우선한다고 할 것이므로, 시각 장애인의 생계 보장 등 공익을 위하여 비시각 장애인의 직업 선택의 자유를 어느 정도 제한하는 것은 법익의 균형성에 반하지 않는다.

시각 장애인의 어려운 처지를 생각하여 국가가 이들의 생계를 보장하기 위하여 공익적인 정책을 세웠는데, 그것이 일반 국민의 기본권을 침해하게 되어 논쟁이 벌어졌다.

그런데 2008년과 2010년, 2013년에 헌법재판소에서 시각 장애인의 안마사 독점권을 다시 인정하는 판결이 나왔다. 시각 장애인만 안마사 자격증을 취득할 수 있도록 하는 개정 의료법 조항은 합헌이라는 것이다. 헌법재판소는 시각 장애인이 안마사라는 직업을 독점하는 것은 약자 보호의 차원에서 필요하며 이것이 비장애인의 직업 선택의 자유를 침해하지 않을 것으로 판단하였다. 이는 헌법 제34조의 정신을 살린 것으로 볼 수 있다. 우리나라 헌법 제34조에는 "신체 장애자 및 질병·노령 기타의 사유로 생활 능력이 없는 국민은 법률이 정하는 바에 의하여 국가의 보호를 받는다."라고 되어 있다.

장애인 취업의 현주소

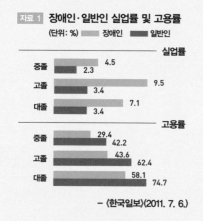

자료 1 장애인·일반인 실업률 및 고용률
(단위: %) 장애인 일반인

실업률
- 중졸 4.5 / 2.3
- 고졸 9.5 / 3.4
- 대졸 7.1 / 3.4

고용률
- 중졸 29.4 / 42.2
- 고졸 43.6 / 62.4
- 대졸 58.1 / 74.7

– 〈한국일보〉(2011. 7. 6.)

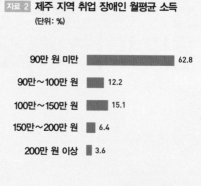

자료 2 제주 지역 취업 장애인 월평균 소득
(단위: %)

- 90만 원 미만 62.8
- 90만~100만 원 12.2
- 100만~150만 원 15.1
- 150만~200만 원 6.4
- 200만 원 이상 3.6

– 〈한겨레〉(2009. 1. 7.)

장애인 취업을 둘러싼 두 가지 자료이다. 자료 1을 보면, 장애인이 일반인에 비하여 실업률이 매우 높고 고용률이 매우 낮음을 알 수 있다. 취업한 장애인의 경우에도 낮은 소득이라는 문제점에 직면해 있다는 것을 자료 2를 통해 알 수 있다. 특히 시각 장애인의 경우 취업을 하기가 그만큼 더 어렵다는 사실을 감안한다면 '시각 장애인의 안마 사업 독점'에 대한 헌법재판소의 판단(합헌)도 이해할 수 있는 부분이다.

그렇지만 자료 1을 참고하여 일반인의 입장도 세밀하게 살펴볼 필요가 있다. 상대적으로 장애인보다는 나은 상황이긴 하지만 취업하기가 무척 어려운 요즘 상황을 생각해 보면, '시각 장애인의 안마 사업 독점'에 대해 민감하게 대응하는 일반인의 행동도 이해하지 못할 일은 아니다. 그런 만큼 앞으로도 논쟁은 지속될 것으로 보인다.

'시각 장애인의 안마사 자격 독점' 사례처럼 헌법이 보장하고 있는 기본권들이 서로 충돌하는 경우로는 어떤 것이 있을까?

4

우리를 둘러싼
환경의 재발견

매일 아침 산책을 다녔던 우리 집 뒷산에 터널을 뚫고 큰 도로를 만든다면?
우리 집에서 승용차로 서너 시간 거리에 있는 새만금의 갯벌이 사라진다면?

　우리 집 뒷산에 터널이 만들어지면 깨끗한 공기와 조용한 아침 산책로를 잃게 되기 때
문에 나는 터널 공사에 반대하는 소송을 제기할 수 있다. 터널 공사를 하기 전에는 환경
영향 평가를 거쳐야 하는데, 우리 집은 대상 지역에 속할 가능성이 높다. 하지만 나는 시
간도, 변호사를 구할 돈도 없기 때문에 소송할 수 없다.

　반대로 나에게 소송을 제기할 돈과 시간이 있다 해도 법적으로 새만금 사업에 반대할
자격이 없다. 환경 영향 평가 대상 지역 밖에 살고 있는 사람들에게는 소송 자격을 주지
않기 때문이다. 갯벌이 없어져 그곳 바다의 오염이 심해지면 다양한 해산물을 먹을 수
없고, 오염된 바닷물이 해류를 타고 내가 사는 앞바다까지 오게 될 것이다. 그런데도 왜
내겐 자격이 없는가? 그리고 그 정도의 피해는 참아야 하는 건가?

　헌법 제35조는 "모든 국민은 건강하고 쾌적한 환경에서 생활할 권리를 가지며, 국가
와 국민은 환경 보전을 위하여 노력하여야 한다."라고 하였지만, 이 규정은 여전히 선언
적이다. 과거에 비하면 환경권에 대한 인식이 높아졌다. 환경 오염으로 인한 피해를 보
상하도록 하고 있고, 피해 사실의 입증 책임을 상대적으로 약자인 피해자에게 묻지 않는
등 점차 진보하고 있음을 몇몇 판례들을 통해 확인할 수 있다. 그러나 여전히 개발 사업
으로 인한 피해를 금전적 손실로만 계산하려 하고, 개발 이익을 앞세워 좀 참으라고 요
구하기도 한다. 풀 한두 포기 사라지는 것, 도롱뇽 한두 마리 죽는 게 뭐 그리 대수냐며
강변하는 사이, 우리 아이들은 도롱뇽을 화석으로 만나게 되는 건 아닐까? 그것은 궁극
적으로 인류의 삶 자체를 위태롭게 할지도 모를 일이다.

25 법은 약자를 보호하는가?

김 양식장 오염 사건
대법원 1984. 6. 12. 선고, 81다558 판결

김 양식장의 전경이다.

2012년 2월에 법률소비자연맹이 전국 성인 남녀 1,106명을 대상으로 실시한 법의식 조사 결과에 따르면, 77.2퍼센트의 사람들이 법원 재판이 불공정하다고 답하였고, '유전무죄 무전유죄'라는 생각을 가진 응답자도 77.7퍼센트에 달하였다. 국민 절대 다수가 우리 사회에서는 법에 의한 정의가 실현되고 있지 않으며, 법보다 돈과 권력이 큰 힘을 발휘한다고 생각하고 있음을 알 수 있다. 하지만 법의 정신은 정의를 실현하는 것이고, 정상적인 사회라면 정의의 힘이 돈과 권력보다 훨씬 강해야 마땅하다. 그래서 우리 국회는 약자의 권익을 보호하는 정의로운 법을 만들려고 노력하고 있고, 우리 법원은 법과 양심에 따른 판결을 내려서 우리 사회에 법의 정의

를 실현하고자 꾸준히 노력하고 있다.

국회가 제정한 '제조물책임법'이 그 예로, 이 법은 제조물의 결함으로 소비자의 생명, 신체 또는 재산상의 피해가 생긴다면 제조자가 자신의 과실 여부에 상관없이 그 피해를 배상하도록 하고 있다. 이 법이 제정됨으로써 소비자가 자신이 구매한 상품 때문에 피해를 입었을 때 제조자가 일부러 혹은 실수로 그런 상품을 만든 게 아니라 하더라도 피해를 배상받을 수 있게 되었다. 상대적 약자인 소비자의 피해 구제가 훨씬 쉬워졌고, 소비자 권익이 강화되었다.

환경 관련 법 원칙으로 제조물책임법과 유사하게 과실 여부와 상관없이 책임을 묻는 일응 추정의 원칙*이 있다. 이제부터 법원이 '일응 추정의 원칙'을 확립한 획기적인 판례를 살펴보자. 이 판례는 법원이 어떻게 약자를 보호하는지 보여 준다.

사실 관계

1967년 4월~ A화학주식회사는 유황, 염화칼륨, 기타 화공 약품과 물을 주요 원료로 하여 비료를 제조하였는데, 생산 실적을 보면 1967년 5만 7,699톤, 1968년 26만 7,601톤을 생산하는 등 매년 생산량이 증가하였다. 공장에서 사용하는 물의 양은 하루에 약 8,500톤이었고, 이 중 2,000 ~ 3,000톤을 폐수로 진해 앞바다에 배출하였다.

1969~1970년 어민 정 모 씨는 진해 앞바다에 김 양식 시설을 설치하고 사업을 벌였으나, 양식하는 김에 김갯병이 생겨서 큰 피해를 보았다. 김갯병은 여

● **일응 추정의 원칙** 일반적으로 입증 책임은 권리를 주장하는 사람이 지는 것이 원칙이지만 어떤 사실이 있음을 증명하려면 지식, 기술, 돈이 많이 필요해 상대적 약자인 일반 국민이 그것을 증명하기가 너무 어려운 경우가 있다. 이런 때에는 일단 그런 사실이 있었다고 추정하고 상대적 강자인 상대편에서 그런 사실이 없었다는 것을 증명하지 않는 한 그대로 인정하자는 원칙이 '일응 추정의 원칙'이다. 그리고 이처럼 피해자가 일부 인과 관계를 입증하고 반대편에서 그 반증을 제시하지 못하는 경우, 인과 관계가 있으므로 손해 배상 책임이 발생한다고 보는 것을 '입증 책임의 완화'라고 한다.

러 가지 원인으로 생길 수 있는데, 임해 공업 단지에서 흘려보내는 산업 폐수도 원인 중 하나라는 것이 밝혀졌다.

1974년 정씨는 "A화학주식회사에서 김 양식에 악영향을 줄 수 있는 폐수를 방류하였고, 그 폐수 중 일부가 김 양식장에 도달한 뒤 김갯병이 발생하여 큰 피해를 입었다."라고 주장하며 A화학주식회사를 상대로 손해 배상 소송을 제기하였다. 이에 대해 A화학주식회사는 "우리 회사에서 방류한 폐수가 정씨의 김 양식업에 피해를 주었다는 것은 확실하지 않다. 우리 회사가 방류한 폐수의 양은 김 양식업에 피해를 줄 만한 양이 아니기 때문이다. 만일 정씨가 우리 회사에서 방류한 폐수에 의해 김갯병이 유발되었다는 것을 증명하지 못한다면 손해를 배상할 수 없다."라고 항변하였다.

관련 법률 조항

민법
제750조 (불법 행위의 내용)
고의 또는 과실로 인한 위법행위로 타인에게 손해를 가한 자는 그 손해를 배상할 책임이 있다.

생각해 보기 **환경 오염 소송에서 입증 책임˚을 누가 지는가?**

🔍 원고인 정씨가 공장 폐수가 김갯병을 유발하였다는 것을 입증해야 한다. 소송을 제기한 사람이 자신에게 왜 그런 권리가 있는지 입증하는 것이 당연하기 때문이다. 이 사건에서 소송을 제기한 사람은 정씨

이므로, 그가 배상을 받아야 하는 이유를 설명하고 그 증거를 제시해야 한다. 만일 소송에서 지면 막대한 손해 배상을 해야 하는 피고에게 손해 배상 책임이 없음을 입증하게끔 한다면, 아무나 원고가 되어 이기면 좋고 져도 그만이라는 생각으로 마구 손해 배상 소송을 제기할 것이다. 이것은 불합리하게 원고를 우대하고 피고를 차별하는 것이다.

🔍 피고인 A화학주식회사가 공장 폐수가 김갯병을 유발하지 않았다는 것을 입증해야 한다. 보통의 경우라면 원고인 정씨가 자신이 왜 배상을 받아야 하는지 그 이유를 설명하고 증거를 제시해야 한다. 하지만 이 사건처럼 공장 폐수

● **입증 책임** 법원이 법을 적용하기 위해서는 일단 어떤 사실이 있었는지 없었는지가 분명해야 한다. 만일 그것이 불분명하다면 법원은 그 사실이 있었다고 혹은 없었다고 전제하고 재판을 진행할 수밖에 없는데, 이러한 전제는 원고나 피고에게 불리하게 작용할 수 있다. 그러므로 원고나 피고는 불리해지지 않기 위해 어떤 사실이 있었음을 혹은 없었음을 증명해야 하는데, 이를 입증 책임이라고 한다.

방류 후 김 양식장에 피해가 발생한 경우, 공장 폐수가 김 양식장 피해의 원인이라는 사실을 평범한 서민인 정씨가 입증하는 것은 사실상 불가능하다. 높은 기술력과 막대한 돈이 필요하기 때문이다. 그러므로 이런 예외적인 상황에서는 정씨에 비하여 훨씬 높은 기술과 많은 돈을 가진 A화학주식회사가 양식장에 피해를 초래하지 않았다는 사실을 입증하게 하는 것이 정의와 형평의 원칙에 맞는다.

판결문
살펴
보기

일반적으로 불법 행위로 인한 손해 배상 청구 사건에서 가해 행위와 손해 발생 간의 인과 관계의 입증 책임은 청구자인 피해자가 부담한다. 하지만 이 사건처럼 기업이 배출한 폐수가 바닷물을 오염시켜 양식장에 피해가 발생한 경우에는 그 경로가 복잡하고 어떤 오염 물질이 얼마나 많이 바닷물에 흘러들어 가야 그런 피해가 발생하는지를 개인이 모두 과학적으로 밝히는 데는 어려움이 있다. 그렇기 때문에 만일 피해자에게 가해 행위와 손해 발생 간의 인과 관계를 모두 과학적으로 증명하라고 요구한다면 사실상 손해 배상을 거부하는 것이나 마찬가지다. 하지만 가해 기업은 조사에 필요한 기술과 자금을 가지고 있으므로 피해자보다 훨씬 나은 처지에 있다. 그러므로 가해 기업이 자신이 배출한 오염 물질이 김 양식장의 피해를 초래하지 않았다는 것을 입증해야 하고, 만일 입증하지 못한다면 손해 배상 책임을 져야 한다고 보는 것이 정의와 형평의 원칙에 맞는다고 할 수 있다.

바닷물 오염으로 발생한 이 사건에서 ①피고 공장에서 김의 생육에 악영향을 줄 수 있는 폐수가 배출되었고, ②그 폐수 중 일부가 바닷물의 흐름을 통하여 이 사건 김 양식장에 도달하였으며, ③그 후 김에 피해가 있었다는 사실이 증명된 이상 피고 공장의 폐수 배출과 양식 김에 병이 발생함으로 말미암은 손해 간의 인과 관계가 일응 증명되었다고 할 수 있다. 그러므로 피고가 ①피고 공장 폐수 중에는 김의 생육에 악영향을 끼칠 수 있는 원인 물질이 들어 있지 않으며, ② 원인 물질이 들어 있다 하더라도 김에 나쁜 영향을 줄 정도는 아니어서 공장 폐수가 김 양식장 피해를 초래한 것은 아니라는 것을 증명하지 못한다면 그 피해에 대한 손해 배상 책임을 져야 마땅하다.

가해 기업이 자신에 의한 피해가 아님을 입증하지 못하면

바다로 흘러들어 간 공장 폐수가 김갯병을 유발하였다는 것을 과학적으로 증명하려면 높은 수준의 기술과 많은 자금이 필요하다. 기술과 돈이 부족한 일반 국민이 이것을 입증하는 데에는 어려움이 있다. 그러므로 공장 폐수 방류 이후 김 양식장에 피해가 발생하였다면, 일응 추정의 원칙에 따라 피해자가 그것을 증명하지 못하더라도 일단 공장 폐수가 김 양식장의 피해를 초래하였다고 추정하는 것이 정의와 형평의 원칙상 타당하다. 그리고 가해 기업은 해당 기업이 배출한 폐수가 김갯병을 유발하지 않았다는 것을 증명해야 하고, 만일 증명하지 못한다면 김 양식장에 발생한 손해를 배상해야 한다는 것이 이 판결의 요지다.

많은 국민이 우리 사회에서 법보다는 돈이나 권력이 큰 힘을 발휘하고, 심지어 법은 돈과 권력의 편이라고 생각한다. 하지만 이 판결은 법이 정의를 실현하기 위해 존재한다는 것을 보여 주었다. 대법원은 일반 국민이 인과 관계를 입증하려면 많은 돈과 기술이 필요한 경우 개인이 인과 관계를 증명하지 못하더라도 일단 인과 관계가 있다고 추정하고, 상대적으로 돈과 기술을 가진 기업이 인과 관계가 없다는 것을 증명하도록 하는 '일응 추정의 원칙'을 확립함으로써 상대적 약자인 일반 국민을 보호하였다.

의료 사고 발생 시 입증 책임은 누가 지는가?

A대학 병원에서 갑상선 환자는 위를 절제하고, 위암 환자는 갑상선을 제거한 의료 사고가 발생하였다. B대학 병원에서는 입원 중인 환자가 제때 응급 처치를 받지 못해 혼수상태에 빠진 뒤 사망한 의료 사고가 발생하였다. C대학 병원에서는 의료진이 간암이라 진단하고 개복 수술을 하였으나 암세포가 발견되지 않아 다시 봉합하는 의료 사고가 발생하였다. 한국소비자보호원에 따르면, 이러한 의료 사고의 피해구제접수건수는 2008년 603건, 2009년 711건, 2010년 761건, 2011년 833건으로 해마다 느는 추세다.

문제는 의료 사고가 발생하였을 때 환자 측이 그 피해를 고스란히 떠안는 경우가 많다는 점이다. 현행 의료법상 의료 사고 피해자들이 손해 배상을 받으려면 피해자가 의료 과실을 입증해야 하는데, 정보와 지식이 부족한 일반인이 의사가 의료 행위를 잘못하여 피해가 발생하였다는 것을 입증하는 것은 거의 불가능하기 때문이다. 그래서 의료 사고로 인한 분쟁은 한 해 약 2,000건 이상 발생하지만, 환자가 소송에서 이길 가능성은 20~30퍼센트에 불과하다.

이런 현실을 개선하고자 그동안 의료소비자시민연대 등의 시민 단체는 의료 사고가 발생하였을 때 비전문가인 환자가 전문가인 의사의 과실로 의료 사고가 발생하였다는 것을 입증하기란 사실상 불가능하므로, 입증 책임을 전환하여 의료 기관이 자신의 과실 없음을 입증하도록 하는 법을 제정해야 한다고 주장해 왔다. 반면에 의료계는 입증 책임의 전환을 도입할 경우 의사는 소극적이고 방어적인 진료를 할 수밖에 없고, 현재 대법원 판례가 입증 책임의 전환을 인정하고 있으므로 굳이 의료 사고 관련법에 그것을 명시적으로 규정할 필요는 없다고 주장해 왔다.

양측의 팽팽한 줄다리기로 의료 분쟁의 해결을 위한 법 제정은 지난 23년간 미루어져 오다, 드디어 2011년 4월 '의료 사고 피해구제 및 의료분쟁 조정 등에 관한 법률'이 제정되었다. 그리고 이 법에 따라 설치된 '한국의료분쟁조정중재원'이 2012년 4월 문을 열었다. 이제 의료 사고가 발생하면 환자나 의료인 모두 한국의료분쟁조정중재원에 조정과 중재를 신청할 수 있다. 조정, 중재 기간은 최대 120일이다. 비용도 일정액의 수수료만 부담하면 된다. 의료 소송에 1심만 평균 26개월이 걸리고, 소송 비용도 착수금 500만 원 이상, 성공 보수금 10~25퍼센트임을 고려하면 획기적인 변화라고 할 수 있다.

의료 소송에서 환자가 처한 가장 큰 어려움인 입증 책임의 부담도 줄어들었다. 의료인 2명, 검사 1명, 변호사 1명, 소비자권익위원 1명으로 구성된 '의료사고감정단'에서 의료 과실 유무를 판단하기 때문이다. 그리고 감정단의 감정 결과를 반영하여 법조인 2명, 보건 의료인 1명, 대학교수 1명, 소비자 권익 위원 1명으로 구성된 '의료분쟁조정위원회'에서 손해 배상액을 산정하거나 조정, 중재 결정을 한다.

현재 의료분쟁조정제도는 자리를 잡아 가는 단계에 있고, 아직 시민 단체와 의료계 양측으로부터 불만의 목소리가 높다. 시민 단체는 입증 책임이 완전히 전환되지 않았다고 비판하고 있고, 의료계는 의사들에게 지나치게 큰 부담을 지우고 있다며 참여에 소극적이다. 그러나 의료분쟁조정제도는 의료 사고로 인한 피해를 신속하고 공정하게 구제하고 의료인의 안정적인 진료 환경을 조성하기 위해 도입된 제도라는 점을 생각할 때, 환자와 시민 단체, 의료인 모두 조금씩 양보하여 이 제도의 취지와 장점을 잘 살려 나가는 것이 바람직하다.

영화 〈괴물〉을 생각해 보자. 2010년 8월 용산 미군 기지에서 포름알데히드를 한 강에 대량 방류한 후 2012년 5월 한강에 괴물이 출현하였고, 2012년 7월 한강변 에서 편의점을 운영하던 박씨의 딸이 괴물에 납치되어 사망하였다고 가정해 보 자. 이때 박씨가 딸의 죽음은 포름알데히드를 무단 방류한 미군 기지의 책임이라 는 것을 입증해야 할까, 아니면 미군 측이 포름알데히드를 무단 방류한 것이 박 씨 딸의 죽음과 상관없다는 것을 입증해야 할까?

가시넝쿨 속에서 핀 검은 민들레

박길래 진폐증 판례
서울민사지방법원 1989. 1. 12. 선고, 88가합2897 판결

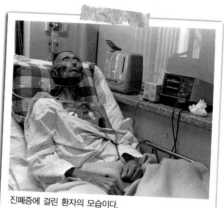

진폐증에 걸린 환자의 모습이다.

나 박길래는 일찍이 고아가 되어 정읍의 작은 아버지 댁에서 자랐다. 열여섯 살 되던 해에 혼자 힘으로 살아 보려고 무작정 서울로 올라와 식모살이에서부터 직공, 행상에 이르기까지 억척스럽게 일을 하였다. 그러다가 조그마한 옷 가게를 차렸고, 장사도 제법 잘 되었다.

결혼할 나이는 훨씬 지났지만 그보다도 살 집을 갖고 싶었다. 시내를 좀 벗어나 여기저기 알아보니 가지고 있는 돈 액수에 맞는 아담한 집이 있었다. 서울시 중랑구 상봉동에 있는 집이었다. 이제 고생이 끝났다고 생각하면서, 이사한 날 밤 나는 혼자 많이도 울었다. 그러나 그곳이 죽음의 구렁텅이일 줄이야……

새 집으로 이사온 지 3년째 되던 1982년. 이상하게 자주 피곤하고 감기가 잦더니

심한 기침과 가슴의 통증 때문에 견딜 수가 없었다. 장사는커녕 걸음조차 걸을 수가 없을 정도였다. 앞도 잘 보이지 않았다.

이 병원 저 병원 수없이 다녀 보고 아무리 약을 먹어 봐도 나아지지 않고 오히려 더 심해질 뿐이었다. 고통은 4년 동안 계속되었고, 결국 가슴을 갈라 폐 조직 검사를 하기로 하였다.

검사 결과는 '진폐증' 이었다. 진폐증……. 처음 들어 보는 말이었다. 약도 없는 불치병이라고 하였다. 잘려진 폐는 탄가루가 새까맣게 눌어붙어 마치 탄 덩어리 같았다. 탄광촌에서 산 적도 없고, 연탄 공장 노동자도 아닌 평범한 내가 어떻게 이런 끔찍한 병에 걸릴 수 있단 말인가? 누구에게 책임을 물어야 하나? 하늘에 원망을 해야 하나?

– 신영식, 《하나뿐인 지구》 중에서

사 실
관 계

박길래 씨는 1979년 4월에 서울 상봉동으로 이주하여 1987년 5월까지 살았다. 상봉동으로 이사온 뒤인 1982년경부터 갑자기 호흡기 장애 현상이 심해져 치료를 받았는데, 1986년 국립의료원 검진 결과 '진폐' 라는 불치병 판정이 났다. 그 원인은 거주지 근처에 있는 K산업 S 연탄 망우공장 저탄장에서 날아온 탄가루임이 밝혀졌다.

하지만 이 소식을 들은 연탄 공장은 시치미를 떼면서 책임을 회피하였다. 그리고 죽어 가는 박길래 씨를 위로해 주기는커녕 온갖 공갈 협박을 하며 업신여겼다. 동네 주민들도 박씨를 피하고 박씨 때문에 집값이 떨어지게 생겼다며 욕을 하였다. 참다못한 박씨는 세검동으로 이사를 하였다. 상봉동을 떠나왔지만 합병증이 잇달았고, 눈이 아파 거의 감고 지내야 하였다. 억울함과 분함 때문에 마음이 더 아파 견딜 수 없었다.

병원비를 대느라 돈은 바닥났고, 빚더미에 올라앉았다. 쇼핑백을 접는 일로 하루 2,000~3,000원을 벌며 힘겹게 생활하였다. 어느 날 연탄 공장 근처에 사는 친구에게 사정해 보기 위해 찾아간 박씨는 끔찍한 장면을 목격하였다. 연탄 공장에서 석탄 가루를 실은 트럭이 덮개도 안 덮고 가고 있었던 것이다. 서울 시내만 하더라도 그런 연탄 공장이 17개나 되었다. 박씨는 주민들 가운에 자신과 같이 죽어 가고 있는 사람이 또 있을 거라는 생각에, 이 문제를 사회에 널리 알리고 탄가루가 없는 맑은 서울 하늘을 만들어야겠다며 연탄 공장을 상대로 소송을 제기하였다.

관련 법률 조항

헌법

제35조

① 모든 국민은 건강하고 쾌적한 환경에서 생활할 권리를 가지며, 국가와 국민은 환경 보전을 위하여 노력하여야 한다.

② 환경권의 내용과 행사에 관하여는 법률로 정한다.

③ 국가는 주택 개발 정책 등을 통하여 모든 국민이 쾌적한 주거 생활을 할 수 있도록 노력하여야 한다.

생각해 보기

1. 얼마나 참아야 보상을 받을 수 있는가?

'수인 한도론'이란 사회 공동 생활을 하는 이상 다른 사람에게 어떤 피해를 준다 할지라도 서로 어느 정도까지는 참아야 할 범위가 있다는 것이다. 박길래 씨의 진폐증 사건에서도 수인 한도론의 범위가 쟁점이 되었다.

🔍 피고인 S연탄 공장은 석탄 자원의 효율적 이용과 국민 연료 생활의 향상에

이바지해 온 공익적 성격이 있는 점, 그리고 연탄 공장이 1957년에 먼저 들어서고 그 뒤에 인근 주거지가 형성된 점 등을 감안할 때 주민들이 석탄 가루 피해에 대해 어느 정도는 '수인할(참아야 할) 의무' 가 있다고 주장하였다.

🔍 원고인 박길래 씨의 변호를 맡은 조영래·윤종현 변호사는 과거 공해 소송에서 위법성을 판단하는 지배적인 이론으로 삼았던 '수인 한도론' 을 새로운 법 논리로 반박하였다. 세계적으로 환경권*의 개념이 확립되면서 수인 한도론에 대한 심각한 반성과 비판이 일고 있는 데다, 우리 헌법도 환경권을 보장하고 있는 만큼 수인 한도라는 개념은 허용될 수 없다는 주장이었다.

2. 공해로 인한 피해는 누가 증명해야 하나?

공해(환경) 소송의 핵심은 인과 관계를 밝혀내는 것이다. 쉽게 말해서 박길래 씨가 연탄 공장의 탄가루 때문에 진폐증에 걸렸다는 점이 입증되어야 한다. 그런

● **환경권** 인간이 건강하고 쾌적한 생활을 누리기 위하여 필요한 조건을 갖춘 환경을 가질 권리. 인간의 기본권 중 하나이며, 인간의 생활을 위하여 요구되는 절대권으로, 모든 사람에게 보장되는 권리다.

데 그 입증의 책임을 누가 지느냐가 또 하나의 쟁점이다. 친구끼리의 싸움에서는 맞은 아이가 이곳저곳 맞은 곳을 보여 주거나 목격한 친구를 증인으로 내세워 입증을 해야만 한다. 하지만 김 양식장 오염 사건에서도 알 수 있듯이, 환경 소송에서는 피해자가 직접 피해를 증명하는 것의 어려움을 인정하고 있다. 이 경우도 마찬가지로 진폐증에 대한 인과 관계의 증명은 피해자 박길래가 아닌 가해자로 추정되는 연탄 공장의 몫이 되어야 한다.

대기 오염이 수인 한도를 넘은 것으로서 위법성을 띠게 되는 것인지의 여부는 침해된 이익의 종류와 정도, 침해 행위의 공공성, 그 지역의 현실적인 토지 이용 상황, 토지 이용의 선후 관계, 가해자의 방지 시설 설치 여부, 손해의 회피 가능성, 환경 영향 평가* 및 민주적 절차의 이행 여부 등을 모두 비교하여 판단하여야 한다.

　대기 오염으로 인한 공해 소송에 있어서는 가해자의 공장에서 대기에 악영향을 줄 수 있는 석탄 가루가 배출되고, 그중 일부가 대기를 통하여 피해자의 거주지 등에 도달하였으며, 그 후 피해자가 진폐증에 걸리는 원인이 되었을 개연성이 있다. 이러한 사정 아래 가해자가 그 공장에서의 석탄 가루 속에는 피해 발생의 원인 물질이 들어 있지 아니하며, 원인 물질이 들어 있다 하더라도 피해 발생에는 영향을 미치지 못한다는 사실을 반증하지 못하는 이상, 그 불이익은 가해자에게 돌려 그 석탄 가루 배출과 피해자의 진폐증 사이에 원인 관계의 증명이 있다고 보아야 마땅하다.

석탄 가루 배출과 진폐증 사이의 원인 관계

● **환경 영향 평가**　각종 개발 계획 및 개발 사업을 수립·시행하는 과정에서 환경에 미칠 부정적인 영향을 미리 예측·분석하고, 부정적 영향을 최소화할 수 있는 방안을 마련함으로써 환경적으로 건전하고 지속 가능한 개발을 유도하기 위해 실시하는 제도.

이 사건은 대기 오염이 인체에 직접적인 피해를 일으킨 사례로, 그만큼 서울의 대기 오염이 심각한 정도에 이르렀다는 징표가 되었다. 1970년대와 1980년대에 고도의 경제 성장을 이루면서 아시아의 맹주로 발전하던 대한민국의 또 다른 모습을 보여 준 사례였다. 이 사건에 대해 《조영래 평전》의 저자인 안경환 서울대 법대 교수는 "여태껏 이름뿐인 장식물에 머물렀던 환경권을 정면으로 끌어내 헌법을 현실 속에 살아 움직이는 일상 규범으로 만드는 데 기여한 공적이 크다."라고 평가하였다.

아직까지도 수인 한도론을 근거로, 경제 성장을 위해서는 국민이 불쾌한 환경 정도는 감내해야 한다는 논리가 큰 힘을 얻고 있다. 헌법에 "모든 국민은 쾌적한 환경에서 생활할 권리"가 있다고 환경권에 대해 밝히고 있지만, 이를 근거로 침해된 권리를 보장받을 수는 없다고 한다. 헌법이 추상적인 법이기 때문이며, 어떤 침해를 받았을 때 어떻게 보상을 받는다는 구체적인 법이 있어야 한다는 논리다. 피해를 입는 사람들이 이 논리에 묻혀서 제대로 보상을 받지 못한다면 그것이 과연 정의로운 것일까? 환경권이 하루빨리 우리 생활 속에 자리 잡아야만 좀 더 정의로운 세상이 될 것이다.

고리 핵 발전소 손해배상 청구소송

일본 후쿠시마 원전 사태를 계기로 원자력 발전소의 안전성에 의문을 제기하는 사람들이 많아졌다. 최근에는 우리나라의 원전에서 작동이 멈추는 등 계속되는 사고들로 인해 원전에 대한 사람들의 불안감이 늘고 있다. 이런 상황에서 고리 핵 발전소 때문에 여러가지 질병에 걸렸다며 손해 배상 청구소송이 제기되어 관심을 끌고 있다.

원전 주변에서 20년 이상 산 가족들 대부분 병에 시달려
정부에 원인 규명 및 손해 배상 청구

이균도 군의 아버지 이진섭 씨는 오는 (2012년) 7월 3일(화) 오전 10시 부산지방법원 정문에서 기자 회견을 열고, 정부를 상대로 고리 원자력 발전소 탓에 일가족 3명이 암과 자폐 등의 병에 걸렸다는 내용의 손해 배상 청구소송을 접수할 예정이다.

　이진섭 씨 가족은 현재 자폐를 앓고 있는 큰아들 균도 군 외에도 대부분이 각종 암에 걸려 투병 중이다. 이진섭 씨 본인은 2011년 대장 내 악성신생물(직장암 코드)이 발견되어 그해 5월 수술을 받았으며, 부인 박금선(46세) 씨도 갑상선암으로 올해 2월 수술(갑상선 양쪽 절개, 임파선 일부 전이)을 받고 항암 치료 중이다. 장모 김일기(73세) 씨 또한 2009년에 위암 수술을 받은 바 있다. 특히 이균도 군은 고리 원전의 반경 3킬로미터 이내인 부산시 기장군 장안읍 좌천리에서 태어났다.

　이와 같은 범상치 않은 이균도 군 가족의 집단 발병의 원인으로 의심되는 곳이 바로 고리 원자력 발전소이다. 모두 20년 이상 기장군 장안읍, 일광면 등 고리 원전 반경 5킬로미터 안에서 살았으며 현재도 고리와 가까운 기장읍에서 살고 있기 때문이다.

　정부에서는 정상적으로 가동되는 핵 발전소에서 방출되는 방사선량은 인체에 무해하다는 입장이다. 그러나 많은 전문가와 국민은 그런 정부의 주장에 대하여 의혹의 시선을 보내고 있다. 최근에는 정부의 조사 자료를 바탕으로 핵 발전소 주변 지역 (5킬로미터) 마을에 거주하는 여성들의 갑상선암 발병률이 다른 지역에 비하여 2.5배 정도 높다는 연구 결과가 발표된 적이 있다. 정부도 제한적이나마 이 연구 결과를 인정한 바 있다. 균도네 가족의 소송이 충분히 근거를 가지고 있는 것이다.

균도네 가족의 이번 손해 배상 청구소송은 원전 주변에 거주하는 주민이 원전을 질병의 원인으로 지목하며 국가를 상대로 제기하는 첫 번째 소송이라는 점에서 역사적 의의가 있다. 핵 발전소의 안전성 신화에 대하여 의문을 제기하는 주변 주민들을 비롯한 모든 국민을 대신하는 소송인 것이다. 소송의 결과에 따라 정부가 그토록 강조해 왔던 핵 발전의 안전성 신화가 무너질 수도 있다. 또한 그동안 원인 모를 질병에 시달려 왔던 원전 주변 지역 주민들이 정부로부터 치료와 보상을 받을 길이 열릴 가능성도 있다.

– 〈노동당〉(2012. 7. 3.)

물음 1

만약 당신이 변호사라면 균도네 가족 측과 정부 측 중에서 어느 쪽을 변호할 것인가? 또한 그 근거는 무엇인지 말해 보자.

양양 양수 발전소 판례
대법원 1998. 9. 22. 선고, 97누19571 판결

양수 발전소.

소송은 아무나 제기할 수 있는 것이 아니다. 우리 사법 제도에서는 몇몇 특별한 경우를 제외하고는 법률이 보호하는 이익을 침해당한 사람만이 소송을 제기할 수 있다. 이런 사람을 일컬어 '원고 적격'이 있다고 한다. 어떤 사람이 소송을 내면 판사는 가장 먼저 그 소송이 '소송 요건'을 충족하는지 판단하는데, 소송 요건 중 하나가 '원고 적격'이다. 즉, 법원은 소송을 낸 사람이 자격이 있는지 없는지를 먼저 판단한다. 만일 원고 적격이 없는 사람이 낸 소송이라면 그 소송을 '각하●'하고, 원고 적격이 있는 사

● **각하** 소송 요건을 갖추지 못한 자가 소송을 제기하였을 때 판사가 그 소송을 부적법하다며 물리치는 것.

람이 낸 소송이라면 그 이유가 타당한지 여부를 심사(본안 심리)한다. 판사는 본안 심리를 하여 원고의 주장이 옳다고 여겨지면 그의 주장을 받아들이고(인용), 그르다고 여겨지면 그의 주장을 물리친다(기각).

지난 1997년에 무려 113명이 함께 소송을 제기하는 사건이 발생하였다. 과연 무슨 일로 이렇게 많은 사람이 소송을 제기하였을까? 그리고 판사는 이 가운데 원고 적격이 있는 이를 어떻게 가렸을까? 이 사건을 살펴보며 원고 적격의 의미에 대해 생각해 보자.

사실 관계 한국전력공사는 강원도 인제군 기린면 진동리 방대천 상류와 강원도 양양군 서면 영덕리 남대천 지류에 양수 발전소 4기를 건설하기 위해 1989년 7월 18일부터 1990년 12월 5일까지 환경보전법 (현재는 환경정책기본법)에서 정한 환경 영향 평가를 마쳤다. 양수 발전소는 발전소의 아래와 위에 저수지를 만들어 놓고, 심야의 남는 전력으로 펌프를 가동하여 아래 저수지 물을 위 저수지에 퍼올려 두었다가 전력 수요가 많은 낮에 위 저수지 물을 흘려보내며 전기를 생산한다. 이런 양수 발전소 계획이 알려지자 113명의 사람들이 통상산업부(지금의 산업통상자원부) 장관을 피고로 양수 발전소 계획을 승인한 처분의 취소를 요구하는 소송을 제기하였다. 이들의 주장은 다음과 같다.

원고 1~4(양수 발전소 건설 사업 구역 내에 토지와 주택을 소유한 사람들) "발전소가 건설되면 내가 가진 논과 밭, 과수원이 모두 저수지에 잠기게 되어 생계를 유지할 수 없고, 오랫동안 살아온 고향을 떠날 수밖에 없다."

원고 5~20(남대천 지류에서 연어 등을 잡아 온 사람들) "강물을 막아 댐을 건설하면 물길이 막혀 더는 연어가 남대천을 거슬러 올라올 수가 없다. 그렇게 되면 우리는 이제 연어를 잡을 수 없게 된다."

원고 21~67(양수 발전소 건설 사업에 관한 환경 영향 평가 대상 지역 안에 사는 사람들) "우리가 사는 곳과 아주 가까운 곳에 대규모 발전소가 건설되면 물길, 지형, 기후, 식생 등 환경이 크게 바뀔 것이다. 그렇게 되면 자연에 의지하여 살아온 우리는 급격한 자연 환경 변화로 물질적·정신적·건강상 피해를 입을 것이다."

원고 68~82(인제군 기린면과 양양군 서면에 걸쳐 있는 점봉산에서 송이버섯을 채취하여 생계를 유지하는 사람들) "우리는 점봉산에서 송이버섯을 따서 팔아 생활해 왔는데, 만일 점봉산 일대가 물에 잠기면 우리의 주요한 수입원이 없어지게 된다. 우리의 생계를 위협하는 발전소 건설은 당장 중단되어야 한다."

원고 83~99(점봉산, 방대천, 남대천의 자연을 연구하고 보존하려는 산악인, 생물학자, 생태 연구가, 사진가) "점봉산, 방대천, 남대천 일대는 태고의 원시림에 다양한 생명체가 서식하고 있어 그 생태학적 가치는 무궁무진하고 남한에서 보기 드물게 빼어난 경관을 자랑한다. 만일 이곳에 발전소가 들어서게 되면 우리는 더 이상 학문적 연구, 예술 활동, 레포츠 활동을 할 수 없다."

원고 100~106(점봉산, 방대천, 남대천의 자연을 아끼고 즐겨 찾는 일반 시민들) "우리는 주말이면 점봉산, 방대천, 남대천 일대를 찾아 삶의 휴식을 얻고 건강을 유지하고 있다. 그러므로 우리에게 더할 수 없이 소중한 이 지역이 물에 잠겨 사라지게 되면 우리가 입을 정신적 충격과 피해는 이루 말할 수 없이 크다."

원고 107~113(환경 보호를 위해 애쓰는 시민 단체 회원들) "점봉산, 방대천, 남대천 일대의 아름다운 자연은 우리 모두의 것이고, 또 아직 태어나지 않은 우리 후손의 것이다. 전력 부족 문제는 댐 건설이 아닌 다른 방법으로 해결할 수 있다. 지금 당장 손쉽게 전기를 얻을 수 있다는 이유로 소중한 자연환경을 없애 버리면 작은 것을 얻기 위해 더 큰 것을 버리는 셈이다. 우리는 후손을 대신하여 발전소를 건설하지 말아야 한다고 주장한다."

그런데 행정소송법 제12조는 처분* 등의 취소를 구할 법률상 이익이 있는 자만 소송을 제기할 수 있다고 규정하고 있다. 그렇다면 위의 113명 중에서 원고 적격이 있는 사람은 누구일까?

관련 법률 조항

헌법
제35조
① 모든 국민은 건강하고 쾌적한 환경에서 생활할 권리를 가지며, 국가와 국민은 환경 보전을 위하여 노력하여야 한다.

행정소송법
제12조 (원고 적격)
취소 소송은 처분 등의 취소를 구할 법률상 이익이 있는 자가 제기할 수 있다. 처분 등의 효과가 기간의 경과, 처분 등의 집행 그 밖의 사유로 인하여 소멸된 뒤에도 그 처분 등의 취소로 인하여 회복되는 법률상 이익이 있는 자의 경우에는 또한 같다.

환경영향평가법
제8조 (환경 영향 평가서의 작성)
사업자는 대상 사업을 하고자 할 때에는 대통령령이 정하는 바에 따라 환경 영향 평

● **처분** 행정·사법 관청이 특별한 사건에 대해 해당 법규를 적용하는 행위.

가에 관한 서류(이하 '평가서'라 한다)를 작성하여야 한다.

제9조 (주민의 의견 수렴)

① 사업자가 평가서를 작성함에 있어서는 설명회 또는 공청회 등을 개최하여 환경 영향 평가 대상 지역 안의 주민(이하 '주민'이라 한다)의 의견을 수렴하고 이를 평가서의 내용에 포함시켜야 한다. 이 경우 대통령령이 정하는 범위의 주민의 요구가 있는 때에는 공청회를 개최하여야 한다.

생각해 보기 원고 적격이 있는 사람을 가려내는 데에는 다양한 기준과 의견이 있을 수 있다. 여러분은 다음 의견 중 어떤 것에 동의하는가?

	기준	원고의 성격	원고의 범위
의견 1	피해 여부	물질적·경제적 피해를 입은 사람	원고 1~4, 원고 5~20, 원고 68~82
의견 2		물질적·경제적 피해뿐만 아니라 신체적·정신적 피해를 입은 사람	원고 1~106
의견 3	법이 보호하는 이익	발전소 개발에 관한 법이 보호하는 이익을 침해당한 사람, 즉 발전소 사업 구역 안에 사는 사람	원고 1~4
의견 4		발전소 개발에 관한 법뿐만 아니라 환경영향평가법이 보호하는 이익을 침해당한 사람. 즉, 발전소 사업 구역 안에 사는 사람뿐만 아니라 환경 영향 평가 대상 지역 안에 사는 사람	원고 1~4, 원고 21~67
의견 5		사는 지역에 상관없이 헌법 제35조에 따라 환경권을 가진 모든 대한민국 국민	모든 원고
의견 6	소송 수행 능력	피해 여부나 사는 곳에 상관없이 발전소 개발에 따른 여러 사람의 피해를 가장 잘 입증하여 판사를 설득할 수 있는 소송 수행 능력을 갖춘 사람	원고 107~113

발전소 개발에 관한 법령 및 환경영향평가법령 등을 만든 것은 발전소 개발 때문에 직접적이고 중대한 환경 피해를 입으리라고 예상되는 환경 영향 평가 대상 지역 안의 주민들이 참을 수 없는 환경 침해를 받지 아니하고 쾌적한 환경에서 생활할 수 있도록 하기 위해서이다. 그러므로 이 주민들이 발전소 개발과 관련하여 갖는 환경상 이익은 다른 일반 국민들이 공통적으로 갖는 추상적·평균적·일반적 이익에 그치지 아니하고 관련법이 특별히 보호하는 직접적·구체적 이익이다. 따라서 환경 영향 평가 대상 지역 안의 주민에게는 소송을 제기할 원고 적격이 있다.

환경 영향 평가 대상 지역 밖에 사는 주민, 일반 국민, 산악인, 사진가, 학자, 환경 보호 단체 등에게는 발전소 개발 사업을 다툴 원고 적격이 없다. 왜냐하면 발전소 개발에 관한 법령이나 환경영향평가법령이 그들의 환경상 이익을 개별적·직접적·구체

적 이익으로 보호하려는 내용 및 취지를 가지는 규정을 두고 있지 않기 때문이다.

환경 영향 평가 대상 지역 안의 주민들만 원고 적격

법원은 환경 영향 평가 대상 지역 안에 사는 사람들에게만 원고 적격을 인정하였다. 그러나 대상 지역 밖에 사는 사람들 중에도 사업의 종류나 특징에 따라, 생계를 꾸려 가는 방식에 따라 대상 지역 안의 주민들 못지않게 금전적·정신적 피해를 입는 사람이 있을 수 있다. 그렇다면 그들에게도 대한민국 헌법 제35조가 정하는 환경권을 근거로 처분의 취소를 구할 법률상 이익이 있다고, 즉 원고 적격이 있다고 주장할 수 있지 않을까? 하지만 아직 우리 대법원은 헌법상 환경권을 근거로 원고 적격을 주장하는 것을 인정하지 않고 있다.

법원은 원고 적격이 인정되는 원고 1~4, 원고 21~67의 주장에 대해서만 본안 심리를 하였고, 심리 결과 양수 발전소 계획을 승인한 처분은 적법하다고 판단하여 원고들의 청구를 기각하였다.

1996년 9월 5일 첫 삽을 뜬 이후 많은 논란을 불러일으키며 법정 다툼까지 갔던 양양 양수 발전소는 우여곡절 끝에 2006년 9월 12일 완공되었고, 25만 킬로와트 용량의 발전기 4기가 설치되었다. 모두 가동할 경우 100만 킬로와트의 전기가 생산되며, 이는 국내 양수 발전소 가운데 용량이 가장 큰 것이다. 한국전력공사는 건설 기간에 마을 종합회관 건립, 농촌 폐기물 처리 시설 건립, 양양중·고등학교 학사관 건립 등 각종 지역 사업에 263억 원을 지원하였다. 그러나 하부댐 인근 지역 주민들이 생태계 파괴와 수질 오염 피해를 주장하면서 한국전력공사와 주민들 간의 갈등이 발생하기도 하였다.

누구까지 원고가 될 수 있는가?

환경 관련 소송에서 원고 적격을 갖는 사람의 범위에 대해 논란이 계속되고 있다. 누구에게까지 원고 적격을 인정해 줘야 국민의 환경권이 실질적으로 보호될 수 있을까?

원고 적격 확대를 주장하는 사람들 환경은 공공재이기 때문에 사적 재화로 취급해서는 안 된다. 환경은 모든 사람, 심지어 아직 태어나지 않은 후손과도 공유하는 것이므로, 특정 지역 안에 사는 사람들에게만 원고 적격을 인정하는 것은 환경이 가진 공공재의 성격을 무시하는 것이다.

원고 적격 확대에 반대하는 사람들 만일 원고 적격의 범위를 지나치게 넓힌다면 아무나 소송을 제기하는 사태가 발생할 수 있다. 그렇게 되면 법원이 처리해야 할 소송 건의 수가 늘어나 법원의 부담이 너무 커져 신중한 판결이 어려울 수 있다.

 여러분의 학교 주변에 자동차 전용 도로와 첨단 공업 단지가 생겨 심각한 소음 공해가 우려된다고 하자. 학습권을 침해받을 수 있다는 이유로 위 도시 계획과 건축 허가를 취소해 달라는 소송을 제기할 수 있을까? 혹은 환경권을 침해받는다는 이유로 소송을 제기할 수 있을까?

 멸종 위기 종으로 보호되고 있는 1급수 환경 지표 종인 도롱뇽의 대규모 서식지에 정부가 터널을 뚫으려 한다. 그런데 터널이 생기면 산 위의 습지가 마르게 되어 도롱뇽이 살 곳을 잃게 되며, 이는 곧 생태계의 파괴로 이어질 수 있다. 이런 상황에서 도롱뇽을 대신하여 소송을 제기할 수 있는 사람은 누구일까?

가야산 국립 공원 내 골프장 건설은 안 돼!

국립 공원 내 골프장 건설 판례
서울행정법원 2000. 1. 7. 선고, 99구4791 판결

산 하나가 만들어지는 데 걸리는 시간은 얼마나 될까? 1센티미터 두께의 흙이 쌓이는 데 약 300년 이 걸린다고 한다. 낙엽이 썩어서 식물이 자랄 수 있는 땅이 되기까지는 150년 이상 걸린다. 그런 데 골프장을 만들 때는 산의 흙을 50~70센티미 터 깊이로 파서 내버리고, 그 자리에 모래와 바위를 빻은 인공 흙을 덮는다. 비옥한 흙에는 풀과 나무 종자들의 어린 싹이 자라나서 골프장 잔디 가 살아남을 수 없기 때문이다. 그뿐 아니라 골

가야산에 골프장이 생기는 것을 반대하는 시민 이 팻말을 들고 시위 중이다.

프장 잔디를 관리하기 위해 독성이 강한 농약을 마구 뿌리니, 비가 내리면 농 약이 빗물과 섞여 흐르며 하천과 지하수까지 오염시킨다. 비가 오지 않을 때도 골프장은 골칫거리다. 골프장의 크기에 따라 다르겠지만, 어떤 골프장은 하루

에 물을 1,000톤씩 끌어다 잔디에 뿌려 댄다. 당장 농사지을 물이 없어 농작물은 말라 죽어 가는데도 골프장 잔디는 파릇파릇하다. 그것을 바라보는 농부의 마음은 어떨까?

2000년에 우리나라의 골프 인구는 300만 명이었고, 골프장은 약 150여 개존재하였다. 그러나 10년 사이 골프장은 220개나 늘어났고, 2010년 현재 전국의 골프장 면적은 국토의 0.4퍼센트에 해당하는 35만 9,000제곱미터이며, 2009년 한 해에만 여의도 면적 10배에 해당하는 면적이 골프장으로 바뀌었다. 가까운 일본과 비교해 보면 우리나라의 골프 열풍이 얼마나 거센지 알 수 있다. 일본은 대부분이 미니 골프장으로, 국토 면적의 0.04퍼센트만을 차지하고 있고, 그나마도 2000년대 초반에 상당수가 경영상의 어려움으로 문을 닫았다.

이러한 골프 열풍을 타고 2004년, 이헌재 당시 부총리는 4~5년 걸리던 골프장 인허가 기간을 4개월로 단축하여 대기 중인 230개 골프장을 좀 더 쉽게 건설하도록 하겠다고 발표한 바 있다.

일부에서는 골프장의 필요성을 역설하기도 한다. 최근 들어 명절이 되면 친지들을 방문하는 대신 해외 여행을 떠나는 사람들로 인천공항이 붐빈다. 그중에는 동남아시아로 골프 관광을 떠나는 사람들이 상당히 많다. 또 국내 골프장은 예약이 꽉 차 있어서 골프를 치고 싶어도 칠 수 없다고 아우성치는 사람들도 있다. 골프를 즐기는 인구는 느는데 골프장이 부족하다면 골프장 건설을 무조건 막기도 어렵다. 게다가 골프장 하나를 지으면 약 20억 원 정도의 종합 토지세를 거두어들일 수 있기 때문에 지방 정부 입장에서도 골프장 건설은 상당히 매력적이다. 또 골프장 손님들에게 지역 농산물을 판매할 수 있고, 지역 주민들이 골프장 직원으로 채용될 수도 있어 골프장이 지방의 경제를 살리는 데 도움이 된다고 주장하는 사람도 있다.

1990년 4월, 건설교통부(지금의 국토해양부) 장관이 가야산 국립 공원의 공원 보호 구역 일부를 공원 구역으로 편입시킴에 따라 골프장 건설이 가능해졌다. 성주군은 ㈜G개발을 가야산 국립 공원 내 골프장 개발 사업자로 지정하였다. 다음 해인 1991년, 국립공원관리공단은 1991년 6월부터 1994년 5월까지를 공사 기간으로 정하고, 골프장 건설 공사를 허가하였다.

이후 G개발은 골프장을 짓기 위해 1992년 12월 환경부와 환경 영향 평가 협의를 거쳐 승인 절차를 마치고, 1993년 1월 경상북도지사에게 골프장 설치와 관련된 사업 계획의 승인을 신청하였다. G개발은 각종 승인 절차에 오랜 시간이 걸리자 애초에 공사를 마치기로 한 1994년 무렵 국립공원관리공단에 1997년 5월까지로 공사 기한을 늘려 줄 것을 신청하였고, 공단은 이를 허가하였다. 더불어 경상북도지사도 사업 계획을 승인하였다.

그런데 모든 허가가 난 1995년, 골프장 예정 부지 가까이에 살고 있던 주민 일부가 골프장 사업 계획의 승인을 취소할 것을 요구하는 행정 심판을 문화체육부(지금의 문화체육관광부)에 제기하였다. 이에 대해 문화체육부 장관은 골프장 건설 허가가 법을 위반한 것은 아니지만, 대다수 국민이 국립 공원에 골프장을 건설하는 것에 반감을 가지고 있으며, 당시 내무부(지금의 안전행정부)에서 국립 공원 내에는 골프장 건설을 금지하는 법 개정을 준비하고 있던 것을 근거로 골프장 건설 승인을 취소하였다.

그러자 이 행정 심판에 불복한 G개발은 1995년 고등법원에 소송을 제기하였다. 고등법원에서는 법에 규정되어 있지 않은 국민 정서를 이유로 처분을 취소해서는 안 된다며 G개발의 손을 들어 주었다. 고등법원의 판결에 승복하지 않은 문화체육부 장관은 1996년 대법원에 상고를 하였지만, 1997년 12월 대법원에서는 문화체육부의 상고를 기각하였고, 골프장 건설의 허가를 취소하는 것은 불가하다는 고등법원의 판결이 확정되었다.

1998년 2월에 G개발은 공사 기간을 2001년 12월까지 재연장해 줄 것을 요청하였는데, 국립공원관리공단은 첫째, 1997년 5월까지 공사를 완료하겠다는 약속을 받고 시행 기간을 1회 연장해 주었음에도 G개발은 1998년까지 전혀 건설 사업을 시작하지도 않았고, 둘째, 국립 공원 안에 대규모 골프장을 건설하면 숲이 훼손되고 수질이 오염되는 등 생태계를 파괴할 수도 있다며 공사 기간의 연장을 허가하지 않았다. 그러자 G개발은 소송을 제기하였다.

관련 법률 조항

헌법

제23조

① 모든 국민의 재산권은 보장된다. 그 내용과 한계는 법률로 정한다.

② 재산권의 행사는 공공복리에 적합하도록 하여야 한다.

③ 공공필요에 의한 재산권의 수용·사용 또는 제한 및 그에 대한 보상은 법률로써 하되, 정당한 보상을 지급하여야 한다.

자연공원법 시행령

제2조 (공원 시설)

'자연공원법' 제2조 제10호의 규정에 의한 공원 시설은 다음 각 호의 시설을 말한다.

⑤ 운동장, 체육관, 수영장, 스키장, 승마장 등의 체육 시설과 선유장, 어린이 놀이터, 광장, 야영장, 단체 연수원, 휴게소, 전망대, 대피소, 저수지, 낚시터, 급수 및 배수 시설, 공중 변소, 오물 처리 시설, 야외 의자, 공원 표지 시설 등의 휴양 및 편익 시설*

* 골프장, 골프 연습장 및 스키장은 제외한다고 1996년 7월 1일에 개정되었다.

생 각 해 보 기

1. 국립 공원에 골프장을 지어도 되는가?

국립 공원이란 자연 경치가 뛰어난 지역의 자연과 문화적 가치를 보호하고, 국민의 휴양과 레저를 위해 나라에서 지정하여 관리하는 공원을 말한다. 그래서 1994년에는 국민이 휴양과 레저를 즐길 수 있는 시설이기만 하면 무엇이건 국립 공원 내에 설치해도 괜찮았다. 골프장도 국민들의 레저 생활을 목적으로 하는 것이므로 환경 영향 평가를 통해 자연환경의 훼손 정도가 적다고 판단되면 당연히 건설할 수 있었다.

그런데 국립 공원에 골프장을 건설하려면 숲의 나무를 베어 내고 산을 깎아서 잔디를 심어야 한다. 나무가 사라지면 주변 기온과 습도가 바뀌어 해인사에 보관된 팔만대장경판의 보존에도 영향을 미치게 된다. 또 새로 심은 잔디를 병해충으로부터 보호하기 위해 사용하는 농약 때문에 골프장 주변의 땅과 하천 및 지하수가 오염된다.

일부 국민의 휴양과 레저가 중요한가, 아니면 후손에게 물려주어야 할 아름다운 자연과 문화재가 중요한가. 이 두 가지가 공존할 수 없다면 무엇을 선택해야 할 것인가?

2. 1994년에는 된다, 1998년에는 안 된다?

G개발은 1991년부터 1994년 사이에 당시 관련 규정에 따라 골프장 건설과 관련된 허가를 받았다. 그런데 예상보다 건설을 위한 준비 기간이 길어지면서 공사 기한을 1997년까지 연장해 줄 것을 요청하였고 그 승인 또한 받았다. 그런데 모든 허가가 완료된 1995년부터 골프장 건설을 둘러싼 사회적 논란과 법정 공방이 시작되면서 건설이 지연되었고, 이에 1998년 다시 한 번 공사 기간을 연장해 줄 것을 국립공원관리공단에 요청하였지만 거절당하였다. 왜 국립공원관리공단은 1994년에는 허가한 것을 1998년에는 허가하지 않은 것일까?

🔍 개발 회사가 땅을 파고 건물을 짓는 등의 실제 공사를 시작하지는 않았지만 건설과 관련된 소송에 들어간 시간과 비용, 주민 동의를 얻기 위한 비용 등을 지불하느라 상당한 손실을 입은 것은 사실이다. 따라서 공사 기간을 연장해 주지 않으면 그간의 투자 금액과 손실을 회수하지 못하게 되어 회사의 경영이

위기에 처할 것이 분명하다. 정상적인 절차를 통해 허가를 얻은 후 사업을 시행하고 있었는데 정부가 돌연 허가를 취소하게 되면 개인들은 아무런 일을 할 수 없다. 게다가 공사가 지연된 원인이 사회적 논란과 법적 공방 때문이었다면 공사 기간을 연장해 주어야 마땅하지 않을까?

🔍 1996년 민간 단체에서 실시한 환경 영향 평가를 통해 개발 회사에서 실시한 1992년 환경 영향 평가의 부실이 드러났다. 애초에 국가에서 보존할 가치가 있다고 판단하여 지정한 국립 공원에 골프장 건설을 허가하여 생태계를 훼손하게 한 결정 자체가 잘못된 것은 아닐까? 우리가 과거에 내린 어떤 결정이 잘못되었음을 알게 되었을 때 바로잡는 것이 마땅하지 않을까? 게다가 개발 회사에서 아직 건설 사업을 시작하지도 못한 상태라면 공사 기간 연장을 거절하여 골프장 건설을 멈추도록 하는 것이 환경을 살리고 문화재를 보호한다는 사회 전체의 장기적 이익에 부합하는 것은 아닐까?

허가받은 공원 사업을 완료하기 위해 사업 시행 기간의 연장을 구할 수 있고, 이에 대해 공원 관리청은 특별한 사정이 없는 한 사업 시행 기간을 연장해 주어야 한다. 그러나 사업 시행 기간의 연장을 허용함으로써 주위의 자연환경에 미치는 악영향이 매우 커서 공익의 필요성이 사업 시행자가 입게 될 기득권, 신뢰 보호 등의 불이익을 정당화할 만큼 강한 경우에는 사업 시행 기간의 연장을 허용하지 않을 수 있다.

원고가 공원 사업의 시행을 허가받고 그 시행 기간을 1회 연장받는 과정에서 상당한 비용을 들여 사업을 추진한 것은 사실이다. 따라서 공원 사업의 시행 기간이 재연장되지 않을 경우 적지 않은 경제적 손실을 입게 되리라는 점은 인정된다. 그러나 당초 원고에 의해 시행된 환경 영향 평가에서는 자연 생태계의 조사와 골프장 건설에 따른 악영향이 매우 소홀하게 다루어지고 있는데, 이를 근거로 내려진 의사 결정은 신중하지 못하였을 가능성이 높다. 또 현재까지 전혀 공사가 이루어지지 않았기 때문에, 앞으로 공사의 시행 과정에서 소요될 노력과 비용이 지금까지 소요된 노력과 비용을 훨씬 초과할 것으로 예상된다. 이 사건 공원 사업이 현재까지 전혀 착공되지 아니한 상태이고 그에 대해 원고도 상당 부분 책임이 있는 점 등을 모두 고려할 때, 이 사건 연장 불허 가처분에 의해 보호하고자 하는 공익은 그로 인해 원고가 입게 될 불이익 등을 정당화할 만큼 충분히 강한 경우에 해당한다. 따라서 원고의 청구는 기각한다.

이 사건 골프장 예정 부지는 가야산의 전체 경관을 한눈에 내려다볼 수 있고, 다양한 종류의 동식물이 서식하는 국립 공원 생태계의 중요한 일부를 구성하고 있다. 따라서 골프장이 건설되면 대규모의 숲이 훼손되어 가야산 국립 공원이 그 소중한 가치를 잃게 될 것이다. 또한 이 사건 골프장 예정 부지의 아래쪽에는 고령군 주민들이 식수와 농업 용수를 공급받는 노리 저수지가 위치하고 있어, 골프장 건설 과정에서 발생하게 되는 흙이 저수지를 메워 앞으로 충분한 물을 확보하기 어려울 것이다. 골프장에서 배출되는 오폐수로 인해 노리 저수지의 수질 오염이 예상되며, 골프장에서는 많은 물을 사용하여 주변 지하수를 마르게 할 것이다.

　그뿐만 아니라 골프장 사업 지구의 뒤쪽 맞은편에는 가야산의 봉우리와 능선을 사이에 두고 해인사가 있는데, 이곳에는 국보와 세계 문화 유산으로 지정된 팔만대장경판이 보존되어 있다. 1251년 제작된 경판이 현재까지 보존된 것은 해인사가 입지한 지형의 특수성이 주요한 원인으로 밝혀졌고, 따라서 경판 및 해인사 장경각의 온도와 습도 환경, 특히 대기의 습도 환경에 혼란을 일으킬 수 있는 어떠한 요인도 그 보존에 문제를 일으킬 수 있는 것으로 나타났다. 이와 같은 환경 및 역사 유적과 관련된 손실은 일단 발생한 이후에는 회복이 거의 불가능하고, 손실로 인한 금전 피해는 계량하기조차 어려운 국가적 손실이다. 따라서 사익의 보호를 위해 쉽게 양보하기 어려운 공익적 가치로 판단된다.

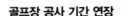 **골프장 공사 기간 연장**

우리에게 국립 공원은 어떤 의미인가? 아마 대다수의 사람들은 훼손되지 않은 자연의 아름다움을 간직하고 있어서 국가적 차원에서 보호해야 하는 장소로 생각할 것이다. 따라서 그곳에 나무를 몽땅 베어 내고 잔디를 심어야만 하는 골프장을 건설하겠다는 계획과 그에 대한 허가를 내주는 것을 선뜻 받아들이기는 어렵다. 하지만 현재 우리의 정서와는 달리 1990년 당시의 자연공원법은 공원 시설에 거의 제한을 두지 않아 승마장, 스키장, 수영장, 체육관 등 거의 모든 시설이 공원 시설의 이름으로 만들어질 수 있었다. 심지어 환경 영향 평가를 실시한 후 골프장을 건설하는 것도 허용하였고, 실제로 이와 같은 법률에 근거하여 골프장 건설 허가가 이루어진 것이다.

　그런데 국립 공원 내에 골프장을 짓는다는 사실이 알려지자 지역 주민과 시민 단체, 불교 단체 들이 뜻을 모아 골프장 건설에 반대하는 시민운동을 펼치기 시작하였다. 동시에 법정 싸움도 계속하였다. 이들의 노력에 힘입어 이러한 논쟁이 사회적 이슈로 떠올랐다.

자유로운 경제 활동에 따른 개인의 이익 추구를 보장하는 것은 우리 사회의 중요한 과제다. 하지만 이 논쟁에 대해 많은 시민은 소수의 사람들이 즐기는 휴양과 레저보다 아름다운 국립 공원과 문화재를 지키는 일이 더 소중하다고 생각하였다. 아마도 그것은 돈을 투자하여 골프장을 건설한 업체의 권리나 이익, 골프장에 가서 레저를 즐기는 소수의 즐거움보다는 국민 전체가 즐기고 나아가 미래 세대도 누려야 할 아름다운 국립 공원과 문화재를 지키는 일이 사회 전체의 이익에 더 부합한다고 보았기 때문은 아닐까.

결론적으로 이러한 논의 끝에 1996년 내무부는 건설 과정에서 대규모의 숲을 훼손하는 스키장과 골프장을 자연 공원 내에 설치하도록 허용하는 것이 자연공원법의 취지에 부합하지 않는다는 비판을 받아들여 자연공원의 공원 구역 및 공원 보호 구역 안에는 스키장과 골프장을 설치할 수 없도록 법을 개정하게 되었다.

이 판결은 환경이나 역사 유적을 보존하는 것과 같은 공공의 이익을 위해서는 개인의 재산권 행사에 제한이 가해질 수 있다는 헌법 정신을 분명히 하였고, 이러한 견해는 이후 계속된 고등법원, 대법원에서의 법정 공방을 통해서도 재확인되었다는 점에서 의의가 있다.

그뿐만 아니라 이러한 논쟁의 출발점과 진행 과정에 시민들이 적극적으로 참여하였다는 점에 주목해야 한다. 시민들의 참여로 국립 공원의 훼손을 막고, 정부의 정책과 이 정책이 기초하고 있는 법률까지 바꾸도록 하여, 법이 소수 전문가 그룹의 것이 아니라 시민의 것임을 보여 주었다고 평가할 수 있겠다.

개발과 보존을 둘러싼 논쟁

경남 고성군 지역 주민 200명이 미암·동해면 일원의 담수호 건설 공사에 반대하며 한국농촌공사 경남도본부 건물 1층을 점거하여 25일부터 농성에 들어갔다. 주민들은 "농촌공사가 시행하는 담수호인 마동호 조성 공사는 바다 물길을 인위적으로 막아 해양과 인근 육지 생태계의 심각한 파괴가 우려되어 공사 중단을 촉구한다."라고 밝히고 "공사가 백지화될 때까지 집회를 개최하는 등 반대 투쟁을 계속 벌일 것"이라고 덧붙였다.

이에 농촌공사 관계자는 "수혜 주민들을 중심으로 적법한 동의 절차를 거쳤으며 정기적으로 환경 영향 평가를 실시하고 현장 주변에 친환경 시설들을 대거 조성하여 환경적인 문제를 최소화하는 등 법적으로 하자가 없다."라고 답변하였다.

– 〈쿠키뉴스〉(2007. 6. 26.)

밀양 송전탑 건설은 한전의 '신고리-북경남 고압 송전 선로(76만 5,000볼트) 건설 사업'의 일부분이다. 주민들은 지난 2003년 세계보건기구(WHO)가 고압 송전 선로의 전자파에 의한 발암물질 생성 위험을 경고한 것을 근거로 주민들의 건강권에 직접적인 침해를 받는다고 주장한다. 또한 경관상 피해와 함께 높이 120미터의 송전탑이 주는 심리적 위해도 상당하다는 입장이다. 그러나 한전은 송전 선로 전자계의 노출 여파로 암이 진전된다는 생체작용은 밝혀진 바가 없다는 입장으로, 전자파 주파수가 300헤르츠 이하여서 유전자를 손상할 만한 에너지가 없다고 반박한다. 똑같은 WHO의 자료를 인용하고 있지만 해석은 정반대다.

– 〈연합뉴스〉(2013. 5. 15.)

각종 개발 사업을 하다 보면 필연적으로 환경을 훼손하게 된다. 그런데 이 훼손이 치명적이고 돌이킬 수 없는 것이라면 사회적으로 막대한 손실을 불러오므로 환경 영향 평가는 개발 사업에 필수적인 과정이 되어야 한다. 환경 영향 평가는 주민 대상의 사업 설명회나 공청회를 열고 주민의 의견을 수렴하도록 하고 있어, 주민 의견이 개발 사업에 반영되는 통로를 제공한다는 점에서도 반드시 필요한 제도이다.

새만금 사업, 시화호 간척 사업, 동강댐 건설, 경부 고속 철도 금정산 – 천성산 관통 터널 사업, 밀양 송전탑 건설의 공통점은 무엇일까? 모두 환경 영향 평가를 거쳤는데도 사업을 둘러싼 찬반의 대립과 논쟁이 사회적으로 큰 이슈가 되었거나 환경 영향 평가가 부실하였다고 결론이 난 사건이다. 이것보다 규모가 작은 사건까지 친다면 헤아릴 수 없이 많다. 현재 우리나라의 환경 영향 평가가 어느 정도 수준인지 짐작할 수 있는 대목이다.

사람들은 꼭 필요한 것, 있으면 더 좋은 것 들을 끊임없이 생산한다. 이 과정에서 자원을 소비하고, 생산 과정의 부산물과 사용 후 버린 물건들이 쓰레기가 되어 주변 환경을 훼손하게 된다. 골프장도 마찬가지다. 골프를 치면서 즐거움을 느끼고 건강도 좋아질 수 있지만, 환경은 훼손된다. 사람의 욕망을 채우기 위한 것들을 만들려면 자연을 훼손할 수밖에 없는데, 그 한계는 어디까지일까?

우리가 지금 소비하는 것의 대부분은 있으면 더 편리하기 때문에 필요한 것처럼 느껴진다. 그러므로 우리가 지구의 환경을 잘 보존하고 싶다면 불편함을 참고 견뎌야 할지도 모른다. 여러분은 불편함을 기쁘게 받아들이고 환경을 선택할 수 있는가? 아니면 다른 대안으로 가능한 것은 무엇일까?

29 베트남에 뿌려진
죽음의 가루, 고엽제

고엽제 피해 판례
서울고등법원 2006. 1. 26. 선고, 2002나32662 판결

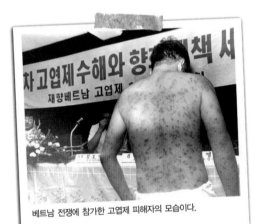

베트남 전쟁에 참가한 고엽제 피해자의 모습이다.

탕탕 탕탕 탕탕탕!

1961년부터 1973년까지 베트남 전역에서는 총소리가 그치지 않았습니다.

당시 베트남은 프랑스의 지배에서 벗어난 지 얼마 되지 않아, 이념 문제로 공산 진영의 북베트남과 자유 진영의 남베트남이 전쟁을 벌이고 있었습니다.

미국을 위시한 뉴질랜드, 오스트레일리아, 한국 같은 자유주의 국가들이 남베트남을 도와 북베트남과 밀고 밀리는 접전을 벌였지요. 그런데 첨단 무기, 헬리콥터, 막대한 군수 물자로 무장한 미국이 이상하게 베트남의 밀림에서는 힘없이 무너졌습니다. 사기가 떨어진 미군 장교들이 모여 대책 회의를 열었습니다.

"베트남은 아열대 지대에 위치하고 있어 나라 곳곳이 밀림입니다. 몸집이 작은 적군이 밀림에 숨어 있다가 공격하면 우리는 속수무책입니다. 아군의 대형 무기는 밀림에서 별 효과가 없고요."

"밀림이 문제라면 밀림을 없애면 될 거 아니오? 제초제를 써서 수풀을 없애 버립시다. 그럼 밀림에 숨지 못하겠지."

한 작전 참모의 건의대로, 1964년 7월부터 베트콩이 숨을 만한 밀림에 '에이전트 오렌지'라는 제초제가 하늘에서 뿌려졌습니다. 오렌지색 드럼통에 담겨 있던 이 제초제는 성능이 너무 좋아서, 이것을 뿌리고 나면 밀림의 나뭇잎이 우수수 떨어졌습니다. 그래서 사람들은 잎을 말라 죽게 하는 물질이라고 해서 '고엽제'라고 불렀지요. 고엽제 때문에 미국은 승승장구하기 시작하였습니다.

하지만 미국 본토에서는 이 고엽제 때문에 큰 논란이 일어났습니다.

"제초제를 대량으로 뿌리는 것은 말도 안 돼요. 베트남의 환경에 어떤 피해를 줄지도 모릅니다. 그리고 결국 그 대가는 사람이 치르게 될 거요."

'미국 과학자 협회'는 고엽제 사용 반대 운동을 벌이며 고엽제의 위험성을 경고하였습니다. 그러나 미국 국방성에서는 고엽제가 생태계에 크게 해롭지 않다며, 그 뒤로도 1970년까지 무려 7,200리터의 고엽제를 베트남의 밀림에 뿌려 버렸답니다.

과학자들의 걱정은 곧 사실로 드러났습니다. 베트남 전쟁이 끝난 지 10년이 지난 어느 날, 베트남의 한 산부인과에서 아기를 받던 의사가 비명을 질렀습니다.

"으악! 이게 뭐야. 아이의 머리는 둘인데, 몸통이 하나잖아!"

갓 태어난 아이는 몸은 하나인데 머리가 둘이었어요. 기형아가 출산된 것이지요. 그뿐만 아니라, 베트남 전쟁에 참가하였던 군인들도 이렇게 호소하였습니다.

"눈처럼 쏟아지는 고엽제를 맞아 가며 싸웠는데, 그 후로 알 수 없는 피부병에 걸렸습니다. 같이 참전하였던 전우는 눈이 멀었고, 또 다른 친구는 암에 걸렸어요. 이게 웬일이랍니까?"

사람들의 눈물 어린 호소가 계속되면서 사고의 원인을 찾기 위한 노력이 계속되었습니다.

그리하여 드디어 그 원인이 밝혀졌지요.

그것은 바로 미국이 밀림을 없애기 위해 뿌렸던 고엽제 때문이었답니다.

– 장수하늘소, 〈쓰레기 산에 패랭이꽃이 피었어요〉 중에서

베트남에 뿌려진 고엽제에는 '다이옥신'이라는 독성 물질이 들어 있다. 다이옥신은 극히 적은 양으로도 인간의 생명과 생태계를 파괴할 수 있는 매우 독한 물질이다. 독성이 청산가리의 1만 배에 이르는 정도이다. 1그램의 다이옥신이 사람 2만 명을 죽일 수 있다고 한다. 다이옥신은 일단 사람의 몸에 들어가면 분해도 되지 않고 몸 밖으로 배출도 되지 않아, 오랫동안 몸속에 남아 있게 된다. 그리고 폐암이나 후두암, 간암 같은 각종 암의 발생률을 높인다. 남성의 정자를 감소시키고, 아기를 낳지 못하게 하며, 아기를 낳더라도 유전자 이상을 일으켜 기형아를 낳을 가능성이 높아지게 한다. 따라서 다이옥신에 노출되면 평생 고통이 뒤따른다.

사실 관계 베트남 전쟁에 참가한 한국 군인 2만 615명은 1965년부터 1973년까지 베트남에서 고엽제 때문에 피해를 입었다며 2006년 미국의 고엽제 제조 회사인 다우케미컬과 몬산토를 상대로 5조 원대의 손해 배상을 요구하는 소송을 냈다.

이 소송에 앞서 2002년에도 고엽제 소송(99가합84123)이 있었는데, 그때 법원은 고엽제와 원고들의 질병 간에는 인과 관계가 인정될 수 없다는 이유로 원고 패소 판결을 내렸다. 또 고엽제가 주로 살포된 지역과 한국군 주둔지는 거리가 멀어 고엽제에 노출되었다고 보기 어렵다고 하였다. 만약 인과 관계를 인정하더라도 소멸 시효가 지나서 어쩔 수 없다고 밝혔다.

민법

제2조 (신의 성실)

① 권리의 행사와 의무의 이행은 신의에 좇아 성실히 하여야 한다.

② 권리는 남용하지 못한다.

제750조 (불법 행위의 내용)

고의 또는 과실로 인한 위법 행위로 타인에게 손해를 가한 자는 그 손해를 배상할 책임이 있다.

제766조 (손해 배상 청구권의 소멸 시효)

① 불법 행위로 인한 손해 배상의 청구권은 피해자나 그 법정 대리인이 그 손해 및 가해자를 안 날로부터 3년간 이를 행사하지 아니하면 시효로 인하여 소멸한다.

② 불법 행위를 한 날로부터 10년을 경과한 때에도 전항과 같다.

고엽제 후유의증 환자 지원 등에 관한 법률 시행 규칙

제3조 (확인의 요청 등)

1. 고엽제 후유증 환자로 등록 신청을 한 자

2. 고엽제 후유의증 환자로 등록 신청을 한 자

3. 이미 사망한 고엽제 후유증 환자 등의 유족으로 등록 신청을 한 자의 경우에는 당해 사망자

생 각 해
보 기

1. 전쟁이 한 나라에 회복할 수 없는 피해를 주었다면 소송으로 보상을 받을 수 있을까?

전쟁은 많은 것을 빼앗아 간다. 인명 피해는 물론이거니와 생산 시설과 도로, 비행장 같은 것들도 모조리 파괴한다. 그야말로 잿더미가 되고 만다. 이런 전쟁으로 입은 피해는 보상받을 수 있을까? 또 전쟁이 한 나라에 회복할 수 없는 피해를 주었다면 어떻게 될까?

미국은 베트남의 밀림을 없애 버리기 위해 고엽제라는 제초제를 하늘과 땅에서 뿌려 댔다. 이 제초제는 풀만 없앤 것이 아니라 사람들에게까지 큰 피해

를 주었다. 암을 유발하고, 기형아를 낳게 하며, 원인 모를 피부병을 앓게 하는 등 수많은 질병을 일으켰다. 베트남 전쟁에 파견된 대한민국 군인들 중 10만여 명이 고엽제로 인한 피해에 고통 받고 있다. 우리나라가 이 정도라면, 전쟁 당사국인 베트남의 상황은 어떨까? 50만 명의 아이들이 선천성 장애로 죽었고, 지금도 65만 명의 어린이가 선천성 장애로 신음하고 있다고 한다.

이렇게 상대국에 회복할 수 없는 피해를 주었다면 전쟁을 일으킨 당사국을 상대로 소송을 걸어 보상받을 수 있을까? 아니면 전쟁은 말 그대로 힘이 지배하는 싸움이므로, 패한 나라나 힘이 약한 나라는 아무 말도 할 수 없는 것일까? 또 미국을 도와주다가 고엽제로 피해를 본 우리나라 사람들도 미국으로부터 보상을 받을 수 있을까?

2. 미국 정부의 요청에 따랐을 뿐인데 책임을 지라니?

미국의 경우 1984년에 최초로 고엽제 제조 회사를 상대로 집단 소송이 있었으나 1억 8,000달러를 보상받으며 판결 전 합의로 종결되었다. 이후 비슷한 소송에서 "정부의 합법적인 요청에 따른 것이기 때문에 처벌되어서는 안 된다."라는 고엽제 제조 회사들의 '정부 계약자 항변'이 받아들여져 미국에서조차 배상 판결은 나온 적이 없다.

정말 정부와 합법적인 계약을 맺은 것이라면 처벌받지 않아도 되는 것일까? 우리나라에서도 미국 법에 있는 '정부 계약자 항변'을 근거로 책임을 지지 않을 수 있을까?

🔍 고엽제 제조 회사에 책임이 있다! 1987년의 '박종철 고문 치사 사건'처럼, 상관의 명령에 따라 사람을 고문하다 죽였다면 책임이 없을까? 잘못된 것인 줄 알면서도 그 일을 저질렀다면 강요된 행위나 합법적인 계약이더라도 당연히 처벌받아야 한다. '정부 계약자 항변'이라는 법은 미국의 법이기 때문에 우리나라에서는 적용할 수 없다.

🔍 고엽제 제조 회사는 책임이 없다! 고엽제 제조 회사는 미국 정부와 합법적으로 계약을 맺어 고엽제를 팔았을 뿐이다. 당시 사회 분위기에서는 정부의 말을 들어야 하였고, 이것은 강요된 것으로 정당방위다. 미국에는 '정부 계약자 항변'이라는 법이 있어서 이런 사람들을 보호하고 있다.

3. 우리나라 정부는 책임을 다 하고 있을까?

대한민국에서는 지금까지도 베트남 전쟁을 치르고 있다. 베트남 전쟁에 파병되었던 장병들에게 나타나기 시작한 고엽제 후유증이 현재에도 진행형이기 때문이다. 우리나라는 베트남 전쟁에 연인원 32만 명을 파병하였다. 1991년 오스트레일리아 교민을 통해 처음으로 고엽제 피해 사실이 국내에 알려진 후, 1993년 고엽제법을 제정하여 피해 보상을 실시하였다.

고엽제 환자는 검사를 받은 후 등급에 따라 나누어지는데, 국가보훈처의 조사(2012년)에 따르면 '후유증 환자'는 총 3만 9,909명으로 국가유공자예우법에 따라 보호를 받는다. 확실하지 않아 '후유증이 의심되는 환자', 즉 후유의증 환자는 총 4만 9,799명으로 36만~75만 원 정도의 생계비를 지원받고 있다. 보훈처는 후유의증 환자의 장애 등급을 고도, 중등도, 경도로 분류하여 각각 74만 5천 원, 55만 원, 36만 1,000원의 수당을 지급하고 있다. 정부가 발표한 1인 가족 기준 최저 생계비(2014년) 월 905,105원에도 못 미치는 수준이다.

우리나라 군인들을 베트남에 파병한 것은 우리나라 정부이다. 참전 군인들은 나라를 위해 미국을 도와 열심히 싸웠을 뿐인데, 돌아온 것은 고엽제로 인한 고통이었다. 나라를 위해 희생한 사람들에게 국가가 그에 걸맞은 예우와 대우를 해 주어야 하는 것은 당연하다. 우리나라 정부는 책임을 다하고 있는 것일까?

판결문 살펴보기 베트남 전쟁에 참가한 대한민국 군인들의 질병이 고엽제에 함유된 유해 물질에 노출됨으로써 발생할 수 있는 것인지를 밝혀야 한다. 가장 신뢰할 만한 미국 국립과학원의 보고서에 비추어 볼 때, 11가지 정도의 질병이 고엽제에 함유된 유해 물질 사이에 인과 관계가 인정된다.

베트남 전쟁에서 고엽제가 살포되기 시작한 1965년부터 대한민국 군이 베트남에서 철수한 1973년까지 베트남 전쟁에 복무한 군인들은 고엽제에 함유된 유해 물질에 노출되었을 가능성이 크므로, 이로 인하여 그 질병이 발생하였음이 증명되었다고 볼 수 있다.

고엽제 피해자들에게는 객관적으로 고엽제 제조 회사를 상대로 손해 배상 소송을 제기할 것을 기대하기 어려운 사정이 존재하였다고 볼 수 있기에 소멸 시효를 주장하는 것은 신의 성실의 원칙에 반하여 권리 남용[*]으로서 허용될 수 없다.

집단 소송을 제기한 2만 615명 중 6,795명의 청구를 인정하고, 질병에 따라 1인당 600만~4,600만 원의 위자료를 지급하라(총 630억 7,600만 원).

고엽제와 피해 질병 간의 인과 관계

1984년 '젠킨스 보고서[*]'가 나오면서 참전 군인들에게 나타나는 질병과 고엽제의 관련성이 밝혀지기 시작하였다. 그에 따라 법원은 인체에 해로운 고엽제를 살포한 것이 불법 행위이므로 이에 대해 피해자에게 배상해야 한다고 판결하였다.

또한 피해자의 입장에서는 오랜 세월이 지나긴 하였지만, 미국 회사를 상대로 소송을 걸 수도 없었고 그 방법도 몰랐으며 그 병이 고엽제로 생겼다는 것이 밝혀진 지도 얼마 되지 않았기 때문에 당연히 손해 배상을 받을 수 있으리라고 믿었다. 그러므로 법원은 미국의 고엽제 제조 회사가 시간이 오래 지났다는 이유로 책임이 없다고 주장하는 것은 피해자의 믿음을 저버리고 자신의 권

● **권리 남용** 외형적으로 권리 행사처럼 보이지만 구체적인 경우에서 실질적으로 보면 권리가 인정되는 본래의 목적이나 권리의 사회성, 공공성에 반하여 정당한 권리 행사로 인정되지 않는 행위를 말한다.
● **젠킨스 보고서** 미국 고엽제 관련 소송에서 케이트 젠킨스(Cate Jenkins) 박사가 미국 법정에 제출한 보고서로, 여기서 젠킨스 박사는 고엽제와 인체 건강 위해의 인과 관계를 나타내는 1984년 이후 확인된 과학적 증거에 대해 언급하였다.

리를 남용한 것으로서 받아들일 수 없다고 판결하였다.

이 판례는 2002년의 판결을 뒤집었으며, 고엽제 소송에서 한국과 미국을 통틀어 최초로 승소한 판결이다. 이 판결은 소멸 시효를 인정하지 않고, 고엽제의 해로움과 질병과의 인과 관계를 인정한 것이기 때문에 그 의미가 더 크다.

하지만 이 판결이 난 이후 미국 고엽제 제조 회사는 물론이고, 고엽제 피해자들도 항소할 것이라고 말하였다. 집단 소송을 제기한 인원은 모두 2만 615명이지만, 배상을 받은 사람은 6,795명에 그쳤기 때문이다. 그리고 고엽제 후유증으로 의심은 되지만 밝혀지지 않은 질병으로 고통을 받고 있는 피해자들도 10만 명이 넘는다.

배상액에 대해서도 논란이 많은데, 630억여 원의 위자료는 원래 제시한 배상액의 0.1퍼센트도 미치지 못한다. 사실 1인당 400만~4,600만 원을 받아도 지금까지 들어간 병원비에 비하면 턱없이 부족하다.

이라크 전쟁, 열화우라늄탄의 재앙

이라크 전쟁에서의 무기 사용이 논란이 되었다. 미국이 열화우라늄탄이라는 무기를 사용하여 이라크 주민들과 참전 군인들에게 심각한 피해를 주고 있기 때문이다. 전쟁에서 무조건 이기려면 핵무기를 사용하는 것이 가장 좋을지도 모른다. 하지만 그랬을 때에는 엄청난 피해가 되돌아온다는 것을 우리는 알고 있다. 상대방도 핵을 가지고 있다면 전쟁 당사국 모두 그 피해를 입게 될 수 있다. 우리는 이런 위험한 무기를 사용하는 것에 대해 어떻게 대처해야 하는가? 다음 글을 읽고 생각해 보자.

이라크전 열화우라늄탄의 재앙

미군이 1991년과 2003년 두 차례의 이라크 전쟁에서 사용한 열화우라늄탄이 참전 미군은 물론 현지인에게도 심각한 후유증을 낳고 있다. 1991년 1차 이라크 침공(걸프 전쟁) 이후, 10년간 소아암은 4배 이상 증가하였고, 선천성 기형아는 7배, 네 살 이상 어린이의 백혈병은 무려 256배나 늘었다. 참전 미군들 중에도 알 수 없는 희귀병을 호소하거나 기형아를 출산하는 사례들이 보고되고 있다.

화학 무기의 사용을 금지한 제네바 의정서

화학무기금지협약(CWC) 서명식이 1993년 대한민국을 비롯한 117개국이 참석한 가운데 파리에서 열려, 화학 무기 폐기를 위한 국제적인 노력이 구체화되었다. 이 협약은 최소한 65개국이 비준서를 기탁하고 180일이 지나 서명 개방을 한 후, 최소한 2년 경과 후 발효토록 되어 있다.

　화학 무기는 무차별 대량 학살에 사용되고 필요 이상의 고통을 주는 잔혹한 무기라는 점에서 국제 여론의 비난을 받아 왔다. 이런 비인도적 성격 때문에 1874년 브뤼셀 선언에서 '독소' 사용을 금지한 이후 1899년 질식 가스를 금지한 헤이그 협약이 잇따랐다. 그러나 제1차 세계 대전 당시 독일이 염소 가스를 사용하면서 화학 무기 문제가 본격적으로 대두되었다. 이에 따라 1925년 질식성 독성 가스 또는 세균학적 무기 등 비인도적 생화학 무기의 전시 사용을 금지한 '제네바 의정서'가 체결되었다.

베트남 고엽제 피해자 소송 일지

1993~1994년	'베트남 고엽제 피해자 전우회' 캘리포니아 연방법원에 소송 제기
1999년	뉴욕 연방지법 와인슈타인 판사, 소송 각하 판결
1999년 9월 30일	베트남 파병 군인·자녀, 서울지법에 다우케미칼·몬산토 상대 소송 3건 제기
2002년 5월 23일	서울지법, 3건 모두에 대하여 '인과 관계 부족'으로 원고 패소 판결
2002년 6월 27일	피해자들, 서울고법에 항소
2004년 10월 12일	서울고법, 소송 중 1건에 대하여 항소심에서 피해자들이 패소 판결
2006년 1월 26일	서울고법 나머지 2건에 대하여 "제조사 배상 책임", 피해자 5,227명 일부 승소 판결, 피해자 첫 승소
2013년 7월 12일	대법, 염소성 여드름 피해자 39명 원고 승소 확정, 나머지 원고 1만 6,540명은 패소 취지 파기 환송

- 《국민일보》 (2013. 7. 12.)

2013년 대법원은 고엽제 피해자들이 미국의 고엽제 제조 회사를 상대로 낸 소송에서 14년 만에 사실상 회사 측의 손을 들어 주었다. 피해자들이 처음 미국 법원에 손해 배상 소송을 추진한 때로부터 20년 만의 일이다. 2심 재판부의 판결이 대법원에서 뒤집힌 것이다.

대법원은 염소성 여드름 환자 39명에게 1인당 600만~1,400만 원씩 총 4억 6,590만 원을 배상하라고 판결하였다. 다른 피해자의 청구는 모두 기각하였다. 승소가 확정된 39명은 이번 확정 판결로 미국에서 소송을 제기할 수 있게 됐지만, 막대한 비용 부담 때문에 실제 손해.배상 청구에 나설지는 미지수이다.

5

사건들, 그리고 끝나지 않은 논쟁

푸른 하늘을 제압하는 / 노고지리가 자유로왔다고 / 부러워하던 / 어느 시인의 말은 수
정되어야 한다 // 자유를 위해서 / 비상하여 본 일이 있는 / 사람이면 알지 / 노고지리가
/ 무엇을 보고 / 노래하는가를 / 어째서 자유에는 / 피의 냄새가 섞여 있는가를

—김수영, 〈푸른 하늘을〉 중에서

어떤 사람은 하늘을 나는 노고지리를 보며 자유를 느끼지만, 어떤 사람은 그 자유에서
피 냄새를 맡는다. 시각만 믿는 사람은 겉모습에 속지만, 후각까지 감지하는 사람은 자
유를 위해 비상하는 노고지리의 고통까지 느낀다.

역사는 승자의 것이고, 다수가 승리하게 마련이다. 하지만 다수가 언제나 옳은 것은
아니고, 정의가 항상 승리하는 것도 아니다. 의로운 자는 박해 받게 마련이라는 어느 성
인의 말이 옳다면 어쩌면 패배한 소수가 옳았을 수도 있다. 우리가 더 정의로운 세상을
만들고 싶다면 다수가 기록한 역사보다는 그 역사의 이면에 감추어져 있는 소수의 목소
리에 귀 기울여야 하는 이유가 여기에 있다. 노고지리의 자유와 고통을 제대로 알기 위
해 시각과 후각을 함께 동원해야 하듯이, 우리 역사의 기록인 판례를 제대로 알기 위해
서는 판결문을 보기 위한 시각뿐만 아니라 판결문 속에 숨겨진 소수 의견을 들을 수 있
는 감각 또한 필요하다.

우리 현대사에서는 많은 사건이 발생하였다. 어떤 대학생은 고문을 받다 죽었고, 어떤
정부 요인은 대통령을 총으로 쏘았으며, 어떤 교수는 의문의 죽음을 당하였고, 어떤 군인
은 국가로부터 손해 배상을 거절당하였으며, 어떤 사람은 독재 반대가 곧 북한 찬양이라
는 논리에 따라 감옥에 가야 하였다. 사건들은 끝났다. 하지만 사건을 둘러싼 논쟁이 끝
나선 안 된다. 다수 의견에 따라 판결이 내려졌지만, 다수가 곧 정의는 아니기 때문이다.

논쟁이 사라진 사회는 죽은 사회다. 다행히 우리 사회는 아직 현대사의 여러 사건에
대해 논란이 분분하다. 다수 의견과 소수 의견 중 무엇이 정의인가? 아직 아무도 모른
다. 하지만 반대 의견과 소수 의견의 표현이 허용될 때 무엇이 진리인지 발견할 수 있는
가능성은 커질 것이다.

30 악법은 법이 아니다!

국가배상법에 대한 위헌 법률 심판
대법원 1971. 6. 22. 선고, 70다1010 판결

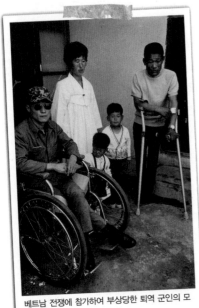

베트남 전쟁에 참가하여 부상당한 퇴역 군인의 모습이다.

법에 관해 사람들 사이에서 근거 없이 회자되던 말이 바로 "악법도 법이다."라는 말이다. 소크라테스는 이런 말을 한 적이 없다고 한다. 실제로 그 말을 한 사람은 2세기 로마의 법률가 도미누스 울피아누스이다. 그런데 왜 우리에게는 엉뚱하게도 소크라테스의 말로 알려졌을까? 그 첫 번째 책임은 1930년대에 경성제국대학 교수로 있으면서 국내 법학자들에게 많은 영향을 끼친 일본 학자 오다카 도모오에게 있다. 그는 이렇게 주장하였다. "일본이 조선을 식민 지배하기 위해 만든 모든 법은 일단 법으로 정해진 이상 옳고 그름을 불문하고 지켜야 한다. 그러므로 조선인들은 강제 징병을 규정하는 법이 제정된 이상 그 법을 지키기 위해 태평양 전쟁에 참여해야 한다."

우리 현대사에서도 민주적인 절차를 밟지 않고 힘으로 정권을 잡았던 이들은 자신들의 통치를 정당화하기 위해 "악법도 법이다."라는 말을 즐겨 사용하였다. 심지어 교과서에도 실어 맹목적인 준법 정신을 강요하였다.

그렇다면 소크라테스가 실제로 한 말은 무엇일까? 소크라테스는 탈옥을 권유하는 친구 크리톤에게 이렇게 말하였다. "우리를 태어나게 하고, 길러 주고, 가르치고, 온갖 좋은 것을 우리에게 베풀어 주었으며, 또 우리가 지키기로 합의한 법을 지키지 않는 것은 우리 자신이 맺은 계약과 합의를 위반하는 것이다." 소크라테스가 지켜야 한다고 말하였던 법은 결코 '악법'이 아니라 국민의 합의로 제정된 '정의로운' 법이다. 그렇다면 악법에 대해서는 어떻게 해야 할까? 우리 헌법 제111조 제1항에 따르면 악법에 대해서는 '위헌 법률 심판'을 해야 한다. 즉, 악법은 법에서 정한 절차에 따라 무효로 만들어야 한다.

한국 사법 100주년을 맞은 1995년에 실시한 설문 조사에서 법관들은 한국 사법 사상 가장 자랑스러운 판결로 1971년의 국가배상법[*] 위헌 판결을 꼽았다. 권위주의 정권이 "악법도 법이다."를 강조할 때 우리 사법부가 악법에 대해 위헌 판결을 내렸다는 점에서 역사적 의미를 지닐 뿐만 아니라, 당시 위헌 판결을 받은 조항이 아직도 헌법의 옷을 입고 남아 있다는 점에서 그 의미를 다시 생각해 볼 필요가 있다.

사실 관계 1964년, 미국과 베트남 간 군사 대립이 본격적인 전쟁으로 번지자 미국은 한국에 참전을 요청하였고, 박정희 대통령은 이를 받아들

● **국가배상법** 국가 또는 지방 자치 단체의 손해 배상 책임과 배상 절차를 규정한 법이다. 국가 또는 지방 자치 단체는 소속 공무원이 그 직무를 집행하면서 일부러 혹은 실수로 법을 어겨 다른 사람에게 손해를 가하였다면 그 손해를 배상해야 한다.

였다. 1964년 9월부터 1973년 3월까지 8년 6개월 동안 31만 3,000명의 한국군이 참전하였고, 그 과정에서 전사자 4,407명, 부상자 1만 7,060명 등 총 2만 1,467명의 사상자가 발생하였다. 그런데 전쟁 중에 아군의 실수나 잘못으로 죽거나 다치는 병사가 속출하였고, 죽거나 다친 군인과 그 유족 들은 국가를 상대로 한국군의 실수나 잘못으로 발생한 손해를 배상하라며 소송을 제기하였다. 그러자 박정희 정권은 예산을 아끼고자 1967년 3월 국가배상법을 개정하여 군인의 경우 연금 이외에 별도의 손해 배상 청구소송을 제기할 수 없다는 단서 조항을 신설하였다. 그 후 다음과 같은 사건이 발생하였다.

1968년 4월 12일, 전방에서 근무하던 운전병 문 모 병장과 박 모 상병은 부대장의 명령에 따라 나무를 진지에서 부대까지 실어 나르는 작업을 하였는데, 문 병장의 운전 부주의로 박 상병이 차에서 떨어져 사망하는 사고가 발생하였다. 박 상병의 유족은 국가를 상대로 손해 배상 청구소송을 냈고, 1·2심에서 모두 원고 측이 승소하였다. 그러나 피고인 국가는 박 상병에게 연금 외에 별도의 손해 배상을 할 수 없다며 대법원에 상고하였다. 1967년 3월 개정된 국가배상법은 "공무원이 직무 수행 중 고의 또는 과실로 타인에게 손해를 끼쳤을 경우 국가가 이를 배상해야 한다."라고 정하고 나서 "다만 군인이 전투 훈련 및 직무 수행 중 전사·순직·공상*으로 유족 연금 등을 받을 수 있는 경우는 제외한다."라고 단서를 붙였기 때문이다.

사건의 핵심은 이 단서 규정이 군인에게만 유독 불이익을 강요하여 헌법에 위배되는지 여부였다. 위헌론 쪽의 주장은 군인에 대해서만 손해 배상 청구권을 인정하지 않은 국가배상법은 군인을 부당하게 차별하므로 헌법상 평등의

● **공상** 공무 수행 중 입은 부상.
● 1971년 당시에는 지금과 달리 법률의 위헌 여부를 헌법재판소가 아니라 대법원에서 최종적으로 판결하였다. 헌법재판소는 1987년 헌법 개정에 의해 설립 근거가 마련되었다.
● **군속** 국군에 복무하는 특정직 공무원. 군무원.

원칙에 어긋난다는 것이었고, 합헌론 쪽의 주장은 원고의 가족이 유족 연금 등을 일단 받은 이상 국가는 더는 손해 배상 책임이 없고, 그 이상으로 배상 책임을 확대하면 국가 재정이 파탄에 직면한다는 것이었다.

처음에는 국가배상법이 위헌이라는 의견이 우세하였다. 그러자 대법원의 이러한 동향을 파악한 박정희 정권은 위헌 판결을 막기 위해 법원조직법을 고쳐, "대법원 전원합의체는 3분의 2 이상 출석과 출석 인원 3분의 2 이상 찬성으로 결정한다."라고 규정해 버렸다. 그때까지 대법원 전원합의체는 출석 대법관의 과반수로 결정하도록 되어 있었는데, 합의 정족수를 3분의 2로 높임으로써 위헌 심사권 행사를 까다롭게 만든 것이다.[•]

대법관들은 고민에 빠졌다. 박정희 정권이 고친 법원조직법은 악법이다. 이 악법을 지켜야 할까, 아니면 무시해야 할까?

관련 법률 조항

국가배상법
제2조
공무원이 그 직무를 행함에 당하여 고의 또는 과실로 법령에 위반하여 타인에게 손해를 가하였을 때에는 국가 또는 공공 단체는 그 손해를 배상할 책임이 있다. 전항의 경우에 공무원에게 고의 또는 중대한 과실이 있을 때에는 국가 또는 공공 단체는 그 공무원에게 구상할 수 있다.

1967년 3월 개정된 국가배상법
제2조 (배상 책임)
① 공무원이 그 직무를 집행함에 당하여 고의 또는 과실로 법령에 위반하여 타인에게 손해를 가하였을 때에는 국가 또는 지방 자치 단체는 그 손해를 배상하여야 한다. 다만, 군인 또는 군속[•]이 전투·훈련 기타 직무 집행 중에서 발생하였거나 국군의 목적상 사용하는 진지·영내·함정·선박·항공기 기타 운반 기구 안에서 발생한 전사·순직 또는 공상으로 인하여 다른 법령의 규정에 의하여 재해 보상금 또는 유족 일시금이나

유족 연금 등을 지급받을 수 있을 때에는 이 법 및 민법의 규정에 의한 손해 배상을 청구할 수 없다.

법원조직법

제7조

대법원의 심판권은 대법원 판사 전원의 3분의 2 이상의 합의체에서 이를 행한다. 그러나, 대법원 판사 3인 이상으로 구성된 부에서 먼저 사건을 심리하여 의견이 일치한 때에 한하여 다음의 경우를 제외하고 재판할 수 있다.

1. 법률·명령 또는 규칙이 헌법에 위반함을 인정하는 때

제59조

합의 심판은 헌법 및 법률에 다른 규정이 없으면 과반수로써 결정한다. (……)

1970년 8월 개정된 법원조직법

제59조

① 합의 심판은 헌법 및 법률에 다른 규정이 없으면 과반수로써 결정한다. 다만, 대법원이 제7조 제1항 제1호의 규정에 의한 합의 심판을 하는 때에는 대법원 판사 전원의 3분의 2 이상의 출석과 출석 인원 3분의 2 이상의 찬성으로 결정한다.

생각해
보기

1. 군인의 손해 배상 청구권을 제한한 국가배상법 제2조 제1항은 위헌인가?

🔍 위헌이다. 국가가 어떤 사람에게 손해를 끼쳤으면 정당한 손해 배상을 하는 것이 마땅하다. 유독 군인에게만 손해 배상을 하지 않을 이유가 없다.

🔍 합헌이다. 재산권도 법률로 제한할 수 있는 권리다. 군인의 경우 그 신분과 하는 일이 특수한 만큼 필요하다면 재산권을 제한할 수 있다.

2. 대법원 전원합의체의 판단은 위헌 9명, 합헌 7명이었다. 그런데 개정된 법원조직법에 따르면 위헌 결정을 내리기 위해서는 11명 이상의 위헌 의견이 필요하다. 이런 상황에서 대법원은 악법도 법이므로 법원조직법에 따라 합헌 판결을 내려야 할까, 아니면 악법은 법이 아니므로 거기에 구속당할 필요 없이 원래의 법원조직법에 따라 위헌 판결을 내려야 할까?

위헌 판결을 내려야 한다. 만일 악법도 법이라는 이유로 개정된 법원조직법에 따라 국가배상법에 대해 합헌 판결을 내린다면 사법부는 정치권력에 굴복하여 그들의 입맛에 맞는 판결을 내리는 것이 된다. 그러면 사법부의 독립은 크게 흔들리고, 사법부의 권위는 땅에 떨어지게 된다.

합헌 판결을 내려야 한다. 만일 개정된 법원조직법이 악법이라며 이를 아예 무시하고 9인의 위헌 의견만으로 국가배상법에 대해 위헌 판결을 내린다면, 법을 수호해야 하는 사법부가 스스로 실정법을 어기고 판결하는 불법을 저질렀다는 비판을 피하기 어렵다.

판결문 살펴보기

1. 9인의 다수 의견: 국가배상법 제2조 제1항은 위헌이다.

군인 또는 군속이 공무원의 직무상 불법 행위의 피해자인 경우에 피해자에게 이로 인한 손해 배상 청구권을 제한 또는 부인하는 국가배상법 제2조 제1항 단항은 헌법 제26조에 보장된 국민의 기본권인 손해 배상 청구권을 질서유지 또는 공공복리를 위한 필요(헌법 제37조 제2항)를 넘어 과도하게 제한한다. 또 헌법 제9조의 평등의 원칙에 반하여 군인 또는 군속인 피해자에 대해서만 그 권리를 부인함으로써 그 권리 자체의 본질적 내용을 침해하였으며, 기본권 제한의 범주를 넘어 권리 자체를 박탈하는 규정이므로 이는 헌법 제26조, 같은 법 제8조, 같은 법 제9조 및 같은 법 제32조 제2항에 위반한다.

2. 7인의 반대 의견: 국가배상법 제2조 제1항은 합헌이다.

국가배상법 제2조 제1항 단항은 국가에 대한 손해 배상 청구권에 일종의 제약을 가한 것이지만 원래 재산권은 법률에 따라 제한할 수 있는 권리이고, 또 군인의 경우 신분이 특수한 만큼 재산권에 대해서도 특별한 제한을 할 필요성이 있음을 인정할 수 있다. 그러므로 이 규정이 헌법을 위반한다는 명백한 근거를 발견할 수 없다.

국가배상법 제2조 제1항에 대해 위헌 의견이 9명, 합헌 의견이 7명으로 위헌 의견이 과반수였지만 위헌 판결을 내릴 수 없었다. 새로 개정된 법원조직법에 따라 위헌 판결을 내리려면 11명 이상의 위헌 의견이 필요하였기 때문이다. 이 상황에서 만일 개정된 법원조직법에 따라 합헌 판결을 내린다면 사법부는 정치권력에 굴복하여 법의 정의를 수호하지 못하는 것이 되고, 반대로 법원조직법을 무시하고 위헌 판결을 내린다면 사법부 스스로 실정법을 어기는 것이 된다.

이런 딜레마의 상황에서 대법원 판사들은 놀라운 결정을 내린다. 대법원의 위헌 결정에는 11명 이상의 위헌 의견이 필요하다고 규정한 법원조직법 자체에 대해 위헌 여부를 심사하기로 결정한 것이다. 만일 대법원 판사의 3분의 2 이상, 즉 11명 이상이 법원조직법 제59조 제1항에 대해 위헌 의견을 낸다면 개정된 법원조직법에 따르더라도 이 법원조직법 조항은 위헌 판결을 받아 효력을 상실하게 된다. 그래서 위헌 결정 정족수를 11명 이상으로 수정한 법원조직법 제59조 제1항이 위헌 판결을 받아 효력을 상실하면 종전대로 과반수인 9명의 위헌 의견으로도 국가배상법에 대해 위헌 판결을 내릴 수 있다는 판단이었다.

이에 따라 곧 법원조직법 제59조 제1항의 위헌 여부를 놓고 표결한 결과 위헌 11명, 합헌 5명이었다. 국가배상법 위헌 사건 표결에서 합헌을 주장한 일부 대법관이 법원조직법 위헌 사건에서는 위헌 의견으로 기울었고, 그 결과 법원조직법 제59조 제1항에 대해 위헌 결정을 내렸다. 위헌 의견과 합헌 의견은 다음과 같다.

1. 11인의 다수 의견: 법원조직법 제59조 제1항은 위헌이다.

개정 법원조직법은 아무런 제한 없이 일반 원칙에 따라 법률 등의 위헌 심사를 할 수 있는 권한을 대법원에 부여한 헌법 제102조에 위반하여 대법원의 위헌 심사권을 제한한다. 이에 따르면 대법원 법관 16명 전원이 출석하여 합의하는 경우에는 헌법 제103조에서 제한한 정당 해산의 판결은 대법원 법관 10명의 찬성으로 할 수 있음에도 불구하고 헌법에 제한이 없는 법률 등의 위헌 판결은 대법원 법관 11명의 찬성이 있어야 할 수 있게 되는 모순이 생기게 될 것이므로 법원조직법 제59조 제1항 단항은 헌법 제102조에 위반됨이 명백하다.

2. 5인의 반대 의견: 법원조직법 제59조 제1항은 합헌이다.

개정 법원조직법의 취지는 법원이 법률, 명령 또는 규칙이 헌법에 위반함을 인정하는 경우에는 그 평결 방법을 신중히 하자는 데에 있다 할 것이고, 위 규정이 사법권의 행사를 유명무실하게 하는 정도의 제한이 된다고 단정할 수는 없다. 따라서 법원조직법 제59조 제1항 단항의 규정은 헌법에 위반한 무효의 것이라고 할 수 없다.

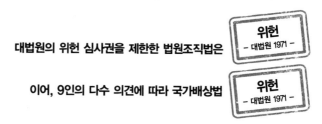

대법원의 위헌 심사권을 제한한 법원조직법은 **위헌** - 대법원 1971 -

이어, 9인의 다수 의견에 따라 국가배상법 **위헌** - 대법원 1971 -

이런 우여곡절 끝에 대법원은 위헌 심사 합의 정족수를 '3분의 2 이상'으로 한 법원조직법 제59조 제1항에 대해 위헌 결정을 내려 개정법의 효력을 상실시키고, 그 결과 종전 위헌 심사 합의 정족수인 '과반수'를 충족하는 9명의 대법원 판사의 위헌 의견에 따라 군인에 대한 손해 배상을 금지한 국가배상법이 헌법에 위반된다고 판시하였다. 대법원은 법의 절차를 밟아 악법을 무효화함으로써 실정법을 무시하지 않으면서 동시에 정의를 실현할 수 있었다. 또한 행정부의 권력에 굴하지 않음으로써 사법부의 독립권도 지켜 냈다.

그러나 국가배상법에 대한 대법원의 위헌 결정이 내려진 1971년 7월 말, 법조계 안팎에는 행정부가 사법부를 응징하려고 한다는 소문이 떠돌았고, 소문은 현실이 되어 두 명의 판사에 대한 구속 영장이 청구되었다. 그러자 전체 판사의 36퍼센트에 달하는 151명의 판사가 사법권의 독립을 외치며 집단 사표를 제출하였다. 1972년 10월, 박정희는 한국의 민주주의를 암흑기로 끌고 가는 유신 헌법을 만들었고, 국가배상법의 위헌 시비를 없애기 위해 아예 헌법 조문에 군인 및 경찰에 대한 손해 배상 제한을 명시해 버렸다. 현행 헌법 제29조 제2항에도 이 조항이 삭제되지 않고 그대로 남아 있다.

1973년 3월 24일, 유신 헌법에 따른 전국 법관의 재임명 및 보직 개편이 이루어졌다. 인사 발표 수개월 전부터 위헌 판결을 내린 대법관 9명은 재임명에서 제외될 것이라는 소문이 나돌았고, 결과는 예측한 대로였다. 그들은 모두 재임명에서 탈락하여 대법원을 떠나야 하였다. 하지만 독재 정권의 억압에 맞서 법관의 양심과 사법부의 독립을 끝까지 지키려 하였던 이 판결은 우리 사법의 빛나는 승리로 남아 있다.

미 연방 대법원의 마버리 대(對) 매디슨 판결

존 마샬(1755~1835) 미 연방대법원장.

미국의 제2대 대통령 존 애덤스는 1800년 11월에 실시된 대통령 선거에서 토머스 제퍼슨에게 패하였다. 그의 대통령 임기는 1801년 3월 3일까지였고, 제퍼슨이 3월 4일 제3대 대통령으로 취임하게 되어 있었다. 애덤스 대통령은 사법부만이라도 자기와 정치적 색깔이 비슷한 사람들로 채우기 위하여 임기 만료 2주 전에 당시 국무장관이었던 존 마샬을 연방대법원장에 임명하였고, 서둘러 같은 정당 사람들을 42명이나 연방법원 판사에 새로 임명하였다. 국무장관이었던 존 마샬은 새로 임명된 판사들에게 임명장을 전달하였는데, 시간이 부족하여 새 대통령 취임 전날인 3월 3일 자정까지도 몇 사람에게는 임명장을 전달하지 못하였다. 다음 날인 3월 4일 대통령에 취임한 제퍼슨은 새 국무장관인 제임스 매디슨에게 명령하여 아직 임명장을 받지 못한 사람들에게 임명장을 전달하지 말라고 하였다. 그러자 임명장을 받지 못한 윌리엄 마버리 등 네 명은 법원이 집행 명령장을 발부하여 강제로 매디슨 국무장관으로 하여금 자기들에게 임명장을 전달해 주기를 청구하는 소송을 연방대법원에 제기하였다. 당시 미국의 법원조직법에 따르면 연방 정부 공무원에 대한 집행 명령장 발부를 청구하는 소송의 1심 재판권이 연방대법원에 있었기 때문이다.

애덤스 전 대통령의 임명으로 새로 연방대법원장이 된 마샬 대법원장은 고민에 빠졌다. 만일 마버리의 청구대로 연방대법원이 집행 명령장을 발부한다면 제퍼슨 대통령과 매디슨 국무장관이 이를 무시할 게 뻔하고, 만일 그렇게 되면 사법부는 무력해지고 권위가 땅에 떨어질 것이다. 반면에 마버리의 청구를 기각하고 집행 명령장을 발부하지 않는다면 연방법원은 새로 대통령이 된 제퍼슨과 정치 색깔이 같은 사람들로 교체될 것이고, 사법부는 집권 여당의 지배 아래에서 권력의 시녀로 전락할 것이다. 마샬 대법원장과 연방대법원 판사들은 이 어려운 문제를 어떻게 해결하였을까?

마샬 대법원장은 집행 명령장을 발부할 수도, 발부하지 않을 수도 없는 진퇴양난의 상황에서 절묘한 해결책을 찾았다. 연방대법원이 집행 명령장에 관한 분쟁을 판결해야 한다고 규정한 법원조직법이 미 연방헌법에 반하여 위헌이므로, 연방대법원은 이 사건을 판결할 권한이 없다고 판결한 것이다.

원고의 청구를 들어주면 사법부가 무력해지고, 들어주지 않으면 정치권력에 휘둘리게 되는 진퇴양난의 상황에서 판결할 권한이 없다고 선언한 이 탁월한 결정 때문에 미 연방대법원은 정치 싸움에 휩쓸리지 않은 채 사법부의 독립을 지킬 수 있었고, 국민의 대표 기관인 의회에서 만든 법률이라 할지라도 헌법에 반하면 무효라는 것을 사법부가 선언할 수 있는 '위헌 법률 심사권'을 확립하였다. 우리 대법원이 1971년에 내린 국가배상법 위헌 판결이 한국의 '마버리 대 매디슨 판결'이라고 불리는 것은 바로 이 때문이다.

만일 명백하게 부정의한 악법이 제정되었다면 어떻게 해야 할까? 악법이므로 지키지 않아도 되는가, 아니면 악법이라도 지켜야 하는가?

우리 헌법에는 악법에 대해 어떻게 하라고 규정되어 있는지 알아보자.

끝나지않은 평가: 역적인가, 의인인가?

김재규의 박정희 저격 사건
대법원 1980. 5. 20. 선고, 80도306 판결

김재규가 박정희에게 총을 쏘는 장면을 재연하고 있다.

김재규는 중앙정보부장으로 재직 중이던 1979년 10월 26일 밤에 청와대 근처 고급 음식점에서 대통령 박정희와 경호실장 차지철 등을 권총으로 사살한, 이른바 '10 · 26 사건'를 일으켰다. 김재규는 1980년 1월 육군고등군법회의에서 내란 목적 살인 및 내란 미수죄로 사형 선고를 받고, 1980년 5월 20일 대법원에서 형이 확정된 뒤, 같은 달 24일 교수형을 당하였다. 김재규가 죽은 지 거의 30년이 지났지만, 그에 대한 평가는 크게 엇갈리고 있다.

어떤 사람들은 이렇게 주장한다. "10 · 26은 김재규가 차지철과 권력 투쟁을 벌이던 중 순간적인 격정을 참지 못하여 일으킨 사건이며, 김재규는 자신을 총

애한 상관을 살해한 패륜아이자 일국의 대통령을 시해한 역적이다."

다른 사람들은 이렇게 주장한다. "10·26이 없었다면 유신 독재가 지속되었을 것이고, 인권과 민주주의는 억눌리고 수많은 희생자가 나왔을 것이다. 그러므로 김재규는 유신 독재 종식과 민주주의 회복의 최대 공로자이다."

2004년 12월 20일 국무총리 산하 '민주화운동 관련자 명예회복 및 보상심의위원회'는 표결에서 반대 7명, 찬성 3명으로 김재규의 행위를 민주화 운동으로 인정하지 않기로 결정하였다. 그렇다면 1980년 당시 사법부는 김재규의 행위에 대해 어떻게 판단하였을까? 이제 그 사건 속으로 들어가 보자.

사실관계 10·26 사건이 일어난 1979년 10월의 우리나라는 어떤 상황이었을까? 1970년대 초반부터 일어났던 중요한 사건들을 살펴보면 다음과 같다.

1972년 12월 27일	박정희가 유신 헌법을 공포하여 입법권·사법권·행정권을 모두 장악하였다.
1974년 1월 8일	박정희가 유신 헌법에 대한 어떤 비판도 처벌할 수 있는 긴급 조치 제1호를 제정하였다. 대통령이 혼자 만들었지만 헌법과 같은 효력을 지니는 긴급 조치는 1975년 5월까지 모두 아홉 차례 제정되었다.
1974년 8월 14일	중앙정보부가 '인민혁명당 재건위원회 사건'을 조작하여 발표하였다.
1975년 4월 9일	'인민혁명당 재건위원회 사건'으로 수감된 이수병, 도예종 등 8명이 대법원의 사형 확정 판결 후 20시간 만에 사형을 당하였다.
1979년 8월 9일	가발 제조 업체인 YH무역이 부당한 이유로 공장 문을 닫자 여성 노동자 170여 명이 회사 정상화와 노동자의 생존권 보장을 요구하며 야당인 신민당 당사에서 농성을 벌였다.
1979년 8월 10일	2,000명의 경찰이 투입되어 YH 여성 노동자들의 신민당사 점거 농성을 강제 해산시켰다. 폭력적인 해산 과정에서 여성 노동자 김경숙

(당시 22세) 씨가 사망하였다.

1979년 10월 6일	야당인 신민당이 YH 사건을 '정권의 살인'이라고 규탄하자, 여당인 공화당은 김영삼 신민당 총재를 국회 의원에서 제명하였다. 이에 신민당 의원 66명 전원이 총사퇴를 결의하였다.
1979년 10월 16일	부산대학교에서 민주 선언문이 배포되고 학생과 시민 들이 합세하여 '유신 철폐, 독재 타도'를 외치며 대규모 시위를 벌였다. 부산·마산 민주 항쟁(부마 항쟁)의 시작이었다.
1979년 10월 18일	부산에서 시작된 시위가 마산과 창원 지역으로 확대되었다. 박정희는 부산 지역에 비상 계엄을 선포하고 2개 여단의 공수부대를 투입하였다. 1,058명을 연행하고 66명을 군사 재판에 회부하였다.
1979년 10월 20일	정부는 마산 및 창원 지역에 위수령˙을 발동하여 집회 및 시위 등 모든 단체 활동 금지, 대학 휴교, 언론·출판의 검열, 영장 없는 체포를 실시하였다. 그리고 공수부대를 투입하여 505명을 연행하고 59명을 군사 재판에 회부하였다.

서슬 퍼런 긴급 조치 9호˙ 아래에서 민주화 열망이 터져 나온 부마 항쟁이 한창이던 1979년 10월 26일, 박정희 대통령은 저녁 6시께 궁정동의 음식점에서 김재규 중앙정보부장이 마련한 만찬에 참석하였다. 그곳에는 김계원 청와대 비서실장과 차지철 경호실장이 함께 자리하였다. 만찬 중 김재규와 차지철 사이에 갑자기 말다툼이 일어났다. 그 후 김재규가 쏜 총에 맞아 박정희 대통령이 사망하였고, 사건 현장에서 차지철 경호실장을 포함한 5명이 사망하였다.

당시 검찰은 김재규를 비롯하여 김계원, 박선호 중앙정보부 비서실 의전과장, 박흥주 중앙정보부장 수행비서관, 이기주 중앙정보부 비서실 경비과장, 김

● **위수령** 육군 부대가 계속 한 지역에 주둔하며 그 지역의 경비와 질서유지, 군기의 감시와 군에 딸린 건축물이나 시설물 따위를 보호할 것을 규정한 대통령령.
● **긴급 조치 9호** 긴급 조치는 1972년 개헌된 유신 헌법이 규정한 대통령의 "헌법상의 국민의 자유와 권리를 잠정적으로 정지"할 수 있는 권한에 따라 대통령이 내린 특별 조치를 말한다. 박정희는 총 9차례 긴급 조치를 공포하였다. 1979년 10·26 사건으로 박정희 대통령이 사망하고, 신군부의 주도로 1980년 10월 27일 헌법이 개정되면서 폐지되었다.

태원 중앙정보부 비서실 경비원, 유성옥 중앙정보부 비서실 운전기사 등이 미리 공모하여 박정희 대통령을 시해하였다고 판단하여, 내란 목적 살인 및 내란 미수 혐의로 이들을 기소하였다. 현역 육군 대령이었던 박흥주는 1심에서 사형이 확정되어 1980년 3월 6일 사형당하였고, 김재규 등 5명은 1980년 5월 24일 사형당하였으며, 김계원은 무기 징역형을 선고받았다.

1961년 5·16 군사 쿠데타로 집권한 박정희 대통령의 유신 체제°는 10·26 사건으로 끝이 났다. 당시 김재규의 살해 동기에 대해 추측이 분분하였지만 명쾌하게 규명되지 못하였고, 현재까지도 10·26 사건의 진상이나 발생 원인은 명확하게 밝혀지지 않고 있다.

관련 법률 조항

형법

제87조 (내란)

국토를 참절하거나 국헌을 문란할 목적으로 폭동한 자는 다음의 구별에 의하여 처단한다.

1. 수괴는 사형, 무기 징역 또는 무기 금고에 처한다.

2. 모의에 참여하거나 지휘하거나 기타 중요한 임무에 종사한 자는 사형, 무기 또는 5년 이상의 징역이나 금고에 처한다. 살상, 파괴 또는 약탈의 행위를 실행한 자도 같다.

제88조 (내란 목적의 살인)

국토를 참절하거나 국헌을 문란할 목적으로 사람을 살해한 자는 사형, 무기 징역 또는 무기 금고에 처한다.

제91조 (국헌 문란의 정의)

본장에서 국헌을 문란할 목적이라 함은 다음 각 호의 1에 해당함을 말한다.

1. 헌법 또는 법률에 정한 절차에 의하지 아니하고 헌법 또는 법률의 기능을 소멸시키는 것

2. 헌법에 의하여 설치된 국가 기관을 강압에 의하여 전복 또는 그 권능 행사를 불가능하게 하는 것

생각해 보기

1. 김재규의 행위는 내란죄에 해당하는가?

🔍 김재규는 국가 원수인 대통령을 살해하였고, 또 그의 자백에 따르면 범행 후 새로운 정부를 구성하려는 뜻을 가지고 있었으므로 그의 범죄는 당연히 내란죄에 해당한다.

🔍 내란 목적 살인이 아니라 단순 살인이다. 김재규는 한 인간인 박정희를 죽였을 뿐 대통령이라는 국가 기관 자체를 없애려 한 것은 아니고, 또 박정희가 죽더라도 다른 누군가가 대통령에 취임할 수 있으므로 박정희가 죽는다고 대통령이라는 국가 기관 자체가 없어지는 것은 아니기 때문이다. 그리고 김재규는 유신 독재를 끝내고 민주 정부를 수립하려고 하였으므로 그가 내란죄를 범하였다고 할 수 없다. 유신 독재가 무너지고 수립된 새 헌법 체계에서 내란죄에 해당하는 것은 민주주의를 없애려는 행동이지 유신 독재를 무너뜨리려는 행동이 아니기 때문이다.

2. 김재규 등은 폭동을 일으켰는가?

🔍 김재규 등 7명이 1979년 10월 26일 일으킨 소동은 당연히 폭동이다. 2명 이상이 벌인 과격한 행동이라면 충분히 폭동이라 할 수 있다.

🔍 폭동이라고 할 수 없다. 폭동이라면 개인을 압도하는 집단 감정이나 집단 행동이 발생하였어야 하는데, 겨우 7명으로는 개인의 이성을 마비시키는 집단

● **유신 체제(유신 독재)** 박정희 대통령은 1972년 10월 17일 초헌법적인 국가 긴급권을 발동하여 국회를 해산하고 정치 활동을 금지하는 동시에 전국적인 비상 계엄령을 선포한 뒤, 10일 이내에 헌법 개정안을 작성하여 국민 투표로써 확정하도록 지시하였다. 이에 따라 국회가 해산되고 정당 활동이 금지되었으며, 헌법의 일부 효력이 정지되고 비상 국무 회의가 소집되었다. 비상 국무 회의가 10월 27일 헌법 개정안을 공고한 뒤, 11월 21일 국민 투표가 실시되었는데 91.9퍼센트의 투표율과 91.5퍼센트의 높은 찬성률로 개헌안이 확정되었다. 그 주요 내용은 ① 국민의 기본권 제한을 더욱 쉽게 하였으며, ② 대통령의 권한을 대폭 강화하고 종신 집권이 가능하도록 하였고, ③ 국회의 회기를 단축하고 권한을 약화시켰으며, ④ 법관을 대통령이 임명하게 하였으며, ⑤ 통일주체국민회의(의장은 대통령)에서 대통령과 국회 의원 3분의 1을 선출하도록 하였고, ⑥ 지방 의회를 남북 통일이 될 때까지 구성하지 않도록 하였다. 개정된 헌법에 따라 12월 15일 2,359명의 대의원이 선출되어 통일주체국민회의를 구성하였고, 12월 23일 대의원들의 투표를 통해 박정희가 제8대 대통령으로 당선되었고, 12월 27일 정식 취임하였다.

감정에 휩쓸려 집단적으로 행동하였다고 말할 수 없기 때문이다.

3. 김재규의 행동을 저항권* 의 행사라고 볼 수 있는가?

🔍 우리나라 헌법과 법률에는 저항권에 관해 아무런 규정을 두고 있지 않으므로, 자연법상 권리에 불과한 저항권을 가지고 법정에서 자신의 무죄를 주장할 수 없다.

🔍 우리 헌법은 저항권을 인정하고 있다. 우리 헌법 전문에는 4·19 민주 이념을 계승한다고 나와 있는데, 4·19 혁명도 당시 법에 의하면 위법 행위로서 저항권의 행사에 해당하기 때문이다.

판 결 문
살 펴
보 기

1. 내란죄가 성립하는가?

● 다수 의견 : 내란죄에 해당한다.

내란죄에서 국헌 문란의 목적은 현행의 헌법 또는 법률이 정한 정치적

● **저항권** 국가의 공권력이 헌법을 파괴하고 주권자인 국민의 기본권을 억압할 때, 주권자인 국민이 모든 법적 수단을 동원하여 이를 고치려 하였음에도 불구하고 조금도 공권력이 나아지지 않을 때, 최후의 수단인 힘으로써 국가의 공권력에 저항할 수 있는 초실정법적, 자연법적 권리를 말한다.

기본 조직을 불법으로 파괴하는 것을 말한다. 행위의 목적이 국헌 문란에 해당하느냐 하는 것은 엄격하게 증명해야 할 사항인데, 범죄를 저지른 사람이 자신의 행동이 국헌 문란을 일으키길 바라지 않았다 하더라도, 또 자신의 행동이 국헌을 문란시키는 행위라는 것을 명확하게 알지 못하였다 하더라도 만일 그 가능성을 알고 있었다면 국헌 문란의 목적을 가졌다고 하기에 충분하다. 김재규는 대통령 박정희를 죽이려 하였고, 자신의 행동이 대통령이라는 국가 기관을 불법으로 파괴할 수 있다는 것을 알고 있었으므로 내란죄에 해당한다.

● 반대 의견 1: 내란죄가 아니다.

피고인들이 유신 체제를 강압 변혁하려는 목적하에서 대통령을 비롯한 사람들을 살해한 것이라면, 그 뒤 개헌에 대한 전국적인 합의가 있은 후에 재판함에 있어서는 범행 시의 체제가 재판 시의 그것과 달라졌기 때문에 내란죄로는 처벌할 수 없다. 예를 들어, 만일 어떤 사람이 민주 체제를 군주 체제로 변혁하려고 하였다가 붙잡혀 내란죄로 기소되었다가 그 뒤 국민적 합의에 의해 국가 체제(국헌)가 군주 체제로 바뀌었다면 이 사람을 내란죄로 처벌할 수는 없다. 김재규의 경우에도 그가 없애려 한 것은 유신 체제인데, 지금은 유신 체제가 아니므로 유신 체제를 없애려 한 그의 행위가 내란죄에 해당한다고 단정할 수 없다.

● 반대 의견 2: 내란 목적 살인이 아니라 단순 살인이다.

일국의 대통령을 살해하였으니 이는 당연히 정부를 전복하려는 국헌 문란의 목적으로 살해한 것이라는 의견은 너무 단순한 생각이다. 대통령은 국가 정부의 기관이요, 대통령이 곧 정부는 아니다. 대통령도 국민 전체에 대한 봉사자이며 국민에 대해 책임을 지는 공무원의 한 사람에 불과하기 때문이다. 다수 의견은 피고인이 대통령에 대한 개인적인 불만을 품고 그를 살해할 것을 기도하였다는 것을 인정하면서도 그 행위가 국헌 문란 목적의 살해 행위라고 결론짓고 있다. 그러나 개인적인 불만이었다면 대통령이라는 한 개인을 살해하려 하였다는 피고인의 주장을 받아들여야 옳다. 그러므로 개인적인 불만으로 국헌 문란 행위를 하였다는 다수 의견은 전제와 결론이 모순되는 잘못된 판결이다.

또한 대통령직에 있는 한 인간을 살해하더라도 대통령이라는 국가 기관 자체가 파괴되는 것은 아니다. 다른 사람이 대통령이 되어 대통령직을 수행할 수 있기 때문이다. 그러므로 김재규의 행위는 대통령이라는 헌법 기관 그 자체를 폭력으로 전복하는 내란죄에 해당하지 않는다.

2. 형법 제87조의 구성 요건으로서 '폭동'에 해당하는가?

● 다수 의견: 폭동에 해당한다.

'폭동'이라 함은 다수인이 결합하여 폭행, 협박하는 것을 말하는 것으로서 다수인의 결합은 어느 정도 조직화될 필요는 있으나, 가담한 사람의 숫자를 특정할 수는 없다. 일단 폭동을 시작하였다면 국헌 문란의 목적을 달성하였는가의 여부에 관계없이 폭동을 일으켰다고 볼 수 있고, 폭동의 내용으로서의 폭행 또는 협박은 넓은 의미로서 이를 준비하거나 보조하는 행위 역시 폭동에 해당한다.

● 반대 의견: 폭동이라 할 수 없다.

내란죄가 성립되려면 반드시 다수인의 결합이 필요하고, 여기에서 말하는 다수인이란 군집 의식, 군집 심리가 형성되어 그 구성원 개개인의 사고나 행위의 합과 전혀 다른 새로운 맹목적이고 비합리적·파괴적 집단 감정, 집단 행동이 촉발되기에 충분한 다수인이어야 한다. 그러므로 10명 내외의 집합만으로는 위와 같은 다수인이라고 볼 수 없다. 이 사건의 경우 전부 합치더라도 6, 7명에 불과하니 이런 인원으로는 집단 감정, 집단 행동으로 폭동을 일으킬 만한 다수인이라고 볼 수 없다.

3. 저항권 행사로 볼 수 있는가?

● 다수 의견: 법정에서 저항권을 주장할 수 없다.

저항권이 실정법에 근거를 두지 못하고 오직 자연법에만 근거하고 있는 한 법관은 이를 재판 규범으로 원용할 수 없다고 할 것인바, 헌법 및 법률에 저항권에 관해 아무런 규정이 없는 우리나라의 현 단계에서는 저항권 이론을 재판의 근거 규범으로 적용할 수 없다.

● 반대 의견: 법정에서 저항권을 주장할 수 있다.

형식적으로 보면 합법적으로 성립된 실정법이지만 실질적으로는 국민의 인권을 유린하고 민주적 기본 질서를 문란하게 하는 내용의 실정법상의 의무 이행이나 이에 대한 복종을 거부하는 것 등을 내용으로 하는 저항권은 헌법에 명문화되어 있지 않았더라도 일종의 자연법상의 권리로서 이를 인정하는 것이 타당하고, 이러한 저항권이 인정된다면 재판 규범으로서 적용하여야 한다.

저항권을 인정할 수 있는 근거로는, 우리나라 헌법 전문이 "4·19 의거의 이념을 계승하여 ……새로운 민주공화국을 건설한다."라고 선언하여 4·19 의거가 당시의 실정법에 비추어 보면 완전한 범법 행위로 위법 행위임에도 불구하고 '의거'라고 규정짓고 있어 우리나라 헌법은 4·19 의거를 국민의 저항권 행사로 보았다고 해석할 수밖에 없다. 우리나라 헌법이 저항권을 인정하고 있으므로 저항권을 재판 규범으로 적용하지 못할 이유가 없다. 다수 의견은 저항권이 실정법에 근거를 두지 못하고 있어서 이를 재판 규범으로 적용할 수 없다고 하지만, 위에 밝힌 바와 같이 우리나라 헌법의 전문은 저항권의 실정법상의 근거로 볼 수 있다.

내란죄·내란 목적 살인죄

10·26 사건을 맡은 군법회의의 판결은 대통령을 시해한 사실 그 자체로 내란죄, 내란 목적 살인죄에 해당하므로 의심할 여지없이 내란죄 및 내란 목적 살인죄가 성립한다는 것이었다. 한편 박정희의 죽음 뒤 혼란을 틈타 권력을 잡은 신군부 세력은 김재규가 대역 죄인이 되길 바랐다. 김재규가 대통령을 죽이고 내란을 일으킨 역적이 되어야 자신들이 김재규를 수사하는 과정에서 일으킨

12·12 군사 반란®이 정당화될 수 있었기 때문이다.

대법원은 항소심 선고 후 무려 113일 동안 심사숙고한 뒤에야 1980년 5월 20일 "김재규 피고인 등 7인에 대한 내란 목적 살인 및 내란 미수는 모두 유죄이며 피고인의 상고를 모두 기각한다."라고 판결하였다. 그런데 1990년 비로소 공개된 대법원 판결은 14명의 전원 일치가 아니었고, 6명의 반대 의견을 포함하고 있었다. 재판 뒤 소수 의견의 대표 집필자였던 양병호 대법원 판사는 결국 보안사령부로 끌려가 문초를 당하였고, 1980년 8월 9일 5명의 소수 의견자들은 사표를 내야 하였다. 1981년 나머지 1명의 소수 의견자마저 재임명에서 탈락하여, 김재규 재판에서 소수 의견을 냈던 6명의 대법원 판사는 모두 대법원을 떠나야 하였다.

성공한 쿠데타는 내란죄가 아니다?

박정희 대통령이 살해되자, 전두환은 혼란한 상황을 틈타 12·12 군사 반란을 일으켰다. 민주 정부가 들어설 것을 기대하던 시민들은 저항하기 시작하였고, 이에 전두환은 계엄령을 확대하고 민주화를 요구하는 시민들을 무자비하게 학살하는 만행을 저질렀다. 단 열흘 동안 광주에서 2,000명이 넘는 무고한 사망자와 사상자를 남긴 채, 또다시 군사 정권이 들어섰다.

김영삼 대통령이 취임한 후인 1995년에야 비로소 국회는 군사 반란의 주역들을 법정에 세웠다. 그들의 죄목은 내란죄였다. 이에 대해 전두환과 노태우 등은 자신들이 저지른 군사 반란과 5·18 학살이 반란과 내란에 해당된다 하더라도, 정권 장악 후 헌법 개정 절차를 통해 완전히 새로운 법질서와 정치 체제를 수립하였기 때문에, 현재의 법질서로는 내란죄가 아니라고 항변하였다. 이런 주장에 대해 법원은 다음과 같이 판결을 내렸다.

우리나라는 처음 헌법을 만들 때부터 국민 주권주의, 자유 민주주의, 국민의 기본권 보장, 법치주의 등을 국가의 기본으로 하는 헌법 질서를 수립하였다. 이후 여러 차례 헌법 개정이 있었으나, 지금까지 한결같이 위 헌법 질서를 유지해 오고 있다. 피고들은 완전히 바뀐 헌법 질서 아래서는 내란죄에 해당하지 않는다고 주장하지만, 실상 우리 헌법 질서는 바뀐 적이 없으므로 피고들은 여전히 내란죄를 범한 죄인이다. 또한 우리나라의 헌법 질서 아래에서는 민주적 절차에 의하지 아니하고 폭력으로 권력을 잡으려는 행위는 용납될 수 없다. 따라서 피고들의 행위는 처벌받아야 한다.

– 대법원 1996(96도3376)

32 상관의 명령에 따라
고문하는 것은 무죄일까?

박종철 고문 치사 사건
대법원 1988. 2. 23. 선고, 87도2358 판결

박종철 사망 20주기를 맞아, 그가 고문을 당한 옛 대공분실에서 추모 행사가 열렸다.

1987년 1월, 경찰은 서울대학교 언어학과 3학년에 재학 중인 박종철을 연행하였다. 국가보안법 관련 수배자를 찾기 위해 박종철의 하숙집에서 영장도 없이 불법으로 강제 연행한 것이다. 그런데 수사관들에게 조사를 받는 과정에서 박종철이 사망하는 사건이 발생하였다.

박종철은 수사 과정에서 양손과 양발목이 묶여 꼼짝할 수 없는 상태에서 얼굴이 욕조 물속에 처박히는, 숨조차 쉴 수 없는 극심한 고통을 당하였다. 박종철은 계속되는 물 고문에 완강히 저항하였고, 수사관은 저항하는 박종철의 얼굴을 계속해서 욕조에 찍어 눌렀다.

박종철이 사망한 후 경찰은 "냉수를 몇 컵 마신 후 조사를 받던 중 책상을

'탁' 치니까 '억' 하고 가슴을 잡고 쓰러져, 중앙대 부속 병원으로 옮겼으나 사망하였다."라고 공식 발표를 하였다. 그러나 박종철의 부검을 맡았던 의사가 고문에 따른 사망일 가능성이 높다는 증언을 하였고, 풀리지 않는 여러 가지 의혹이 강하게 제기되었다. 결국 박종철의 죽음은 고문 때문이었고, 고문 치사 사건이 은폐되고 조작되었다는 것이 밝혀졌다. 그 책임자인 치안본부장이 사임하고, 고문에 가담한 경찰 간부들이 구속됨으로써 사건은 마무리되었다. 이 사건은 독재 정권의 폭력성과 비민주성, 비도덕성과 비인권적 성격을 드러냈고, 이에 대한 국민의 분노는 6월 항쟁으로 이어졌다.

20년이 흐른 2007년 1월 14일, 남영동 옛 치안본부 대공분실에서는 박종철 추모제가 열렸다. 경찰은 옛 잘못을 반성한다는 의미에서 고인이 고문을 당하였던 옛 대공분실 509호의 욕조, 수도꼭지, 변기, 침대 등 당시 물 고문 현장을 그대로 보존하고 있다. 고문으로 젊은 대학생의 목숨을 앗아 갔던 대공분실은 현재 인권보호센터로 운영되고 있다.

<table>
<tr><td>사 실
관 계</td><td>박종철 고문 치사 사건에서 조사 과정에 참여한 경찰관은 모두 5명이었는데, 이들은 모두 상관인 A가 고문을 통한 조사를 지시하였고, 부하인 자신들은 상관의 명령에 따른 것이라고 주장하였다.</td></tr>
</table>

박종철의 얼굴을 욕조 속으로 강제로 누르는 가혹 행위를 한 것은 상관의 명령에 따른 것이므로 자신들은 무죄라는 것이었다.

이 사건을 맡은 검사는 상관인 A와 부하인 B 등 5명을 특정범죄 가중처벌 등에 관한 법률 위반죄로 기소하였고, 법원은 피고인들에게 유죄를 인정하였다. 피고인들은 이에 불복하여 대법원에 상고하였다.

● **고문 치사** 지나치게 심한 고문으로 인하여 죽게 함.

관련 법률 조항

특정범죄 가중처벌 등에 관한 법률

제4조의2 (체포 감금 등의 가중처벌)

② 형법 제124조, 제125조에 규정된 죄를 범하여 사람을 치사한 때에는 무기 또는 3년 이상의 징역에 처한다.*

* 형법 제124조는 불법 체포 감금, 제125조는 특수 공무원의 폭행 가혹 행위에 관한 죄를 규정하고 있다.

형법

제12조 (강요된 행위)

저항할 수 없는 폭력이나 자기 또는 친족의 생명·신체에 대한 위해를 방어할 방법이 없는 협박에 의하여 강요된 행위는 벌하지 아니한다.

제20조 (정당 행위)

법령에 의한 행위 또는 업무로 인한 행위 기타 사회 상규에 위배되지 아니하는 행위는 벌하지 아니한다.

생각해 보기

1. 고문을 금지하는 이유

1975년 국제연합 총회에서 고문을 금지한 12개 조항을 선언하였고, 1984년에는 33개 조항으로 이루어진 고문 금지 조약이 채택되면서 국제법에 따라 고문이 금지되었다. 어떤 나라든지 평상시뿐 아니라 전시나 비상사태에서도, 공무 종사자가 정보를 얻거나 자백을 받기 위해 육체적·정신적 피해를 고의로 가하는 것을 고문으로 규정하고, 이것을 반인륜 범죄로 규정하고 있다. 우리나라도 헌법 제12조 제2항에 "모든 국민은 고문을 받지 아니하며, 형사상 자기에게 불리한 진술을 강요당하지 아니한다."라고 규정하여 고문을 금지하고 묵비권을 보장하고 있다.

예부터 고문은 자백을 얻기 위한 방편으로 사용되어 왔다. 과거에는 자백만으로도 범죄의 증거가 성립하였기 때문에 자백을 얻기 위한 고문이 자연스럽게 행해졌다. 전쟁 중에 포로를 위협하거나 인종 또는 문화에 편견이 있는 자가 다른 인종이나 문화를 비하하며 일부러 고통을 주기 위해, 정치적 반대 세력을 제거하기 위해 고문을 하였다. 범인을 잡는 과정에서 피의자에게 가해지는 고통도 고문이라 볼 수 있다.

고문은 인간의 존엄성을 근본적으로 부정하는 파렴치한 행위다. 그동안 인류가 저질러 온 고문의 역사를 보면 상상하기 힘들 정도로 공포스럽고 끔찍한데, 정도는 약해졌지만 오늘날에도 고문이 완전히 사라지지는 않고 있다. 인간의 존엄성을 실현하기 위해 고문은 반드시 사라져야 한다. 고문은 고문을 당한 사람과 그의 가족에게뿐 아니라 고문을 가한 사람에게도 심각한 고통을 남긴다.

2. 상관의 명령에 따라 어쩔 수 없이 고문한 사람까지 유죄로 처벌해야 하나?

박종철 고문 치사 사건에서 쟁점이 된 것은 고문 및 가혹 행위가 상관의 명령에 따라 이루어졌을 때 죄의 유무이다.

🔍 박종철 조사 과정에 참여한 수사관들은, 자신들의 업무는 피고인을 수사하

는 것이고 가혹 행위도 상관의 명령에 따라 행해진 것이므로 정당 행위라고 주장하였다. 전쟁터에서 병사가 사람을 죽인 경우 나라의 명령에 따른 것이라 정당 행위가 인정되듯이, 이 경우도 업무상 상관의 명령에 따라 조사하다가 일어난 사건이기 때문에 수사관들의 행위는 정당 행위에 해당하며 무죄가 성립된다는 것이다.

🔍 한편 유죄라고 보는 입장에서는, 부하는 소속 상관의 적법한 명령에 복종할 의무는 있으나 그 명령이 명백한 위법 또는 불법한 행위일 때에는 거부해야 하며, 직무상의 지시 명령이라 하여 인간의 양심에 반하는 불법한 행위까지 따라야 할 의무는 없다고 말한다. 아무리 상관의 지시에 따른 일이라 하더라도 고문 등의 행위는 반인륜적 불법 행위이므로 이를 어기고 고문을 행한 경우에는 당연히 처벌을 받아야 한다는 것이다.

판결문 살펴 보기 양손과 양 발목을 결박당한 피해자의 얼굴을 강제로 욕조에 찍어 누르는 행위는 우리의 경험상 질식과 같은 치명적인 결과를 가져올 수 있다는 것을 예견할 수 있다.

공무원이 그 직무를 수행함에 있어 상관은 하관에 대해 범죄 행위 등 위법한 행위를 하도록 명령할 직권이 없으며, 상관의 명령이 명백한 위법 또는 불명한 명령일 때에는 이미 직무상의 명령이라 할 수 없으므로 이에 따라야 하는 의무는 없는 것이다.

설령 대공 수사관의 직원의 경우 상관의 명령에 절대 복종해야 한다는 것이 불문율로 되어 있다 하더라도 국민의 기본권인 신체의 자유를 침해하는 고문 행위 등이 금지되어 있는 우리의 국법 질서에 비추어 볼 때 고문 치사와 같은 명백한 위법 행위가 정당한 행위가 될 수는 없다.

상관의 명령에 따른 것이라도 고문 치사는

대법원은 고문에 참여한 수사관들이 업무의 특성상 상관의 명령에 절대 복종해야 하는 상황에서 어쩔 수 없이 행한 것이라 할지라도, 고문 명령이 저항할 수 없는 폭력이나 방어할 방법이 없는 협박에 의한 것이라고 보기 어렵기 때문에 강제된 행위가 성립되지 않는다고 판결하였다.

여기서 특히 주목해야 할 점은 이 판결이 국민의 기본권인 신체의 자유 침해, 고문 행위 등을 금지하는 우리의 헌법 질서를 반영하고 있다는 것이다. 즉, 상관의 명령이라 해도 국민의 기본권을 침해하는 고문은 정당 행위가 될 수 없다는 것이다. 이 판결은 그동안 우리 사회에서 암암리에 자행되어 온 고문의 잔학성을 세상에 고발함과 동시에 어떠한 경우에도 고문은 정당화될 수 없다는 것을 확인함으로써 인권 의식을 한 단계 높였다는 데 의의가 있다.

옳지 않은 명령에도 절대 복종해야 하나?

아우슈비츠 수용소 전경.

1. 국가나 조직의 명령을 따르거나 주어진 임무를 수행하다 보면 자신의 의도
와는 상관없이 반인륜적 행위를 하게 되는 경우가 있다. 다음에 소개하는 헤스
는 제2차 세계 대전 당시 아우슈비츠 수용소 소장으로 근무하면서 상부의 지
시에 따라 집시와 유대인, 공산당원 등을 무참히 죽인 전범들 가운데 한 사람
이다. 전쟁 중에 사로잡힌 적군의 포로를 무자비하게 사살하거나 고문하는 행
위가 유죄인지, 무죄인지 생각해 보자.

평범한 농부의 가정에서 태어난 헤스는 제2차 세계 대전이 일어나면서 군인의 길로
들어섰고, 아우슈비츠 수용소의 소장으로까지 진급하였다. 소장으로 있으면서 헤스
는 상부의 지시에 따라 '독일 국민의 진정한 적'인 유대인들을 말살하는 데 앞장섰

다. 나치스의 영향권 아래 놓인 유럽 각지에서 유대인들을 잡아 아우슈비츠까지 끌고 온 다음, 노동력으로 쓸 만한 사람들을 뺀 나머지 사람들을 '최종 처리용 건물' 로 끌고 가 무참히 처형하였다. 헤스는 제2차 세계 대전이 끝난 후 연합군에 잡혔고, 결국 그도 아우슈비츠 수용소에서 처형되었다.

2. 상관의 명령에 따라 어쩔 수 없이 행한 행위가 법에 위반된다면 무조건 유죄일까? 다음에 인용된 판결을 살펴보면 상관의 명령에 따라 행한 행위가 위법이었음에도 무죄 판결을 받았다. 박종철 고문 치사 사건과 비교하여 어떤 차이점이 있는지 살펴보자.

피고인은 소속 중대장의 당번병으로서 근무 시간은 물론 근무 시간 후에도 밤늦게까지 수시로 영외에 있는 중대장의 관사에 머물면서 집안일을 도와주고 그 자녀들을 보살피며, 중대장 또는 그 아내의 심부름으로 관사를 떠나서까지 시키는 일을 해 왔다. 이 사건 당일 밤에도 중대장의 지시에 따라 관사를 지키고 있던 중, 중대장과 함께 외출 나간 중대장의 아내로부터 같은 날 자정경 비가 오고 밤이 늦어 혼자서는 도저히 여우고개를 넘어 귀가할 수 없으니, 관사로부터 1.5킬로미터가량 떨어진 여우고개까지 우산을 들고 마중을 나오라는 연락을 받았다. 피고인은 당번병으로서 당연히 해야 할 일로 생각하고서 여우고개까지 나가 중대장의 아내를 마중하여 그 다음 날 새벽 1시경에 귀가하였다.

법원은 피고인의 관사 이탈 행위는 위법이지만, 중대장의 직접적인 허가를 받지 아니하였다 하더라도 피고인은 당번병으로서의 그 임무 범위 내에 속하는 일로 오인한 행위로서, 그 오인에 정당한 이유가 있으므로 위법성이 없다고 하여 무죄를 선고하였다.

– 대법원 1986(86도1406)

33 매향리 쿠니 사격장을 아시나요?

매향리 사격장 피해 배상 판례
대법원 2004. 3. 12. 선고, 2002다14242 판결

매향리 쿠니 사격장의 폐쇄 이후 갯벌에서 수거한 포탄들.

매화 향기 날리어 매향리라네 / 농섬 웃섬 구비섬 아름다운 땅 // 하지만 매화 향기 간 데가 없고 / 자욱한 포탄 연기뿐 // 6·25는 끝났다 말을 말아라 / 여기 매향리는 아직 전쟁 중이네 / 어느새 구비섬은 바다에 잠겼네 // 매향리는 전쟁 중 / 임산부도 죽었네 포탄 한 방에 / 열여섯 살 소년도 머리가 날아갔네 // 매향리는 전쟁 중 / 아, 내 고향 매향리 / 매화 향기 날리리

－백자, 〈매향리는 전쟁 중〉

경기도 화성에 있는 구비섬은 지도에만 나와 있는 유령섬이다. 이곳은 주변 농섬과 함께 미국 공군이 사격 연습장으로 사용하던 곳으로, 수많은 폭탄을 맞아

섬이었다는 흔적만 겨우 남은 채 뭉개져 버리고 말았다. 이 주변 일대를 '매향리 사격장'이라고 부른다.

매향리 사격장은 1951년 미국 공군이 경기도 화성군 우정면 매향리에 있는 농섬을 중심으로 만들기 시작하였다. 미군 전투기와 공격용 헬리콥터가 주말과 공휴일을 제외하고 한 달 평균 20일가량, 아침 9시부터 밤 10시까지, 매일 10번 이상 폭탄을 투하하고 기관총 사격 훈련을 하였다. 이 때문에 항공기 소음과 폭탄 파열음 및 오폭 사고 등으로 인근 주민들이 고통을 겪었다.

그렇다면 50년간 사격 훈련을 해 온 미군과 사격장 관리를 책임지고 있는 우리나라 정부 중 누가 파괴된 섬과 주민들의 피해를 책임져야 할까?

사실 관계 매향리 주민 14명은 매향리에서 미 공군 전투기가 사격 훈련을 하며 내는 소음으로 50년 동안 피해를 입었고, 국가가 사격장을 제대로 관리하지 못하여 이런 피해를 당하였다며, 국가배상법 제5조 제1항에 근거하여 국가를 상대로 소송을 제기하였다.

폭격 피해 **1952년** 주민 전 모 씨가 산에서 땔감을 구하여 집으로 돌아오다가 마을에 잘못 떨어진 포탄에 머리를 맞아 그 자리에서 죽었다.

1967년 주민 이 모 씨가 만삭의 몸으로 폭격장 인근 해안에서 굴을 따던 중 떨어진 포탄에 명중되어 형체를 알아볼 수 없을 정도로 처참한 죽음을 당하였다. 그런데 미국 폭격장 책임자는 이씨의 남편인 한 모 씨를 폭격장 내 종업원으로 채용하여 이를 무마하였다.

1968년 어린이 5명이 불발탄을 주워 가지고 놀던 중 폭발하여 그중 4명은 현장에서 즉사하고, 나머지 1명은 발목에 중상을 입었다.

1989년 어민 손 모 씨가 바다 폭격장 외곽선으로부터 4.5킬로미터 떨어진 해상에서 어로 작업을 하던 중 헬리콥터가 발사한 기관총알에 오른쪽 발목을 관통당하는 중상을 입었다.

소음 피해 전문가 집단이 사격장 부근 마을의 소음을 측정한 결과, 사격 훈련이 실시되면 90~133.7데시벨(dB)의 소음이 발생하는 것으로 나왔다. 90데시벨의 소음은 전동차가 지나가는 철교 아래 수준으로, 주거가 불가능한 지역으로 분류된다. 100데시벨은 열차의 소음, 110데시벨은 비행기의 이착륙 소음이다. 환경정책기준법상 주거 지역의 환경 소음 기준은 50데시벨에서 65데시벨 정도인데, 매향리에서는 이를 훨씬 웃도는 날카롭고 충격적인 소음이 주말이나 공휴일을 제외하고는 매일 발생하여 원고들에게 신체적·정신적으로 피해를 입혔다. 주민들은 텔레비전 시청이나 전화 통화 및 일상 대화, 아이들 공부 등 일상생활에 커다란 방해를 받고 있다.

이 소송은 주한미군 지위협정(SOFA)에 따라 국가만을 상대로 소를 제기한 것이어서, 판결이 확정되면 우선 우리 정부가 손해 배상을 하게 되고, 정부는 미국을 상대로 미국 측에 전적으로 책임이 있는 경우 75퍼센트, 공동 책임인 경우 50퍼센트의 구상권*을 행사하게 된다.

관련 법률 조항

헌법
제29조
① 공무원의 직무상 불법 행위로 손해를 받은 국민은 법률이 정하는 바에 의하여 국가 또는 공공 단체에 정당한 배상을 청구할 수 있다. 이 경우 공무원 자신의 책임은 면제되지 아니한다.

● **구상권** 법률 또는 계약에 의해 다른 사람의 채무를 대신 갚은 사람이 다른 사람 또는 그 다른 사람과 연대하여 채무를 부담하는 사람에게 자신이 대신 갚은 돈의 상환을 요구할 수 있는 권리.

국가배상법

제5조 (공공시설 등의 하자®로 인한 책임)

① 도로·하천 기타 공공의 영조물의 설치 또는 관리에 하자가 있기 때문에 타인에게 손해를 발생하게 하였을 때에는 국가 또는 지방 자치 단체는 그 손해를 배상하여야 한다.

② 제1항의 경우에 손해의 원인에 대하여 책임을 질 자가 따로 있을 때에는 국가 또는 지방 자치 단체는 그 자에 대하여 구상할 수 있다.

주한미군 지위협정

제5조 (시설과 구역 – 경비와 유지)

② (……) 대한민국 정부는, 이러한 시설과 구역에 대한 합중국 정부의 사용을 보장하고, 또한 합중국 정부 및 그 기관과 직원이 이러한 사용과 관련하여 제기할 수 있는 제3자의 청구권으로부터 해를 받지 않도록 한다.

제23조 (청구권)

⑤ (……) 손해를 가한 것으로부터 발생하는 청구권은 대한민국이 다음의 규정에 따라 이를 처리한다.

가. 합중국만이 책임이 있는 경우에는 대한민국이 그의 25%를, 합중국이 그의 75%를 부담하는 비율로 이를 분담한다.

나. 대한민국과 합중국이 손해에 대하여 책임이 있는 경우에는 균등히 이를 분담한다. (……)

주한미군 지위협정의 시행에 관한 민사특별법

제2조 (국가의 배상 책임)

① 합중국 군대의 구성원·고용원 또는 한국 증원 군대의 구성원이 그 직무를 행함에 당하여 대한민국 안에서 대한민국 정부 이외의 제3자에게 손해를 가한 때에는 국가는 국가배상법의 규정에 의하여 그 손해를 배상하여야 한다.

② 합중국 군대 또는 한국 증원 군대가 점유·소유 또는 관리하는 토지의 공작물과 기타 시설 또는 물건의 설치나 관리의 하자로 인하여 대한민국 정부 이외의 제3자에게 손해를 가한 때에도 전항과 같다.

● **하자** 흠. 법률 또는 당사자가 기대한 상태나 성질이 결여된 상태.

1. 시설물에 대한 관리 책임을 국가에 물을 수 있는가?

몇십 년간 다니던 길이었는데, 어느 날 그 길의 맨홀 뚜껑이 열려 있어서 빠져 죽었다면? 주의하지 않은 나의 실수일까, 맨홀 뚜껑을 제대로 관리하지 않은 지방 자치 단체나 국가의 책임일까? 자동차를 운전하고 가던 중, 도로가 얼어서 사고가 났다면? 조심하여 운전하지 않은 나의 실수일까, 도로를 제대로 관리하지 않은 지방 자치 단체나 국가의 책임일까?

살아가다 보면 이런 문제에 부딪힐 수 있다. 이런 때 도움을 얻을 수 있는 법 조항이 바로 국가배상법 제5조다. 이것은 도로나 하천, 기타 공공의 시설물을 설치하고 관리하는 데 문제가 있어서 손해를 입었다면 시설물 관리자인 국가 또는 지방 자치 단체가 그 손해를 배상하여야 한다는 조항이다. 그렇다면 나라의 평화를 위해 지어 놓은 사격장이라는 '시설물'을 제대로 관리하지 않아 주민들이 '피해'를 입었다면 국가배상법 제5조에 근거하여 배상을 받을 수 있을까?

2. 주민들이 위험 지역으로 스스로 들어왔기 때문에 책임을 지지 않아도 되는가?

만약 맨홀 뚜껑이 열려 있으니 주의하라고 미리 알려 주었거나 줄을 쳐 놓았다면, 도로가 얼었으니 주의하라는 안내를 미리 해 주었다면 상황은 어떻게 되었을까?

주한미군과 정부는 매향리 주민들에게 "사격장은 주민들이 이주해 오기 전인 50년 전에 지은 것이다. 이주해 올 때는 이 지역이 위험하다는 것을 이미 알았을 테고, 그것을 감수할 수 있다고 생각해서 들어온 것이 아니냐?"라고 되물었다. 그렇다면 정부에는 책임이 없을까?

3. 주민들에게 실제로 피해를 준 것은 국가인가, 주한미군인가?

이 사건에서 주민들은 국가를 상대로 소송을 걸었다. 그런데 주민들에게 직접적인 피해를 준 것은 사실 국가가 아니라 주한미군이다. 손해를 배상한다는 것

은 피해를 끼친 사람이 피해를 입은 사람에게 그 피해를 보상해 준다는 의미가 있으며, 보통의 손해 배상 소송은 이렇게 가해자와 피해자가 명확하게 구분되어야 한다. 그런데 이 사건에서는 직접적인 피해를 끼친 것은 주한미군이고, 주한미군이 사용하는 사격장을 관리한 것은 국가이기 때문에 문제가 좀 더 복잡해진다.

주한미군 지위협정 제5조 제2항은 "대한민국 정부는, 이러한 시설과 구역에 대한 합중국 정부의 사용을 보장하고, 또한 합중국 정부 및 그 기관과 직원이 이러한 사용과 관련하여 제기할 수 있는 제3자의 청구권으로부터 해를 받지 않도록 한다."라고 되어 있으며, 매향리 사격장의 경우 정당한 시설 사용이므로 배상 책임이 없다는 게 미군 측 주장이다. 반면에 주한미군 지위협정 제23조 제5항에 따르면, 주한 미군이 공무상 불법 행위를 저질러 국가 배상을 해야 할 경우 한국이 배상금을 먼저 지급하고 미군에 변상 청구하는 방식을 취하게 되어 있다. 미군에 전적인 책임이 있을 때는 한국과 미국이 각각 25퍼센트와 75퍼센트를 부담하고, 그 밖에는 똑같이 분담하도록 규정하고 있는 것이다.

판결문
살펴
보기

국가배상법 제5조 제1항에 정하여진 '영조물의 설치 또는 관리의 하자' 라 함은 공공의 목적으로 지어진 시설물이 그 용도에 따라 갖추어야 할 안전성을 갖추지 못하여 타인에게 위해를 끼칠 위험성이 있는 상태를 뜻하고, 나아가 그 시설물이 공공의 목적에 이용됨에 있어 그 정도가 일정한 한도를 초과하여 제3자에게 사회 통념상 참을 수 없는 피해를 입히는 경우까지 포함된다고 보아야 할 것이다.

사회 통념상 참을 수 있는 피해인지의 여부는 그 시설물의 공공성, 피해의 내용과 정도, 이를 방지하기 위하여 노력한 정도 등을 종합적으로 고려하여 판단하여야 한다. 매향리 사격장에서 발생하는 소음 등으로 지역 주민들이 입은 피해는 사회 통념상 참을 수 있는 정도를 넘는 것으로서 사격장의 설치 또는 관리에 하자가 있었다고 본다.

일반인이 위험 지역으로 이주하여 거주하는 경우라고 하더라도 위험에 접근할 당시에 그러한 위험이 문제가 되지 않았고, 그러한 위험이 있다는 사실을 정확하게 알 수 없었으며, 그 밖에 위험에 접근하게 된 경위와 동기 등의 여러 가지 사정을 종합하여 그와 같은 위험의 존재를 인식하면서 굳이 위험으로 인한 피해를 받아들였다고 볼 수 없는 경우에는 가해자의 책임이 감면되지 않는다.

국가는 소송을 제기한 매향리 주민 14명에게 975만~1,100만 원의 손해 배상을 하여야 한다.

안전성 관리 하자에 따른 국가의 배상

국가가 공익을 위해 지은 시설물(도로, 맨홀, 사격장, 공기업 등)이 안전하지 못하여 국민에게 피해를 입혔고, 그 피해 정도가 지나치다면 배상하여야 하는데, 법원은 매향리의 경우 사격장 폭격 훈련으로 인한 소음 때문에 많은 인명 피해가 생기고 일상생활이 힘든 정도의 피해라고 판단하였다. 사격장이 위험한 지역이라는 것을 미리 알고도 주민 스스로 들어왔다면 죄가 되지 않는다는 주장에 대해서는, 당시에는 위험이 그렇게 크지 않았고, 위험이 얼마나 클 것인지에 대해서도 정확히 알 수 없었기 때문에 주민의 책임이 아니라고 보았다.

한편 최근 미군이 사용하던 사격장이나 미군 기지가 줄어들거나 다른 곳으로 옮겨 가고 있는데, 그 남겨진 기지의 환경 오염이 심각하다. 환경운동연합이 매향리 사격장 폐쇄 1년이 지난 2006년에 매향리 농섬 지역 토양 오염도를 조사하였다. 그 결과 중금속인 납의 경우 무려 전국 평균의 923배가 넘게 검출된 곳이 있었고, 구리의 경우 9배를 넘는 것으로 조사되었다. 환경 오염 물질의 처리 비용만 수천억 원에 이를 것으로 추정되는데, 현재 주한미군 지위협정에 따르면 우리나라가 많은 부분을 책임지게 되어 있다. 이런 상황에서 매향리 사격장의 판결은 앞으로 내려지는 결정에 많은 영향을 미칠 것으로 보인다.

지난 60년 동안 미군 사격장으로 사용되어 온 매향리 사격장이 2005년 주민들의 품으로 돌아왔다. 평화생태공원으로 거듭날 매향리는 그 향기를 되찾을 수 있을까? 심각한 환경 오염으로 신음하는 매향리가 제 모습을 되찾으려면 수십 년 이상의 시간이 걸릴 것으로 보인다.

사격장 철거 후 환경 오염 처리는 누가 하나?

'애물단지 미군기지' ……환경 소송 국가 패소 20억여 원 모두 국민 세금

최근 미군기지 화학물질 매립사건으로 사회가 들끓고 있는 가운데 지자체 등이 제기한 미군기지 환경오염 소송에서 모두 국가가 패소해 20억여 원을 국민 세금으로 충당한 것으로 드러났다.

이는 불평등한 주한미군 지위협정(SOFA)으로 미군기지에 대한 접근권이 차단된 상태에서 신속한 조사가 어렵고, 미군기지에서 환경 사고를 내더라도 미군 측으로부터 배상받을 길이 사실상 없기 때문이다.

10일 투명사회를위한정보공개센터가 법무부로부터 제출 받은 '1990년 이후 미군기지로 인한 환경오염 피해현황' 자료에 따르면 2003년 SOFA 협정 관련 미군기지 환경오염 소송은 모두 7건으로 이 가운데 3건이 국가가 패소하였고 나머지 4건은 1심이나 2심이 진행 중이다.

– 〈투명사회를위한정보공개센터〉(2011. 6. 10.)

해외 주둔 미군은 주둔국과 협상을 통해 기간과 임대료 등을 결정하여 주둔하고 있다. 그러나 2011년 현재 주한미군은 129개 기지에 2억 4,000만 제곱미터의 땅을 공짜로 쓰고 있다. 게다가 미군 기지 중에는 현재 미군이 사용하지 않으면서 정식 반환을 하지 않아 폐허로 남아 있는 곳이 많다. 심지어 한국군이 지켜 주는 텅 빈 미군 기지도 있다.

대한국민은 3·1운동으로 건립된 대한민국 임시정부의 법통을 계승하고…

친일파 후손 땅 찾기 소송
수원지방법원 2005. 11. 15. 선고, 2004가단14143 판결

대표적 친일파로 알려진 송병준의 후손이 소유권 청구 소송을
제기하자 시민들이 강하게 반발하였다.

안동에서 계몽 교육의 중심이 되었던 협동학교 설립자인 김대락 선생은 모든 재산을 팔아 서간도로 이주하여 해외 독립 기지 건설에 주력하였다. 하지만 그의 후손은 도와주는 사람도 없고 돈도 없어서 교육을 제대로 받지 못하였다고 한다. 신흥무관학교 설립자로 독립 운동에 앞장선 일송 김동삼 선생의 가족은 해방 후 44년이 지난 1989년에야 조국으로 돌아올 수 있었다. 안동의 항일 운동 근거지로 사용되었던 석주 이상룡 선생의 고택(임청각)은 후손들이 10여년간 법적 절차를 거친 뒤에야 간신히 되찾을 수 있었다.

이처럼 독립 운동가의 후손은 선조들의 희생을 고스란히 대물림하고 있다.

이 같은 현실은 민족문제연구소가 2005년에 실시한 독립 운동가의 생활 실태 조사에서도 드러난다. 조사 결과 독립 운동가의 후손 중 58퍼센트가 무직, 19 퍼센트가 농업에 종사하고 있었다. 학력을 보면 대졸은 16퍼센트에 불과한 반면, 중졸 이하와 무학이 50퍼센트를 넘었다. 2004년 국가보훈처가 발표한 자료에 따르면 약 60퍼센트의 독립 운동가 후손이 경제적으로 하층에 속하는 것으로 밝혀졌다.

반면에 친일파 후손의 삶은 어떤가? 이들은 부모가 친일 행위를 하여 모은 재산을 물려받아 대대로 편안한 삶을 살아 왔다. 재산이 점점 불어나는 것은 물론 고위 관직까지 차지하였다. 또한 그 재산을 바탕으로 좋은 교육을 받고 좋은 직장을 구하고 좋은 생활을 누리는 것이 대물림되었다. 여기에 더해 친일파 후손이 선조의 땅을 찾아 달라며 소송을 내는 일까지 이어지고 있다. 일제에 의해 합법적으로 권리를 인정받은 땅이기 때문에 사유 재산권을 보호해 주어야 한다고 주장하고 있는 것이다.

나라를 위해 싸운 독립 투사 후손의 삶과 나라를 팔아 먹은 친일파 후손의 삶은 왜 이렇게 다른가? 이런 현실은 정의로운 것일까? 정의롭지 못한 지금의 현실을 올바르게 바꾸는 것은 가능한 일일까?

사실 관계 충북 음성군 감곡면 월정리 산 7, 8번지. 이곳 13만 9,000여 제곱미터 땅의 소유권은 지난 1918년 일제에 의해 이근호에게 주어졌다. 이근호는 을사오적으로 꼽히는 군부대신 이근택의 친형으로, 그 역시 일제로부터 남작 작위를 수여받은 친일파이다. 남작 작위와 함께 은사금 명목으로 2만 5,000엔을 받았는데, 이 돈은 현재 우리 돈으로 6억 원 정도에 해당한다. 이근호는 1903년에 중추원 부의장을 지냈는데, 중추원은 일제 강점기 동안 조선총독의 자문 기구로서 일제의 조선 병합에 협조하거나 식민 통치에 협조한 인물들을 지배 세력의 일부로 포섭하였다.

이근호가 받은 이 땅은 그의 아들에게 대물림되었고, 1958년 손자인 이 모 씨에게 상속되었다. 이씨가 소유권을 주장한 토지는 그동안 찾는 이가 없어 미등기 재산으로 분류되어 국가에 귀속된 상태였다. 이씨는 경기도와 충청북도 일대 국유지 1만 3,223제곱미터(시가 60억여 원)에 대한 소유권을 주장하며 해당 지방 자치 단체를 상대로 소송을 제기하였다. 이씨는 2004년 3월 수원지법에 제출한 소장에서 "원고의 조부인 망(亡) 이근호는 1911년 7월과 8월에 경기도 수원군 성호면(지금의 오산시) 일대 땅을 사정받아 원시 취득* 하였다."라며 "망인이나 상속인들이 토지를 다른 사람에게 양도한 사실이 없으므로 국가의 소유권 보존 등기* 는 무효"라고 주장하였다.

────────────── **관련 법률 조항** ──────────────

헌법

제13조

① 모든 국민은 행위 시의 법률에 의하여 범죄를 구성하지 아니하는 행위로 소추되지 아니하며, 동일한 범죄에 대하여 거듭 처벌받지 아니한다.

② 모든 국민은 소급 입법에 의하여 참정권의 제한을 받거나 재산권을 박탈당하지 아니한다.

제23조

① 모든 국민의 재산권은 보장된다. 그 내용과 한계는 법률로 정한다.

② 재산권의 행사는 공공복리에 적합하도록 하여야 한다.

● **원시 취득** 어떤 권리를 다른 사람의 권리에 의존하지 않고 독립하여 취득하는 일. 주인 없는 물건의 선점, 유실물 습득 따위이다.
● **소유권 보존 등기** 판결이나 수용으로 소유권을 원시 취득하게 되면 그 소유권을 인정받기 위해 신청하는 등기.

③ 공공 필요에 의한 재산권의 수용·사용 또는 제한 및 그에 대한 보상은 법률로써 하되, 정당한 보상을 지급하여야 한다.

민법

제211조 (소유권의 내용)

소유자는 법률의 범위 내에서 그 소유물을 사용, 수익, 처분할 권리가 있다.

제214조 (소유물 방해 제거, 방해 예방 청구권)

소유자는 소유권을 방해하는 자에 대하여 방해의 제거를 청구할 수 있고 소유권을 방해할 염려 있는 행위를 하는 자에 대하여 그 예방이나 손해 배상의 담보를 청구할 수 있다.

생각해 보기

1. 재산권은 어디까지 보호되는가?

🔍 우리나라 헌법 제23조는 "모든 국민의 재산권은 보장된다."라고 밝히고 있다. 친일 행위를 하여 벌었다 할지라도 그 재산은 그 사람의 소유이며, 그 과정이 법에 따라 이루어졌다면 그 재산을 국가가 나서서 빼앗는다는 것은 법을 무시하는 행동이다.

🔍 친일파의 재산은 대한민국의 헌법이 만들어질 때부터 재산권의 보호 대상이 아니었다. 우리나라 헌법 전문에는 "우리 대한국민은 3·1 운동으로 건립된 대한민국임시정부의 법통을 계승"한다고 밝히고 있어서, 친일 행위를 인정하지 않고 있기 때문이다. 따라서 친일파의 재산은 헌법에 의해 제한될 수 있다. 하위 법인 민법에서 '재산의 소유권'을 인정하고 있지만, 상위법인 헌법에서 친일 행위로 모은 재산을 인정할 수 없다면 당연히 상위법을 따라야 한다.

2. 아주 오래전 일을 요즘의 법으로 처벌할 수 있는가?

우리나라 법에는 '소급 입법의 금지'라는 원칙이 있다. 옛날에는 범죄가 아니었던 일이 새로운 법이 만들어짐에 따라 죄가 성립되어 처벌을 받아야 한다면 사회가 엄청난 혼란에 빠질 것이기 때문에 만든 원칙이다. 이 원칙은 평상시에는 엄격히 지켜지지만, 전쟁과 혁명 같은 사회에 큰 변동이 있을 때에는 예외가 있다.

예컨대 8·15 광복 후 일제 강점기에 반민족 행위를 한 사람을 특별법을 제정하여 소급 처벌한 일, 4·19 혁명 후 3·15 부정 선거 관련자와 반민주 행위자 및 부정 축재자 등을 특별법에 의해 소급하여 처벌한 일이 있다. 5·18 광주 민주화 운동의 경우도 특별법을 만들어서 두 전직 대통령을 처벌하였다.

친일 잔재를 청산하기 위한 '반민족행위처벌법'이 1951년에 폐지된 후 친일파 후손은 수십 건의 소송에서 승소하여 막대한 토지를 소유하게 되었다. 지금 새로운 '특별법'을 만들어서 친일 재산을 다시 빼앗을 수 있을까?

판결문 살펴보기 이근호는 일본 제국주의로부터 1910년 남작의 작위와 은사금 2만 5,000 엔을 받은 친일 반민족 행위자에 해당하고, 달리 이근호가 친일 반민족 행위자의 제외 사유에 해당된다는 아무런 주장, 입증도 없다.

원고가 토지에 대한 자신의 소유권이 헌법상 보호받을 수 없는 것임을 알거나 충분히 예상할 수 있었음에도 헌법과 다른 법체계의 충돌(재판 청구권의 행사), 모순되는 상황을 이용하여 소송을 제기한 것으로서, 원고의 소송으로 인하여 사법 기능의 혼란과 마비라는 공공복리에 위협을 초래하는 결과가 발생하고 있다.

하지만 법원은 국회의 입법 부작위[•]에 대해 아무런 법적 해결 방법을 가지지 못하고 있으므로, 이와 같은 경우에 한해 재판 청구권 행사의 금지가 아니라 위와 같은 위헌적인 법률 상태가 입법으로 해소되어 헌법 합치적인 상태가 될 때까지 이 사건에 대한 재판 청구권의 행사를 일시 정지하는 의미로서 이 소송을 각하한다.

친일 재산권에 대한 재판 청구권

원고는 이근호로부터 물려받은 땅이 친일 행위에 대한 대가로 받은 것이며, 그것이 헌법상 보호받을 수 없음을 충분히 예상할 수 있었다. 그런데도 다른 법을 근거로 소송을 제기하는 것은 올바르지 못하다. 이렇게 법률 자체에 모순적인 상황이 발생하였기 때문에 이것이 해결되기 전까지는 재판을 할 수 없다고 법원은 판결하였다. 그리고 헌법의 정신에 맞게 법률을 고치도록 국회에 촉구하고 있다. 헌법에서는 3·1 운동의 정신을 기준으로 제시하고 있지만, 하위 법률에서는 친일파의 재산도 보장되어야 한다는 모순적인 상황이 벌어지고 있기 때문에, 재판부는 이것이 올바로 잡히기 전까지는 친일파 재산에 관한 판결을 할 수 없다고 한 것이다.

이 판결이 내려지고 한 달이 지나 국회에서는 '친일반민족행위자 재산의 국

● **입법 부작위** 입법자(국회)가 헌법상 입법 의무가 있는 어떤 사항에 관해 입법은 하였으나 그 입법의 내용·범위·절차 등이 당해 사항을 불완전·불공정하게 규율함으로써 입법 행위에 결함이 있는 경우.

가귀속에 관한 특별법'이 통과되었다. 국회에서 친일파의 재산을 인정할 수 없고 국가로 환수해야 한다는 입장을 정한 것이다. 다음은 특별법 조항이다.

친일반민족행위자 재산의 국가귀속에 관한 특별법(2011. 5. 19. 시행)

제1조 (목적)

이 법은 일본 제국주의의 식민 통치에 협력하고 우리 민족을 탄압한 반민족행위자가 그 당시 친일반민족행위로 축재한 재산을 국가에 귀속시키고 선의의 제3자를 보호하여 거래의 안전을 도모함으로써 정의를 구현하고 민족의 정기를 바로 세우며 일본 제국주의에 저항한 3·1 운동의 헌법 이념을 구현함을 목적으로 한다.

제2조 (정의)

2. "친일반민족 행위자의 재산(이하 "친일 재산"이라 한다)"이라 함은 친일반민족행위자가 국권 침탈이 시작된 러·일 전쟁 개전시부터 1945년 8월 15일까지 일본 제국주의에 협력한 대가로 취득하거나 이를 상속받은 재산 또는 친일 재산임을 알면서 유증·증여를 받은 재산을 말한다. 이 경우 러·일 전쟁 개전시부터 1945년 8월 15일까지 친일반민족행위자가 취득한 재산은 친일 행위의 대가로 취득한 재산으로 추정한다.

제25조 (국가 귀속 재산의 사용)

이 법에 따라 국가에 귀속되는 친일 재산은 '독립유공자 예우에 관한 법률' 제30조의 규정에 의한 용도에 우선적으로 사용하도록 하여야 한다.

친일파 후손들 재산 대거 빼돌렸다

친일파 재산 환수 작업이 본격화된 가운데, 친일파 후손들이 이미 상당수 재산을 제 3자에게 팔아 처분한 사실이 취재 결과 드러났다. 일부는 재산 매각 후 일본에 귀화 하거나 해외로 이민, 이 땅을 떠난 사실도 함께 밝혀졌다.

한일합방 때 조약 체결에 찬성한 매국노 7인 중 한 명인 조중응의 손녀 조 모 씨는 상속받은 땅을 1963년부터 2000년까지 여러 사람에게 판 것으로 확인되었다. 그리 고 다른 후손은 1969~1981년 사이 모두 일본에 귀화한 것으로 알려졌다. 현재 국내 에 남은 조씨의 재산은 서울 종로구 운니동 대지 1,784제곱미터, 지상 3층, 지하 1층 규모의 일본문화원 대지와 건물뿐이다. 이 일본문화원 소유주는 ㄱ주식회사로, 손 녀 조씨가 대표를 맡고 있다. 일본문화원이 친일파 후손에게 임대료를 내고 건물을 사용하고 있는 셈이다. ㄱ주식회사 관계자는 "일본문화원 건물은 조부(조중응)로부터 상속받은 재산이 아니기 때문에 환수 대상이 아닌 걸로 알고 있다."라고 주장하고 있다. 환수가 불투명한 재산인 것이다.

일제 때인 1939~1943년에 중추원 참의 등을 지내 400명 직권 조사 대상에 포함된 친 일파 정교원의 후손 역시 대부분의 재산을 매각한 상태며, 지난 5월 미국으로 이민갔다.

〈겨울 연가〉로 유명해진 강원 춘천시의 남이섬 역시 대표적 친일파인 민영휘의 증 손자 민 모 씨 소유인 사실도 확인되었다. 민영휘는 당시 중추원 의장을 지냈고, 일본 으로부터 자작 작위를 받았다. 서울 휘문고 설립자이기도 하다. 1966년 경춘 관광 개 발로 시작한 남이섬은 민영휘 손자가 1994년 ㈜남이섬으로 명의를 변경, 대표 이사 를 지냈으며, 현재는 증손자가 회장으로 재직 중이다. 그런데 주식회사 형태인 남이 섬은 '선의°의' 다른 주주들 때문에 국고 귀속이 가능할지 장담할 수 없는 실정이다.

– 〈경향신문〉 (2006. 9. 11.)

'친일반민족행위자 재산의 국가귀속에 관한 특별법'이 제정되었지만 실질적인 재산 환수 작업은 어렵게 진행되고 있다. 많은 친일파가 이미 법이 만들어지기 전이나 만들어진 후에도 상당수 재산을 처분하거나 해외로 도피해 버렸기 때문이다.

 해외로 도피한 친일파 후손의 재산을 환수할 수 있을까?

 친일파의 재산을 환수하는 것이 왜 필요한지를 법의 정의와 관련하여 생각해 보자.

● **선의** 어떤 일에 대한 법률 관계의 사정이나 사실을 알지 못하는 상태.

35 소멸 시효가 적용될 수 없는 경우도 있을까?

최종길 교수 의문사 사건
서울고등법원 2006. 2. 14. 선고, 2005나27906 판결

최종길 교수의 죽음에 항변하는 동생 최종선 씨 모습이다.

천상에서

나는 1931년에 태어났다. 가정 형편이
어려웠기 때문에 다른 형제들은 학업을
포기해야 하였고, 그 때문에 나는 더 열
심히 공부하였다. 나는 서울대학교와
서울대 대학원을 졸업하고, 스위스 취
리히 대학을 거쳐 서독의 쾰른 대학에

서 공부를 마치고 한국으로 돌아와 교수가 되었다. 10여 년간 교수로 재직하면서 미
국 하버드 대학교에 교환 교수로 갔다 오기도 하고, 논문도 여러 편 집필하였다. 그
런데 1973년 10월 16일 오후 6시, 중앙정보부에서 갑자기 출석을 요구하였다. 그들
은 내가 서독에 있는 동안 만난 친구들이 간첩이었으며, 그들과 접촉한 나 또한 간첩
이라고 몰아세우며 진실을 이야기하라고 하였다. 나는 아니라고 하였지만, 그들은

나의 뺨을 쳤고, 허벅지와 엉덩이를 몽둥이로 때렸으며, 내 무릎을 꿇리고 각목을 무릎에 끼운 채 허벅지를 짓밟았고, 잠을 재우지 않았다. 무려 사흘 동안 나는 그곳에서 그렇게 죽어 갔다. 1973년 10월 19일 새벽 1시 40분경 나는 사망하였다. 내가 죽은 후 그들은 내가 간첩임을 인정하고 자살하였다고 공식 발표하였다. 나의 부인과 어린 두 아이들은 그 후 큰 충격에 빠졌으며 사회적 비난을 받으며 힘들게 살아야 하였다.

지상에서

대한민국은 민주 공화국이다. 같은 민족끼리 전쟁을 치른 후 대한민국이 계속 발전하기란 쉽지 않은 일이었다. 북한과의 대치 상황에서 대한민국의 평화로운 발전을 위해 간첩들을 찾아내는 일은 매우 중요하였다. 최종길이 공부를 핑계로 외국을 다니면서 국가의 감시를 피하여 간첩들을 만났을 것이라는 추측이 가능한 자료들이 있었다. 그가 외국에서 만난 그의 고등학교 동창생은 네덜란드에 체류하던 간첩이었고, 최종길의 수첩에는 그 간첩의 주소가 기록되어 있었다. 국가를 안전하게 지켜야 하는 우리는 의심이 가는 최종길을 조사해야 하였다. 그렇지만 그는 순순히 사실을 말하지 않았다. 우리에게는 뚜렷한 증거가 없었기에 최종길을 강하게 조사하기로 하였다. 그러던 중 최종길은 본인이 간첩임을 인정하고, 화장실에 가겠다며 나간 후 창문에서 떨어져 자살하였다. 가혹 행위를 한 것은 유감이다. 국가 안보를 위한다지만 개인에게 미친 피해를 보상하고 싶었다. 그렇지만 이 사건은 소멸 시효가 완료된 사건이다.

사실 관계 유신 통치 1년을 맞이하던 1973년 가을, 대학생들의 반정부 시위가 거세진 가운데 서울대학교 법과대학 학생들이 체포·연행·구금되었다. 당시 학생과장이었던 최종길 교수는 교수 회의에서 학생들을 옹호하면서 당국을 향하여 교수진의 항의를 표시하자고 제안하였다.

학생들의 반정부 시위를 진압할 구실을 찾던 정부는 이른바 '유럽 거점 간첩단 사건'에 관한 수사 협조를 핑계로 최종길 교수의 내방을 요청하였다. 최종길 교수는 1973년 10월 16일 중앙정보부(지금의 국가정보원)에 자진 출두하였다가 사흘 뒤인 19일 새벽, 중앙정보부에서 주검으로 발견되었다. 중앙정보부는 "간첩 혐의를 자백한 뒤 양심의 가책을 느껴 7층에서 투신 자살하였다."라고 발표하였으나 천주교정의구현전국사제단은 1974년 "최종길 교수가 전기 고문에 의한 심장 파열로 숨졌다."라고 주장하며 사망 원인의 규명을 요구하였다. 그러나 철저한 조사 없이 수사가 마무리되면서 최 교수의 죽음을 둘러싼 논란은 끊임없이 이어졌다.

최종길 교수의 유족은 1988년 검찰에 최 교수의 죽음에 대해 수사를 의뢰하였으나 검찰은 공소 시효(15년)가 지났다며 수사하지 않았다. 결국 대통령 소속 의문사진상규명위원회가 최종길 교수의 의문사를 조사한 결과, 2002년 5월에 최 교수는 위법한 공권력의 개입으로 숨진 것이라며 의문사를 인정하였다.

이후 유족은 명예 회복의 최종 단계로 국가를 상대로 손해 배상 청구소송을 냈으며, 2004년 7월 법원은 국가의 책임을 인정, 10억 원을 배상하라는 화해 권고 결정을 내렸다. 그러나 유족은 "명예 회복이나 소멸 시효에 대한 판단 없이 배상액만 정하는 화해 조치는 합의할 수 없다."라며 받아들이지 않았다. 2005년 1월 서울중앙지법은 최종길 교수의 유족이 국가와 당시 수사관 차 모 씨를 상대로 낸 67억 원의 손해 배상 청구소송에서 소멸 시효가 지났다는 이유로 국가에 대한 청구를 기각하였다. 이에 유족은 항소하였다.

관련 법률 조항

헌법

제10조

모든 국민은 인간으로서의 존엄과 가치를 가지며, 행복을 추구할 권리를 가진다. 국가는 개인이 가지는 불가침의 기본적 인권을 확인하고 이를 보장할 의무를 진다.

민법

제766조 (손해 배상 청구권의 소멸 시효)

① 불법 행위로 인한 손해 배상의 청구권은 피해자나 그 법정 대리인이 그 손해 및 가해자를 안 날로부터 3년간 이를 행사하지 아니하면 시효로 인하여 소멸한다.

② 불법 행위를 한 날로부터 10년을 경과한 때에도 전항과 같다.

국가배상법

제2조

① 국가나 지방 자치 단체는 공무원 또는 공무를 위탁받은 사인이 직무를 집행하면서 고의 또는 과실로 법령을 위반하여 타인에게 손해를 입히거나, '자동차손해배상보장법'에 따라 손해 배상의 책임이 있을 때에는 이 법에 따라 그 손해를 배상하여야 한다. 다만, 군인·군무원·경찰공무원 또는 향토예비군대원이 전투·훈련 등 직무 집행과 관련하여 전사·순직하거나 공상을 입은 경우에 본인이나 그 유족이 다른 법령에 따라 재해보상금·유족연금·상이연금 등의 보상을 지급받을 수 있을 때에는 이 법 및 '민법'에 따른 손해 배상을 청구할 수 없다.

생각해 보기

1. 소멸 시효는 왜 필요한가?

소멸 시효는 권리를 가진 사람(권리자)이 일정 기간 권리를 행사하지 않는 경우 그 권리의 효력을 잃게 되는 제도를 말한다. 이 같은 제도는 일정한 사실 상태가 오랫동안 계속된 경우에 그 상태가 진실한 권리 관계인지의 여부를 묻지 않고, 그 사실 상태를 그대로 존중하고 권리 관계를 인정하려는 것이다. 이는 일정 기간 지속된 사회 질서를 존중하여 법 생활의 안정성을 확보하기 위해서이다.

민법 제766조 제1항에 의하면, 불법 행위로 인한 손해 배상의 청구권은 피해자나 그 법정 대리인이 그 손해 및 가해자를 안 날로부터 3년간 행사하지 않으면 시효로 인하여 소멸한다고 규정하고 있다.

2. 국가 권력의 남용으로 인한 손해에 대해서도 소멸 시효를 적용해야 하나?

오랜 기간 행사하지 않은 권리는 보호할 필요가 없다는 것이 시효 제도의 취지다. 대법원은 그동안 법적 안정성을 해칠 수 있다는 이유로 권리를 행사할 수 없는 장애, 채무 이행의 거절을 인정하는 것이 현저히 부당하거나 불공평한 경

우 등에서만 소멸 시효 배제를 인정하는 판단을 해 왔다. 그러나 개인이 상대할 수 없는 강력한 국가 권력이 진실을 왜곡·은폐하다가 소멸 시효 제도를 이용하여 국가가 항변권(상대편의 청구권 행사를 저지할 수 있는 권리)을 행사하고, 사법부가 법적 안정성을 이유로 면죄부를 준다면 신의 성실의 원칙에 어긋날 뿐만 아니라 법의 존재 목적인 정의를 외면하는 것이다.

우리나라는 일제 강점기와 한국 전쟁을 거치면서 국가에 의한 가혹 행위가 많이 발생하였다. 또한 박정희 대통령의 18년 통치 기간과 제5공화국에 이르는 권위주의 통치하에서 수많은 사건이 있었다. 이에 2000년 1월 15일 의문사진상규명에 관한 특별법이 제정되었고, 이에 따라 2000년 10월 17일 의문사진상규명위원회가 출범하여 위법한 공권력의 직접적·간접적 행사로 인하여 사망하였다고 의심할 만한 상당한 사유가 있는 죽음에 대한 진상을 밝혀 왔다. 그 대표적인 사례가 1973년 최종길 교수의 의문사이다.

1997년 유엔인권위원회에서 "국가 기관에 의한 인권 유린과 국가 기관에 의한 사망에 대해 모든 국민은 그 사실을 알 권리와 의무가 있으며 그 진실을 기억할 의무를 갖고 있다."라고 한 바 있다. 아무리 오래된 일이라 할지라도 숨겨진 사실을 밝히고 그에 적절한 책임을 다하는 것은 국민을 수호해야 하는 국가의 의무라고 할 수 있다.

판결문 살펴보기

1990년 7월 12일부터 우리나라에서 발효되기 시작한 '시민적 및 정치적 권리에 관한 규약(B규약)' 제7조는 "어느 누구도 고문 또는 잔혹한, 비인도적인 또는 굴욕적인 취급 또는 형벌을 받지 아니한다. 특히, 누구든지 자신의 자유로운 동의 없이 의학적 또는 과학적 실험을 받지 아니한다."라고 규정하고 있는데, 이러한 인권 보장 원칙을 구현하기 위해 인권 범죄를 다루는 국제형사재판소(ICTY 또는 ICTR)는 고문 등 범죄에 대해서는 그 공소 시효 적용을 배제하고 있으며(구 유고슬라비아와 르완다 지역의 인권 침해 사건을 재판하고 있는 국제형사재판소가 인권 침해 범죄자들에 대한 형사 재판을 하면서 견지한 원칙이다), 유엔인권이사회는 각국의 군사 정권 아래에서 저질러진 시민적·정치적 권리의 중대한 침해에 대해서는 필요한 최장 기간 동안 기소가 이루어져야 한다고 권고하는 등 반인도적 범죄, 전쟁 범죄나 고문 같은 중대한 인권 침해에 관해서는 공소 시효의 적용을 배제하는 것이 국제법의 일반 원칙이다.

이와 같은 국제법적 원칙은 공소 시효에 관한 논의이기는 하지만, 국가의 반인권적 범죄에 대한 민사상 소멸 시효를 적용할 때에도 동일하게 고려되어야 할 것이다.

일반적으로 소멸 시효 제도는 일정 기간 계속된 사회 질서를 유지하고 시간의 경과로 인하여 곤란하게 되는 증거 보전으로부터 구제하며 자기의 권리를 행사하지 아니하고 권리 위에 잠자는 자를 법적 보호에서 배제하기 위해 인정된 제도이다. 즉, 시효 제도는 원칙적으로 진정한 권리자의 권리를 확보하고, 변제자의 이중 변제를 피하기 위한 제도이므로, 권리자가 아니거나 변제하지 않은 것이 명백한 진정한 권리를 희생하면서까지 보호할 필요는 없다 할 것이다. 또한 시효 제도는 권리자로부터 정당한 권리를 빼앗으려는 데 있는 것이 아니라 채무자에게 근거 없는 청구를 받았을 때 사실의 탐지 없이 방어할 수 있는 보호 수단을 주려는 데 있는 것이었다. 이러한 시효 제도의 본질론에 비추어 볼 때, 이 사건의 경우에 국가의 손해 배상 책임에 대해서도 시효 소멸을 인정하는 것은 시효 제도의 취지에도 반한다.

이 사건에서 원고들의 피고 대한민국에 대한 손해 배상 청구권은 원칙적으로 시효 기간의 종료로 소멸하였다 할 것이지만, 앞서 본 바와 같이 원고들이 그 청구권을 행사할 수 없는 객관적인 사정이 있었거나 소멸 시효를 인정하는 것이 현저히 부당하거나 불공평하게 되는 등의 특별한 사정이 있었던 경우에 해당하므로, 피고 대한민국이 소멸 시효 완성을 주장하는 것은 신의칙에 반하여 권리 남용에 해당하므로 허용할 수 없다.

국가의 반인권적 범죄에 대한 소멸 시효

불인정
- 서울고등법원 2006 -

서울고등법원은 최종길 교수의 유족에게 국가가 손해 배상을 해야 한다는 판결을 내렸다. 소멸 시효 완성을 이유로 국가의 배상 책임을 인정하지 않은 1심과 달리 국가의 불법 행위를 인정하고 유족에게 18억 4,800만여 원을 배상하라는 원고 일부 승소 판결을 내린 것이다.

형식적으로 소멸 시효가 완성된 이 사건에 대해 법원은, 국민의 인권을 보호해야 할 국가 기관이 조직적으로 개입한 반인권적 중대 범죄에 대해 시효 완성을 주장하는 것은 신의칙에 위배되므로 국가가 배상 책임을 져야 한다고 밝힌것이다. 이는 국가인권위원회가 '국가인권정책기본계획 권고안'을 발표하면서 반인도적 범죄와 국가 기관의 반인권적 범죄에 대한 공소 시효의 배제나 정지를 권고한 것과도 같은 맥락이라 할 것이다.

시효 제도의 근본 취지인 법적 안정성을 고려하더라도, 국가 기관이 직무 수행과 관련하여 조직적으로 저지른 살인과 고문 등 반인권적 범죄에 대해서는 공소 시효나 소멸 시효의 적용을 원천적으로 배제하거나 정지하는 것이 옳다. 또한 이번 판결처럼 국가의 반인권적 범죄에 대한 손해 배상 청구에서는 근본적으로 국가의 소멸 시효 주장을 배제하는 방안도 강구해야 할 것이다.

삼청교육대: 영장 없는 체포

1. 국가 권력에 대한 개인의 대응

전두환 정권 초기의 대표적인 인권 침해 사례로 꼽히는 삼청교육대는 1980년 5월 17일 비상 계엄이 발령된 직후 사회 정화 정책의 일환으로 군부대 내에 설치한 기관이다. 삼청교육대 순화 교육은 헌병이 총을 든 무시무시한 상황에서 이루어졌다. 1998년 국회의 발표에 의하면 교육 중 사망자가 52명, 후유증으로 인한 사망자가 397명, 정신 장애 등 상해자 2,678명이 발생하였다.

다음 사례를 읽고, 국가가 권력을 이용하여 조직적으로 개인의 인권을 유린할 경우 개인의 대응이 얼마나 힘겨운지 생각해 보자.

1980년 8월경 박 모 씨는 삼청교육대에 입소하여 보호 감호를 받게 되자 정식 재판을 요구하였으나, 받아들여지지 않자 난동을 부린 혐의로 징역 10년을 선고받고 청송교도소에 수감되었다. 박씨는 1984년 소란을 피웠다는 이유로 포승줄에 묶인 채 가혹 행위를 당한 다음 그대로 방치되었고, 이로 인하여 사망하였다. 박씨의 시체를 검시 및 부검한 의사는 박씨의 온몸에 피멍이 있어 가혹 행위를 당한 흔적이 있었음에도, 이를 묵과한 채 사망 원인이 '심장 마비'로 추정된다고 보고하였다. 그때 참여한 검사 역시 별다른 조사 없이 "타살 혐의가 없으므로 행정 처리 하라."라고 지시하였으며, 교도소 측도 직원들에게 그와 같이 말을 맞추도록 지시하였다. 법무부에도 단순히 '심장 마비'로 사망한 것으로 보고하였다. 그 뒤 박씨의 가족과 재소자 등은 교도소 내 농성, 검찰에 고발, 법원에 재정 신청, 정당 및 언론에 호소, 국회에 진정 등을 통해 박씨의 사망 경위를 밝히려고 노력하였으나 실패를 거듭하였다.

2. 국가 권력에 대한 법의 대응

불법 행위에 대해서는 일반적으로 소멸 시효를 적용하고 있다. 그렇지만 최종 길 교수 사건이나 삼청교육대 관련 사건처럼 국가 권력에 의한 인권 유린의 경우에는 개인이 권리를 주장하기가 매우 어렵다.

다음 글을 읽고, 국가 권력의 불법 행위에 대해 소멸 시효를 적용하는 것이 타당한지 생각해 보자.

2001년 의문사진상규명위원회는 삼청교육대에서 숨진 박씨 사건에 관해 직권 조사 결정을 내리고, 5개월간의 조사를 거친 다음, 박씨는 교도관들의 가혹 행위로 사망 하였다고 판정을 내렸다. 법원에서도 다음과 같이 밝혔다.

"국가를 상대로 한 손해 배상 청구권은 불법 행위를 한 날로부터 5년이 지나면 시 효가 소멸하는데, 박씨가 사망한 지 이미 20여 년이 지났기 때문에 박씨와 그 가족의 국가에 대한 손해 배상 청구권이 소멸한 것으로 볼 수 있다. 하지만 국가의 공무원인 교도관들이 저지른 가혹 행위의 불법성과 반인륜성이 상당하고, 박씨의 사망 경위를 조작하여 은폐하였으며, 의문사진상규명위원회에서 사망 경위를 밝히기 전까지는 그 가족이 박씨의 사망 경위를 구체적으로 알 수 없어 국가를 상대로 소송을 제기하 는 것은 사실상 불가능하였다. 이와 같은 경우에도 국가의 소멸 시효 주장을 받아들 이면 인간의 존엄성, 행복 추구권, 신체의 자유 등을 보장하는 헌법의 권리를 인정하 지 않는 결과를 초래한다고 보이므로, 국가의 소멸 시효에 관한 주장은 권리 남용에 해당하여 허용될 수 없다."

– 서울고등법원 2006(2005나112095)

36 낙태는 여성의 자기결정권인가, 숨겨진 살인인가?

임신 중절 수술 사유 판례
헌법재판소 2012. 8. 23. 선고, 2010헌바402 판결

사람들이 낙태 반대 운동을 하고 있는 모습이다.

사례 1 나는 3년 전 지금의 남자 친구를 만났다. 고3이던 우리는 힘든 시기를 서로 위로하고 열심히 공부하며 지냈다. 우리는 나란히 대학생이 되었고, 2년을 참 즐겁게 보냈다. 그러다 남자 친구가 군대에 가게 되었다. 늘 함께하던 우리가 강제로 떨어져 있어야 한다는 것이 너무 나도 슬펐다. 그래서 여행을 결심하였고, 1박 2일의 일정으로 동해안을 갔다. 처음으로 우리는 같이 잠을 잤다. 남자 친구가 군에 간 지 2개월 만에 나는 임신 사실을 알게 되었다. 순간 눈앞이 캄캄하였다. 어떻게 해야 하나?

사례 2 나는 서른여덟 살이다. 여섯 살, 네 살이 된 아이가 둘 있다. 그리고 지

금 셋째를 임신 중이다. 남편은 무척 가부장적인 사람이다. 집에 오면 거의 말이 없고, 아이들과 잘 놀아 주지도 않는다. 가사도, 육아도 전적으로 내 몫이다. 거기다 얼마 전 남편은 다니던 직장이 어려워져 그만두게 되었고, 지금은 임시직에 있으면서 직장을 구하고 있다. 나의 친정 부모님은 일찍 돌아가셨다. 시부모님은 형편이 좋지 않으신 데다가 시어머님은 고혈압을 앓고 계셔서 병원을 자주 다니신다. 그때마다 우리가 조금씩 병원비를 보내야 한다. 아이들이 자라면서 교육비도 계속 늘어만 가는데 어떡하지?

사례 3 나는 남편과 이혼을 고민 중이다. 오랜 망설임과 주변의 반대 끝에 결혼하였지만 우리의 결혼 생활은 순조롭지 못하였다. 남편은 생활력이 없다. 다니던 직장을 그만두고 사업을 한다고 전세금과 내가 모아 놓은 목돈까지 사업 자금으로 써 버렸다. 차린 점포는 1년을 못 갔고 결국 월세집을 떠돌게 되었다. 더군다나 사업한다는 명목으로 술자리가 잦다 보니 집에도 늦게 들어온다. 친정어머니가 사고로 돌아가셨는데도 장례식장에 다음 날에서야 나타났다. 도저히 참을 수 없어 이혼을 결심하였는데 임신 초기라는 것을 알았다. 아이를 낳아서 혼자 키워야 하는 걸까?

사실 관계 송씨는 간호대학을 졸업하고 조산원을 운영하고 있었다. 2010년에 원치 않는 임신을 하였다며 태아를 낙태시켜 달라는 김 모 씨의 부탁을 받고 임신 6주인 태아를 낙태 시술하였다. 그러나 낙태 시술 당시 동행하였던 김씨의 애인 박 모 씨로부터 고소를 당하여 부산지법에서 재판을 받던 중(부산지방법원 2010고단2425), 낙태를 시술한 조산사에 대해 2년 이하의 징역에 처하도록 규정한 형법 제270조 제1항에 대해 위헌법률 심판제청 신청(부산지방법원 2010초기2480)을 하였으나 기각되었다. 이에 청구인은 제270

조 제1항이 헌법에 위반된다며 헌법 소원 심판을 청구하였다.

관련 법률 조항

헌법

제10조

모든 국민은 인간으로서의 존엄과 가치를 가지며, 행복을 추구할 권리를 가진다. 국가는 개인이 가지는 불가침의 기본적 인권을 확인하고 이를 보장할 의무를 진다.

민법

제3조 (권리 능력의 존속 기간)

사람은 생존한 동안 권리와 의무의 주체가 된다.

형법

제20조 (정당 행위)

법령에 의한 행위 또는 업무로 인한 행위 기타 사회 상규에 위배되지 아니하는 행위는 벌하지 아니한다.

제269조 (낙태)

① 부녀가 약물 기타 방법으로 낙태한 때에는 1년 이하의 징역 또는 200만 원 이하의 벌금에 처한다.

제270조 (의사 등의 낙태, 부동의 낙태)

① 의사, 한의사, 조산사, 약제사 또는 약종상이 부녀의 촉탁 * 또는 승낙을 받아 낙태하게 한 때에는 2년 이하의 징역에 처한다.

② 부녀의 촉탁 또는 승낙 없이 낙태하게 한 자는 3년 이하의 징역에 처한다.

③ 제1항 또는 제2항의 죄를 범하여 부녀를 상해에 이르게 한 때에는 5년 이하의 징역에 처한다. 사망에 이르게 한 때에는 10년 이하의 징역에 처한다.

④ 전 3항의 경우에는 7년 이하의 자격 정지를 병과한다.

모자보건법

제2조 (정의)

7. "인공 임신 중절 수술"이란 태아가 모체 밖에서는 생명을 유지할 수 없는 시기에 태아와 그 부속물을 인공적으로 모체 밖으로 배출시키는 수술을 말한다.

제14조 (인공 임신 중절 수술의 허용 한계)

---

① 의사는 다음 각 호의 1에 해당되는 경우에 한하여 본인과 배우자(사실상의 혼인 관계에 있는 자를 포함한다. 이하 같다)의 동의를 얻어 인공 임신 중절 수술을 할 수 있다.

1. 본인이나 배우자가 대통령령으로 정하는 우생학적 또는 유전학적 정신 장애나 신체 질환이 있는 경우

2. 본인이나 배우자가 대통령령으로 정하는 전염성 질환이 있는 경우

3. 강간 또는 준강간에 의하여 임신된 경우

4. 법률상 혼인할 수 없는 혈족 또는 인척 간에 임신된 경우

5. 임신의 지속이 보건 의학적 이유로 모체의 건강을 심각하게 해치고 있거나 해할 우려가 있는 경우

② 제1항의 경우에 배우자의 사망·실종·행방불명, 그 밖에 부득이한 사유로 동의를 받을 수 없으면 본인의 동의만으로 그 수술을 할 수 있다.

③ 제1항의 경우 본인이나 배우자가 심신 장애로 의사 표시를 할 수 없을 때에는 그 친권자[●]나 후견인[●]의 동의로, 친권자나 후견인이 없는 때에는 부양 의무자의 동의로 각각 그 동의를 갈음할 수 있다.

---

1. 여성의 자기 신체에 대한 결정권을 인정하라!

원치 않거나 축복받지 못하는 임신을 한 경우 여성은 부모를 비롯한 가족은 물론 주위 사람들의 따가운 시선을 받으며 살아야 한다. 본인뿐만 아니라 태어날 아이에 대한 시선도 곱지 않을 것이라는 두려움으로 정신적 불안감을 갖게 될 것이다. 아이의 아버지가 이 모든 과정을 함께한다면 여성의 짐이 덜하겠지만, 혼자 겪어야 하는 경우라면 더 큰 정신적·경제적·사회적 고통이 뒤따를 것이다. 사회적 제도나 인식도 제대로 갖추어지지

● **촉탁(囑託)** 일을 부탁하여 맡김.

● **친권자** 부모가 미성년인 자식에 대하여 보호·감독을 내용으로 하는 신분상·재산상의 권리와 의무를 통틀어 이르는 말인 친권을 행사할 권리와 의무를 가진 사람. 보통 부모가 된다.

● **후견인** 친권자가 없는 미성년자나 한정 치산자, 금치산자를 보호하며 그의 재산 관리 및 법률 행위를 대리하는 직무인 후견의 직무를 행하는 사람. 친권자의 지정에 의하는 지정 후견인, 친족회나 법원의 선정에 의하는 선정 후견인, 법률의 규정에 의하는 법정 후견인 등이 있다.

않은 상황에서 임신 중절 수술을 택한 책임을 여성에게만 강요하는 것은 가혹하다. 오히려 피임에 대한 교육과 지원을 강화하여 원치 않는 임신을 최소화하고, 혹여 아이가 생기더라도 사회적·경제적 불안감으로 불가피하게 낙태를 택하지 않아도 되는 육아 환경을 만드는 것이 필요하다. 또한 우리나라 민법 제3조는 "사람은 생존한 동안 권리와 의무의 주체가 된다."라고 규정하고 있다. 이 조항에 따르면 아직 출생하지 않은 태아는 권리와 의무의 주체가 될 수 없다. 임신과 출산은 오직 여성의 몸 안에서만 이루어진다. 차별받지 않고 종속되지 않는 존재로서, 여성도 사회적 강요에 따른 책임에서 자유로이 자신의 신체에 대한 결정권을 행사하고 주체적인 삶을 영위할 수 있어야 한다.

낙태를 여성의 선택과 생명 옹호로 나누어서 생각하는 것은 한국 사회의 현실에 들어맞지 않는다. 우리나라에서 낙태가 빈번하다는 것은 성적 주도권을 갖지 못한 여성들이 원치 않는 임신을 하는 경우가 많다는 것을 나타낸다. 다양한 이유로 인하여 이루어지는 낙태가 왜 불가피한 선택인지, 그리고 그들이 처한 구체적 현실에 대해 살펴보아야 한다.

2. 태아도 사람이다!

우리나라 헌법 제10조는 "모든 국민은 인간으로서의 존엄과 가치를 가지며, 행복을 추구할 권리를 가진다. 국가는 개인이 가지는 불가침의 기본적 인권을 확인하고 이를 보장할 의무를 가진다."라고 규정하고 있다. 모체에 많은 부분을 의존하여 생명을 유지하고 있는 태아라 할지라도 모체와는 별도로 심장이 뛰는 등 독립적인 생명체이다. 따라서 태아도 '인간'으로서의 존엄과 가치를 인정받고, 행복을 추구할 수 있는 권리를 가진 존재로 보아야 한다. 태아를 하나의 주체로 볼 수 없다면, 예컨대 민법 제3조에 따라 태아가 태어나기 전에 부모가 사망한 경우 태아의 출생 후 상속권을 주장하는 데 문제가 발생하게 되고, 그 부모가 타인에 의한 사고사 등 불법적인 이유로 사망하였을 경우 태아가 출

생한 이후 손해 배상을 청구하는 데에도 불리할 수 있다. 그러나 이러한 권리와 의무의 문제보다 우선하여, 태아는 그를 잉태하고 있는 모친의 의지와는 별개로 엄연히 독립된 존재이고 인격적인 생명체이다. 우리나라는 전통적으로 출생 시 나이 계산을 0세가 아닌 1세로 함으로써 태아의 생명권을 인정하고 있다. 따라서 낙태는 어떠한 이유에서건 한 생명을 해치는 살인임을 잊어서는 안 된다. 인간의 존엄성을 기본적 가치로 지향하는 민주주의 사회에서 낙태를 허용한다는 것은 사회의 근본을 흔드는 일이다. 더욱이 생명을 다루는 의료 전문인들은 철저한 생명 존중 의식을 바탕으로 직업에 임해야 할 것이다.

판결문
살펴
보기

인간의 생명은 고귀하고, 이 세상에서 무엇과도 바꿀 수 없는 존엄한 인간 존재의 근원이며, 이러한 생명에 대한 권리는 기본권 중의 기본권이다. 태아가 비록 그 생명의 유지를 위하여 모(母)에게 의존해야 하지만, 그 자체로 모(母)와 별개의 생명체이고 특별한 사정이 없는 한 인간으로 성장할 가능성이 크므로 태아에게도 생명권이 인정되어야 하며, 태아가 독자적 생존 능력을 갖추었는지 여부를 그에 대한 낙태 허용의 판단 기준으로 삼을 수는 없다. 한편, 낙태를 처벌하지 않거나 형벌보다 가벼운 제재를 한다면 현재보다도 훨씬 더 낙태가 만연하게 되어 자기낙태죄 조항●의 입법목적을 달성할 수 없게 될 것이고, 성교육과 피임법의 보편적 상용, 임부에 대한 지원 등은 불법적인 낙태를 방지할 효과적인 수단이 되기에는 부족하다. 나아가 입법자는 일정한 우생학적 또는 유전학적 정신 장애나 신체 질환이 있는 경우와 같은 예외적인 경우에는 임신 24주 이내의 낙태를 허용하여(모자보건법 제14조, 동법 시행령 제15조), 불가피한 사정이 있는 경우에는 태아의 생명권을 제한할 수 있도록 하고 있다. 나아가 자기낙태죄 조항으로 제한되는 사익인 임부의 자기결정권이 위 조항을 통해 달성하려는 태아의 생명권 보호라는 공익에 비하여 결코 중하다고 볼 수 없다. 따라서 자기낙태죄 조항이 임신 초기의 낙태나 사회적·경제적 사유에 의한 낙태를 허용하고 있지 아니한 것이 임부의 자기결정권에 대한 과도한 제한이라고 보기 어려우므로, 자기낙태죄 조항은 헌법에 위반되지 아니한다.

재판관 이강국, 재판관 이동흡, 재판관 목영준, 재판관 송두환의 반대 의견

태아에 대한 국가의 보호 의무에는 여성이 임신 중 또는 출산 후 겪게 되는 어려움을 도와 주는 것까지 포함된다고 보아야 할 것이고, 국가는 생명을 보호하는 입법적 조치를 취하는 데 인간 생명의 발달 단계에 따라 그 보호 정도나 보호 수단을 달리할 수 있다. 현대 의학의 수준에서는 태아의 독자적 생존 능력이 인정되는 임신 24주 이후에는 임부의 낙태를 원칙적으로 금지하고, 임부의 생명이나 건강에 현저한 위해가 생길 우려가 있는 등 특단의 사정이 있는 경우에만 낙태를 허용함이 바람직하다. 임신 중기(임신 13~24주)의 낙태는 임신 초기(임신 1~12주)의 낙태에 비하여 임부의 생명이나 건강에 위해가 생길 우려가 크다는 점에서 국가는 모성의 건강을 증진하기 위해

● **자기낙태죄 조항** 형법 제269조 제1항을 '자기낙태죄 조항' 이라고 한다.

낙태의 절차를 규제하는 등으로 임신중기의 낙태에 관여할 수 있다고 할 것이다. 그런데 임신 초기의 태아는 고통을 느끼지 못하는 반면, 임신 초기의 낙태는 시술 방법이 간단하여 낙태로 인한 합병증 및 모성 사망률이 현저히 낮으므로 임신 초기에는 임부의 자기결정권을 존중하여 낙태를 허용해 줄 여지가 크다. 따라서 임신 초기의 낙태까지 전면적, 일률적으로 금지하고 처벌하고 있는 자기낙태죄 조항은 침해의 최소성 원칙에 위배된다. 한편, 형법상 낙태죄 규정이 현재는 거의 사문화되어 자기낙태죄 조항으로 달성하려는 태아의 생명 보호라는 공익은 더 이상 자기낙태죄 조항을 통해 달성될 것으로 보기 어려운 반면, 자기낙태죄 조항으로 제한되는 사익인 임부의 자기결정권은 결코 가볍게 볼 수 없어 법익의 균형성 요건도 갖추지 못하였다. 그러므로 자기낙태죄 조항은 임신 초기의 낙태까지 전면적, 일률적으로 금지하고 처벌하고 있다는 점에서, 임부의 자기결정권을 침해하여 헌법에 위반된다.

자기낙태죄 조항이 임부의 임신 초기의 낙태까지 전면적, 일률적으로 처벌하고 있다는 점에서 위헌이므로, 동일한 목표를 실현하기 위하여 임신 초기의 임부의 촉탁 또는 승낙을 받아 낙태 시술을 한 조산사를 형사 처벌하는 이 사건 법률 조항도 위 범위 내에서 위헌이다.

재판관 이동흡의 반대 의견에 대한 보충 의견

임부의 자기결정권을 존중하여 임신 초기의 낙태를 허용하더라도 임부가 낙태에 대해 충분히 숙고한 뒤에 결정할 수 있도록 함과 동시에 의학적으로 안전한 낙태 시술이 이루어질 수 있도록 입법 조치를 취하여야 한다.

자기낙태죄 조항은 **합헌** - 헌법재판소 2012 -

우리나라 형법은 낙태 행위를 불법으로 보고 있으며, 모자보건법에서 언급한 인공 임신 중절 수술의 경우도 일정한 사유가 있는 경우에만 허용하고 있다. 대법원 판례에서도 이 예외적인 사유를 엄격하게 해석하여 낙태죄를 처벌하고 있다. 낙태에 대한 법적 논쟁에 앞서 사회가 출산과 육아에 대한 올바른 선택을 할 수 있도록 도와줄 수 있는 체계를 갖추어야 한다. 낙태를 최후의 수단으로서만 사용하고 원치 않는 임신을 피하는 데 노력할 수 있도록 만들어야 한다. 예를 들어, 낙태율이 세계에서 가장 낮은 네덜란드는 원치 않는 임신을 방지하기 위해 성행위나 건강한 피임에 대해 토론을 할 수 있는 공공의 장이 학교와 언론 매체 등에 형성되어 있으며, 지속적이고 체계적인 성교육을 실시하고 있다.

원치않는 임신에 정말 필요한 제도적 장치는?

우리나라의 법은 낙태 행위를 원칙적으로 금지하고 있지만, 실제로 낙태로 인하여 기소되거나 처벌되는 일은 많지 않다. 즉, 법은 있으나 실생활에서는 사문화된 규정으로 인식되고 있다. 약 20년 동안 우리나라에서 행해진 낙태 행위의 처벌 현황은 다음과 같다.

연도	1995	1996	1997	1998	1999	2000	2001	2002	2003
기소(건수)	2	4	1	3	11	8	4	4	3

연도	2004	2005	2006	2007	2008	2009	2010	2011	2012
기소(건수)	2	1	5	3	4	4	7	8	5

- 대검찰청, 《검찰연감》, 2013

국가별 낙태 허용 규정

구분	임산부 건강	강간 및 근친상간	태아 이상	사회·경제적 이유	본인 요청
한국	○	○	△	×	×
일본	○	○	×	○	×
중국	○	○	○	○	○
싱가포르	○	○	○	○	○
스웨덴	○	○	○	○	○
독일	○	○	○	○	○
프랑스	○	○	○	○	○
미국	○	○	○	○	○
오스트레일리아	○	○	○	○	×

외국의 임신 중절 관련 규제

구분	내용
미국	1973년 연방대법원이 인공 임신 중절 선택권을 인정하였으나 주마다 인공 임신 중절을 제한하는 다양한 법 존재
일본	형법상 금지, 모체보호법에 따라 22주 미만의 인공 임신 중절 허용
독일	1995년 연방낙태법으로 임신 3개월 이내 인공 임신 중절 합법 인정
스위스	2002년 임신 12주 이내 인공 임신 중절 합법 인정
캐나다	1998년 연방대법원 인공 임신 중절 제한 위헌 판결 이후 특별한 법적 제약 없이 여성의 요청이 있으면 인공 임신 중절을 받을 수 있게됨.
영국	1967년 인공 임신 중절의 허용 범위에 임산부의 육체적인 건강 외에 정신적 건강까지도 포함시킴으로써 거의 모든 인공 임신 중절이 합법화됨. 인공 임신 중절은 임신 24주까지 가능하나 임산부의 건강에 위협을 미친다면 24주가 넘어도 가능
오스트레일리아	주마다 약간의 차이가 있지만 2명의 의사의 상담 하에 인공 임신 중절을 합법으로 인정하고 있음.

- 보건복지부 · 고려대, 〈인공 임신 중절 실태조사 및 종합대책 수립〉, 2005

북한을 이롭게 하면 남한에 해로운가?

국가보안법 위헌 법률 심판
헌법재판소 1990. 4. 2. 선고, 89헌가113 결정

북한은 우리의 평화로운 삶을 위협하는
반국가 단체인가, 아니면 함께 한반도의
미래를 열어 가야 할 동반자인가? 북한은
두 가지 모습을 다 지니고 있으며, 그래
서 북한을 다루는 우리의 법도 두 개다.
하나는 북한을 반국가 단체로 규정하는
'국가보안법'이고, 다른 하나는 북한을

국가보안법 폐지를 요구하는 집회 모습이다.

우리의 동반자로 인정하는 '남북교류협력에 관한 법률'이다. 동일한 대상을
서로 다르게 보는 법률들이 공존하다 보니 국민 사이에 혼란과 갈등이 생기기
도 하고, 어떤 사람들은 북한을 바라보는 자신의 입장에 따라 한 법이 옳고 다
른 법은 그르다고 주장하기도 한다.

국가보안법은 1948년 11월에 처음 만들어졌다. 1948년 남한만의 단독 정부

수립에 반대하여 제주도에서 4·3 사건이 일어났고, 이어서 이 사건을 진압하라는 출동 명령을 받은 여수·순천 주둔 군인들이 명령을 거부하고 이에 동조하는 인근 주민들과 함께 무장 봉기를 일으킨 여수·순천 10·19 사건이 발생하였다. 이를 계기로 제헌 의회가 남한의 좌익 세력을 제거하기 위해 서둘러 제정한 법이 국가보안법이다. 국가보안법은 일제가 조선의 독립 운동을 탄압하기 위하여 1925년에 제정한 치안유지법을 본떠 만들었으며, 반통일·반민중적 성격을 그대로 지니고 있었다. 이후의 정권들은 필요에 따라 국가보안법을 확대·강화하여, 마치 일제가 독립 운동가들을 사상범으로 잡아 가두었듯이, 정권에 반대하거나 통일을 위해 애쓰는 사람들을 '빨갱이'로 몰아 감옥에 가두었다.

국가보안법은 우리의 안전을 지켜 주는 법인가, 아니면 사상과 양심의 자유, 표현의 자유를 억압하는 법인가? 국가보안법을 둘러싼 논쟁은 아직도 뜨겁고, 양측의 주장은 팽팽히 맞서고 있다. 국가보안법만큼 한 많고 사연 많은 법도 없지만, 법률의 위헌성을 판단할 수 있는 권위를 가진 헌법재판소가 생기기 전에는 이 법 자체에 대한 진지한 심판을 할 수 없었다. 1988년 헌법재판소가 생긴 이후 비로소 국가보안법 자체에 대한 권위 있는 심판이 내려졌는데, 이제부터 살펴보자.

사실 관계 A는 북한에 대해 호의적으로 이야기하는 책과 표현물을 가지고 있다가 이를 다른 사람들에게 전달한 혐의로 국가보안법 제7조 위반으로 기소되었다. 이에 A는 국가보안법 제7조 제1항 및 제5항이 헌법에 어긋난다며 법원에 위헌 법률 심판 제청을 신청하였고, 법원은 이를 받아들여 헌법재판소에 위헌 법률 심판을 제청하였다.

헌법

제4조

대한민국은 통일을 지향하며, 자유민주적 기본 질서에 입각한 평화적 통일 정책을 수립하고 이를 추진한다.

국가보안법

제7조 (찬양·고무 등)

① 반국가 단체나 그 구성원 또는 그 지령을 받은 자의 활동을 찬양·고무 또는 이에 동조하거나 기타의 방법으로 반국가 단체를 이롭게 한 자는 7년 이하의 징역에 처한다.

⑤ 제1항 내지 제4항의 행위를 할 목적으로 문서·도화 기타의 표현물을 제작·수입·복사·소지·운반·반포·판매 또는 취득한 자는 그 각 항에 정한 형에 처한다.

생각해보기

1. 국가보안법 제7조 제1항과 제5항은 죄형법정주의에 반하는가?

🔍 반한다. 국가의 형벌권은 국민의 기본권을 심각하게 침해할 수 있으므로 이를 방지하기 위한 원칙이 죄형법정주의이다. 죄형법정주의에 따르면 죄와 형벌은 명확하고 구체적으로 법률에 명시되어야 한다. 국가는 그 법률이 정한 경우 외에는 마음대로 국민에게 죄가 있으니 벌을 받아야 한다고 강제할 수 없다. 만일 형벌 관련 법 규정이 지나치게 추상적이거나 모호하다면 귀에 걸면 귀고리, 코에 걸면 코걸이 식으로 적용되어 국민의 기본권을 침해할 수 있다. 예를 들어, 국제 운동 경기에 참가한 북한 대표팀을 응원하여도 국가보안법 제7조 제1항 및 제5항 소정 범죄의 구성 요건인 찬양·고무에 해당한다며 처벌받을 수도 있을 것이다.

🔍 반하지 않는다. 죄와 벌은 명확하고 구체적으로 법률에 규정해야 한다는 죄형법정주의는 옳다. 그러나 그 구체성은 상식을 가진 일반인이 법률이 무엇

을 허용하고 금지하는지 알 수 있을 정도면 충분하다. 국가보안법 제7조 제1항과 제5항의 규정은 겉으로는 추상적인 것처럼 보이지만, 일반인이 헌법에 맞게 상식적으로 해석하면 무엇을 의미하는지 충분히 알 수 있다. 이렇듯 어떤 법률에 대해 여러 가지 해석이 가능할 때에는 원칙적으로 헌법에 합치되는 해석을 하여야 한다는 것이 합헌적 법률 해석(한정 합헌 결정)이다. 예를 들어, 그 조항이 국제 운동 경기에 참가한 북한 대표팀을 응원하는 것까지 범죄의 구성 요건인 찬양·고무에 해당한다며 처벌하는 것은 아니라는 것쯤은 상식을 가진 일반인이라면 누구나 알 수 있을 것이다. 게다가 현실에서의 다양한 법 위반 경우를 일일이 다 법률에 규정할 수는 없다. 법조문은 다양한 경우에 적용되기 위해서 어느 정도 추상적으로 규정될 수밖에 없다.

2. 국가보안법 제7조 제1항과 제5항이 죄형법정주의에 반한다면 국가보안법은 무효인가?

🔍 위헌이므로 무효를 선언해야 한다. 법률 조항들의 위헌성을 인정하였으면 헌법재판소로서는 마땅히 위헌을 선언하는 것이 국민에 대한 책무이다. 위헌성이 아주 뚜렷한 법률을 만일 "이러이러한 식으로 해석하는 한 합헌이다."라

는 식으로 제한 해석하여 합헌 결정을 내린다면 명백히 위헌인 법률을 그대로 방치하는 셈이고, 그렇게 변형 결정한다 하더라도 국가보안법의 위헌성이 사라지는 것은 아니다.

🔍 위헌이지만 무효라고 선언할 필요는 없다. 국가보안법에서 범죄로 규정하는 찬양·고무·동조 등의 행위가 곧바로 남한의 존립·안전을 위태롭게 하거나 자유 민주적 기본 질서에 해를 끼치는 것은 아니므로, 그런 행위 모두를 처벌해야 한다고 규정하는 국가보안법은 위헌의 소지가 있다. 그러나 남한에 심각한 해를 끼치지 않는 행위는 처벌에서 제외하고, 남한에 해를 끼칠 명백한 위험이 있는 행위만 처벌하는 것을 뜻한다고 국가보안법을 축소하여 해석한다면 헌법에 합치하는 해석이라 할 수 있다. 이런 식으로 제한적으로 해석하면 국가보안법도 합헌이므로, 굳이 위헌이므로 무효라고 선언할 필요는 없다.

3. 북한을 반국가 단체로 보는 국가보안법은 헌법 제4조의 평화 통일 조항에 어긋나는가?

🔍 어긋난다. 국가보안법은 북한에 이로운 것은 곧 대한민국에 해롭다는 상호 배타적인 적대 관계의 논리를 강요하고 있어 평화 통일 조항에 정면으로 위반된다. 평화 통일은 남북한이 무력을 사용하지 않고 서로 대등한 지위에서 합의를 통해 이루는 것으로, 우선 남한과 북한이 적대 관계를 넘어서서 화해하고 협력하여야 하며, 상대방을 무조건 헐뜯기보다는 잘한 일에는 칭찬하여 주고 옳은 일에는 동조하며 상호 교류도 하여야 한다. 그런데 현행 국가보안법은 이 모든 행위를 범죄로 규정하고 있다. 그 때문에 평화 통일을 이루는 데 필요한 상호 교류와 협력을 막고 심지어 범죄 행위로 몰아가는 국가보안법은 명백히 헌법의 평화 통일 조항에 어긋난다.

🔍 어긋나지 않는다. 국가보안법 제7조 제1항 및 제5항의 규정은 국가의 존립·안전을 위태롭게 하거나 자유 민주적 기본 질서를 위협하는 범죄 행위를 막기 위한 규정일 따름이다. 대한민국의 안전과 질서가 유지되어야 평화 통일

도 가능하다. 대한민국의 자유 민주적 기본 질서가 어지럽혀진다면 침략을 통한 일방적 통일의 빌미를 북한에 제공할 수 있다. 그러므로 자유 민주적 기본 질서를 어지럽히는 행위를 처벌하는 국가보안법은 오히려 평화 통일을 이루는 데 도움을 준다.

<table>
<tr><td>판 결 문
살 펴
보 기</td></tr>
</table>

1. 죄형법정주의에 반하는가?

● **다수 의견: 죄형법정주의에 반할 가능성이 있다.**

국가보안법 제7조 제1항과 제5항은 여러 의미로 해석이 가능하고 적용 범위가 지나치게 넓어서 법치주의와 죄형법정주의에 위배되므로 위헌의 소지가 있다.

● **재판관 변정수의 반대 의견: 명백히 죄형법정주의에 반한다.**

국가보안법 제7조 제1항과 제5항은 너무 막연하고 불명확하여 죄형법정주의에 위반되고, 또한 표현 행위가 대한민국에 명백한 현실적인 위험이 있거나 없거나를 가리지 아니하고 다만 반국가 단체에 이로울 수 있다는 이유만으로 무조건 표현 행위를 제한하고 처벌 대상으로 삼고 있다는 점에서 표현의 자유의 본질적 내용을 침해하는 명백한 위헌 법률이다.

2. 국가보안법 제7조 제1항과 제5항이 죄형법정주의에 반한다면 위헌인가?

● **다수 의견: 합헌적으로 해석할 수 있으므로 위헌이 아니다.**

비록 이 조항이 죄형법정주의에 반할 가능성이 있지만 여러 가지 해석이 가능할 때 그중에서 가장 헌법 정신에 맞는 해석(합헌적 법률 해석)을 선택한다면, 즉 "대한민국의 안전 존립을 위태롭게 하거나 자유 민주적 기본 질서에 위해를 줄 경우"에만 적용된다고 해석하면 이 조항의 긍정적인 면을 살릴 수 있으므로 굳이 위헌 결정을 내릴 필요가 없다.

● **재판관 변정수의 반대 의견: 위헌이므로 무효인 법률이다.**

다수 의견이 주장하는 "대한민국의 안전 존립을 위태롭게 하거나 자유 민주적 기본 질서에 위해를 줄 경우"라는 표현 역시 매우 애매모호한 것이어서, 그렇지 않아도 불명확하고 광범위한 구성 요건에다 또다시 불명확한 구성 요건을 보태는 것이 되어 과연 국민의 기본권을 보호할 수 있을지 의문이다. 만일 위 법률 조항들이 위헌적이라면 헌법재판소로서는 마땅히 위헌을 선언하여야 한다.

3. 국가보안법은 헌법 제4조의 평화 통일 조항에 어긋나는가?

● 다수 의견: 어긋나지 않는다.

국가보안법 제7조 제1항 및 제5항의 규정은 각 소정의 행위가 국가의 존립·안전을 위태롭게 하거나 자유 민주적 기본 질서에 위해를 줄 명백한 위험이 있을 경우에만 축소 적용되는 것으로 해석한다면 헌법에 위반되지 아니하고, 평화 통일 조항에도 반하지 않는다.

● 재판관 변정수의 반대 의견: 어긋난다.

국가보안법은 북한을 반국가 단체로 규정짓고 있을 뿐만 아니라, 특히 제7조 제1항 및 제5항은 반국가 단체인 북한에 이로운 것은 곧 대한민국에 해롭다는 상호 배타적인 적대 관계의 논리를 강요하고 있어 헌법의 평화 통일 조항에 정면으로 위반된다.

헌법에 맞게 해석할 여지가 있으므로

헌법재판소의 다수 의견은 국가보안법이 너무 추상적이고 모호하여 죄형법정주의에 위배되어 국민의 기본권을 침해할 가능성이 있지만, 헌법에 맞게 해석할 여지가 있으므로 그대로 살려 두자는 것이다. 그러나 이에 대해 변정수 재판관이 주장한 반대 의견의 요지는 다음 세 가지다. 첫째, 국가보안법은 죄형법정주의에 위반한 명백한 위헌 법률이다. 둘째, 위헌인 국가보안법에 대해서는 마땅히 위헌을 선언해야 한다. 셋째, 국가보안법은 북한에 이로운 것은 무조건 남한에 해롭다는 증오의 논리를 강요하므로 헌법의 평화 통일 조항에 정면으로 위반된다.

끝나지않은 논쟁

강화 고려산 정상을 찍은 이시우 씨의 사진이다.

2007년 4월 23일 서울경찰청은 사진작가 이시우 씨를 구속하였다. 주한 미군 시설과 훈련 상황을 찍은 뒤 인터넷 등에 올려 국가 기밀을 누설하였다는 것이 이유였다. 이씨가 국가보안법을 위반하였다는 증거로 경찰이 가장 많이 인용한 사진은, 강화 고려산 미군 통신 시설 부근의 일몰을 찍은 사진이다. 왼쪽의 사진이 그것이다. 경찰은 이 사진에 대해 기밀 유출을 목적으로 한다는 혐의를 적용하였다. 그러나 이씨는 이 사진으로 "전파의 기교도 빛의 장엄만 못하다."라는 메시지를 전하면서 전쟁을 소재로 평화를 말하고자 하였다고 밝혔다.

이미 헌법재판소는 국가보안법이 여러 의미로 해석이 가능하고 적용 범위가 지나치게 넓어서 법치주의와 죄형법정주의에 위배되어 국민의 기본권을 침해할 위헌의 소지가 있다는 것을 인정하였다. 그럼에도 불구하고 헌법재판소는 국가보안법에 대해 합헌적으로 해석할 여지가 있다는 이유로 위헌 결정을 내리지 않았고, 아직 이 법은 존속하고 있다. 다음은 국가보안법 위반 사례들이다. 이 사례들은 왜 헌법재판소가 국가보안법의 위헌성을 인정할 수밖에 없고, 또 많은 사람이 그토록 국가보안법의 폐지를 주장하는지 잘 보여 준다.

1993년	전방에서 근무하던 박 모 병장은 아름다운 금강산의 경치를 보고 "금강산을 한 번 가 보고 싶다."라며 감탄하였다가 국가보안법상 찬양·고무 금지 위반 혐의로 군 기무사의 조사를 받았다. 불과 5년 후 금강산 관광 사업이 시작되었다.
1997년	이벤트 업체 대표 이 모 씨는 한국대학총학생회연합(이하 '한총련')에 각종 현수막과 깃발, 자료집을 납품하였다가 국가보안법상 반국가 단체에 대한 편의 제공 혐의로 경찰청 보안부에 끌려갔다.
1998년	사회과학 서적 전문 출판사 책갈피의 대표 홍 모 씨는 《알기 쉬운 마르크스주의》 등 11종의 책을 출판한 혐의로 국가보안법 이적 표현물 배포에 해당되어 실형을 선고받았다. 해당 서적들은 국립중앙도서관과 국회도서관에도 소장되어 있었다.
2000년	대구의 나이트클럽 웨이터 전 모 씨는 6·15 남북 정상 회담 직후 승용차에 북한 인공기 그림을 그린 현수막을 걸고 사람들에게 '김정일 부킹위원장'이라고 적힌 명함을 나누어 주었다가 국가보안법 찬양고무죄 현행범으로 연행되어 하룻밤 동안 조사를 받고 풀려났다.
	인터넷 방송 '청춘'의 대표 윤 모 씨 등 방송 관계자 3명은 사이트를 통해 한총련의 활동을 보도하고 호의적으로 이야기하였다가, 국가보안법상 이적 활동 선전·선동과 이적 표현물 제작, 배포 및 소지 등 국가보안법 제5조와 제7조를 위반한 혐의로 구속되었다.
2001년	《자주민보》 발행인과 기자 2명은 재일본조선인총연합회(조총련) 인사에게 원고를 받기 위해 한글 워드프로세서를 제공하였다가 국가보안법상 반국가 단체에 대한 편의 제공 혐의로 구속되었다.
2007년	통일 교육을 담당하는 도덕·사회 교사이며, 특별 활동으로 통일반을 운영하는 최 모, 김 모 두 교사가 북한 관련 사진을 홈페이지에 올리고, 자료를 읽거나 가지고 있었다는 이유로 국가보안법 위반으로 구속되었다. 그런데 두 교사가 가지고 있었다는 자료들은 누구라도 인터넷 등에서 접할 수 있거나 각 대학에서 토론 자료로 쓰는 것이었고, 자료의 상당 부분은 대표적 보수 언론인 《조선일보》에서 공개적으로 운영하는 북한 관련 웹사이트(www.nkchosun.com)에 게시된 자료들이었다.

2008년 경남 산청에 있는 간디학교의 최보경 교사가 국가보안법 위반 혐의(이적 표현물 제작·소지·배포)로 불구속 기소되었다. 검찰은 최 교사가 간디학교 졸업생 인터넷 홈페이지 자유게시판에 올린 '8·15 교양자료집'이란 제목의 파일, 포털 사이트 '다음' 카페(최보경 자주민주통일 역사교실)에 올린 '8·15 민족통일대회 자료집 꼭 읽어 보자구요' 라는 제목의 글을 문제 삼았다.

2009년 가수 신해철이 자신의 홈페이지에 '경축' 이라는 제목으로 조선민주주의인민공화국의 로켓 발사를 축하한다는 장난스러운 글을 올리자, 보수 단체인 라이트 코리아(대표 봉태홍)와 자유북한운동연합이 서울중앙지방검찰청에 국가보안법 위반 혐의로 그에 대한 고발장을 접수하였다.

2012년 사진가 박정근 씨는 트위터에 북한 매체의 트윗을 리트윗하고 북한 매체가 유튜브 등에 올린 자료를 트위터를 통하여 유포하여 국가보안법 제7조를 위반한 혐의로 구속된 후 보석 허가를 받아 풀려났다. 이와 관련하여 박정근 씨의 변호인은 북한 정권을 조롱하였을 뿐이며 기존의 국가보안법 사건들과는 다른 맥락이 있다고 밝혔다. 실제로 그는 구속 이전부터 자신의 트위터 계정에서 "김정일 국방위원장 사망에 조의를 표하며 조문 대신에 조선민주주의인민공화국에 우라늄과 플루토늄을 조의의 뜻으로 보내겠습니다.", "김정일 가슴 만지고 싶다." 등의 북한 정권에 대한 조롱조의 트윗을 올리기도 하였다.

지난 1999년 유엔자유권규약위원회는 대한민국이 1990년 가입한 유엔 시민적·정치적 권리에 관한 국제 규약 준수에 대한 한국 정부의 보고서를 평가하면서 국가보안법을 단계적으로 폐지할 것을 우리 정부에 권고하였다. 그리고 2004년 국가인권위원회는 국회 의장과 법무부 장관에게 국가보안법의 폐지를 권고하였다. 하지만 남북 분단이라는 한반도의 특수한 상황에서 국가보안법이 꼭 필요하다는 주장도 만만찮다. 국가보안법을 둘러싼 논쟁은 아직 진행 중이다.

38 그들은 국민의
대표가 될 자격이 없다

낙천·낙선 운동 판례
대법원 2004. 4. 27. 선고, 2002도315 판결

한 시민 단체가 낙선운동을 벌이고 있다.

대의제에서 선출된 대표와 주권자인 국민의 사이가 벌어진다면 '국민 자치'라는 민주주의의 기본 이념이 실현되기 어렵다. 따라서 선거 과정과 결과에 국민의 의사를 충분히 반영하고, 민주적 정당성을 지닌 국민의 대표를 선출하는 것은 매우 중요한 일이다. 일반적으로 선거에서는 각 정당이 추천한 후보자 가운데 한 명을 유권자인 국민이 선택한다. 그런데 이와 같은 방법으로는 유권자들의 의사를 적극적으로 선거 과정에 반영하기 어렵다는 지적이 제기되고 있다. 국민의 대표로 부적절한 인물이 각 정당의 후보로 추천을 받더라도, 유권자는 그들 중에서 선택할 수밖에 없기 때문이다. 16·17대 국회 의원 총선거에서 몇몇 시민 단체가 중심이 되어 전개한 특정 인물에 대한 공천 반대와 당선 반대 운동(낙천·낙선 운동)도 시민들의 적극적인 의사 표현 및 선거 참여라는 점에서 같은 맥락으로 이해할 수 있다. 그러나 한편에서는 시민 단체들의 이러한 활동이 '후보자 간 공평한 기회 보장'이라는 공정 선거의 기본 원칙을 위협하는 것이며, 더욱이 공정 선거를 위해 만든 법률들을 위반하는 것이기 때문에 제한되어야 한다고 주장한다.

낙천·낙선 운동을 시민들의 적극적인 의사 표현의 자유 및 선거 참여로 인정하여야 할까, 공정 선거의 원칙과 법률을 위반하는 행위로 제한하여야 할까? 아니면 양쪽의 주장을 모두 수용하여 낙천·낙선 운동이 '의사 표현의 자유 및 참정권'에 대한 적극적인 행사라는 점은 인정되지만, 공정한 선거를 목적으로 만든 법률을 위반한 것도 사실이라면, 시민의 의무로서 준법이 우선시되어야 할까, 제도 및 법률 개혁을 위한 불복종 운동이 우선시되어야 할까?

**사실
관계**

2000년 1월, 전국 412개 단체로 구성된 총선시민연대(이하 '총선연대')가 발족하여 16대 국회 의원 총선거에서 부적절한 후보자에 대한 공천 반대, 낙선 운동을 전개할 것임을 밝혔다. 총선연대는 공천 반대자 64명과 반인권 전력 및 납세 비리, 저질 언행 관련자 22명 등 모두 86명의 낙선 대상자 명단을 발표하고, 팻말을 들고 알리거나 길거리 방송, 현수막 게시 등을 통해 낙선 운동을 전개하였다.

그런데 총선연대의 이 같은 활동에 대해 공직선거 및 선거부정방지법을 위반하였다는 판결이 나고, 총선연대의 지도부는 벌금형을 선고받았다. 그러자 총선연대는 대법원에 상고심을 청구하는 한편, 낙선 운동을 위법으로 규정하고 있는 공직선거 및 선거부정방지법 제58조 등이 헌법에 보장된 '의사 표현의 자유와 국민의 참정권' 등을 침해하고 있다고 주장하면서 이에 대한 불복종 운동을 전개하였다.

관련 법률 조항

공직선거 및 선거부정방지법

제58조 (정의 등)

① 이 법에서 "선거 운동"이라 함은 당선되거나 되게 하거나 되지 못하게 하기 위한 행위를 말한다. 다만, 다음 각 호의 1에 해당하는 행위는 선거 운동으로 보지 아니한다.

1. 선거에 관한 단순한 의견 개진 및 의사 표시

3. 정당의 후보자 추천에 관한 단순한 지지·반대의 의견 개진 및 의사 표시

② 누구든지 자유롭게 선거 운동을 할 수 있다. 그러나 이 법 또는 다른 법률의 규정에 의하여 금지 또는 제한되는 경우에는 그러하지 아니하다.

제91조 (확성 장치와 자동차 등의 사용 제한)

① 누구든지 이 법의 규정에 의한 연설회장, 공개 장소에서의 연설·대담 장소, 대담·토론회장 또는 정당의 집회 장소에서 연설·대담·토론용으로 사용하는 경우를 제외하고는 선거 기간 중 선거 운동을 위하여 확성 장치를 사용할 수 없다.

제101조 (타연설회 등의 금지)

누구든지 선거 기간 중 선거에 영향을 미치게 하기 위하여 이 법의 규정에 의한 연설회 또는 대담·토론회를 제외하고는 다수인을 모이게 하여 개인 정견 발표회·시국 강연회·좌담회 또는 토론회 기타의 연설회나 대담·토론회를 개최할 수 없다.

제103조 (각종 집회 등의 제한)

② 누구든지 선거 기간 중 선거에 영향을 미치게 하기 위하여 단합 대회 또는 야유회 기타의 집회를 개최할 수 없다.

제105조 (행렬 등의 금지)

① 누구든지 선거 운동을 위하여 무리를 지어 거리를 행진하거나 연달아 소리지르는 행위를 할 수 없으며, 정당 또는 후보자의 선거 운동을 방해하기 위하여 연달아 소리지르는 행위를 할 수 없다. 다만, 제77조(정당·후보자 등에 의한 연설회)의 규정에 의한 연설회장 및 제79조(공개 장소에서 연설·대담)의 규정에 의한 공개 장소에서의 연설·대담에서 당해 정당 또는 후보자에 대한 지지를 나타내기 위하여 연달아 소리지르는 경우에는 그러하지 아니하다.

제107조 (서명·날인 운동의 금지)

누구든지 선거 운동을 위하여 선거구민에 대하여 서명이나 날인을 받을 수 없다.

1. 낙천·낙선 운동은 불법적인 선거 운동에 해당하는가?

🔍 낙천·낙선 운동은 특정인의 당선을 목적으로 하는 것이 아니다. 단지 국회 의원 후보자로서의 적격 여부에 대한 의사 표시일 뿐이다. 따라서 선거 운동에 해당한다고 보기 어렵다.

🔍 낙천·낙선 운동이 특정인의 당선을 목적으로 하는 것이 아니라 할지라도, 결과적으로 특정인의 당선에 결정적인 영향을 미친다. 또 특정 후보를 지지하는 개인이나 단체가 상대 후보자의 흠집을 내는 데 악용할 가능성이 있기 때문에 불법적인 선거 운동에 해당하며 규제하여야 한다.

2. 다음에 제시한 낙천·낙선 운동을 위법으로 판단한 근거가 된 해당 법률 조항들이 국민의 기본권인 표현의 자유와 참정권을 침해하고 있는가?

총선시민연대에서 전개한 낙천·낙선 운동의 위법성에 관한 법률적 근거는 다음과 같다. '낙천·낙선 운동은 정당의 후보자 추천에 대한 단순한 지지 및 반대 의사 표현(공직선거 및 선거부정방지법 제58조 제1항 제3호)'의 한계를 넘어서 '특정 후보를 당선시키지 못하게 하는 활동'에 해당하며, 또한 낙천·낙선 운동을 전개하는 과정에서 사용한 서명 운동, 피케팅, 플래카드 사용, 확성기 사용, 집회 등이 공직선거 및 선거부정방지법 제91조, 제101조, 제103조, 제105조, 제107조 등의 선거 운동 제한 규정을 위반하였다.

🔍 민주 사회의 시민들은 생각을 교환하고 비판·토론하는 과정을 통해 공적 문제에 대한 더 바람직한 대안을 만들어 갈 수 있다. 이것이 표현의 자유가 보장되어야 하는 중요한 이유 중 하나이다. 낙천·낙선 운동이 각 후보에 대한 다양한 관점과 정보를 제공하여 유권자가 더 나은 선택을 할 수 있다면 이는 매우 바람직한 일이다. 선거에 참여한다는 것은 단순하게 표를 던질 수 있는 권리만이 아니라, 선거 과정에서 각 후보자에 대한 자신의 의사를 더 적극적으로 밝히는 권리도 포함된다. 따라서 낙천·낙선 운동을 제한하는 것은 국민의 기

본권을 침해하는 것이다.

🔍 선거 과정에서 개인이든 단체든 후보자에 대한 입장을 표현하고, 이를 구체적인 행동으로 옮길 자유가 있다. 그러나 모든 행위를 무제한으로 인정할 경우 부당한 방법이 선거 운동에 동원되고, 선거 과정이 과열되고 혼탁해질 수 있다. 선거법은 유권자들의 모든 정치적 의사 표현을 제한하는 것이 아니라, 중대한 폐해를 초래할 수 있는 특수한 의사 표현의 방법만을 제한하고 있다. 우리 헌법에서는 기본권의 본질적인 내용을 침해하지 않는 범위 내에서 국가 안전보장, 질서유지, 공공복리 등을 위해 국민의 자유와 권리를 제한할 수 있다고 규정하고 있다. 따라서 이는 자유와 참정권에 대한 본질적 침해가 아니라 정당한 제한이다.

3. 사법부에서 위법으로 판단하였는데도 총선연대는 낙천·낙선 운동을 지속할 것임을 밝혔다. 다음에 제시한 행위를 시민 불복종 운동으로 정당화할 수 있는가?

민주주의의 핵심 원리인 법치를 실현하기 위해서는 국민의 준법 준칙이 필요하다. 그런데 한 발 더 나아가 형식적이 아닌 실질적인 법치를 위해서는 법 자체가 정의로워야 하며, 정의롭지 못한 법에 저항하고 이를 고치기 위해 노력하는 것은 시민의 권리이자 의무이다.. 이것이 시민 불복종 운동이 민주 사회에서 갖는 의의다.

🔍 정당화할 수 있다. 현행 선거법은 방법상의 규제가 지나쳐서 유권자들이 자신의 의사를 적극적으로 표출하면서 정치 과정에 능동적으로 참여하려는 노력을 실질적으로 무력화한다. 이러한 현실을 외면하고 "현행 선거법이 시민들의 표현의 자유 자체를 전면적으로 제한하고 있지 않다."라는 논리로 낙천·낙선 운동의 정당성을 부정하는 것은 지나친 '법 만능주의'의 오류에 빠진 것이라고 할 수 있다. 법률이 헌법에 위배되는가에 대한 판단의 궁극적인 주체는 시민이다. 민주주의 국가에서 헌법의 제정 및 개정의 권력 주체는 궁극적으로 국민이기 때문이다.

그렇다면 사법부에서는 위법이라고 판단한 낙천·낙선 운동에 대해 국민은 어떻게 판단하였을까? 총선연대의 낙천·낙선 운동은 국민 다수의 지지를 얻었다. 실제로 86명의 낙선 대상자 가운데 59명(68.6퍼센트)이 떨어졌고, 22명의 집중 낙선 대상자 중 낙선자는 15명(68.2퍼센트)이었다. 특히 수도권에서는 20명의 낙선 대상자 중 19명이 무더기로 떨어져 낙선 운동의 위력을 과시하였다. 총선연대에서는 낙천·낙선 운동을 규제하는 선거법에 대해 복종의 의무를 철회하였고, 대다수 국민은 이들의 활동에 지지를 보냈다. 낙천·낙선 운동을, 헌법을 통해 실현하려는 민주적 이념에 부합하는 유권자의 정당한 정치 참여 방법으로 인정한 것이다. 이렇게 볼 때, 낙천·낙선 운동은 시민의 불복종 운동으로 정당화될 수 있다.

정당화할 수 없다. 낙천·낙선 운동에 대한 법률적 제한은 공정한 선거를 위한 제도적 장치다. 또한 해당 법률이 국민의 선거권을 본질적으로 제한하고 있지도 않다. 즉, 유권자는 자유 의사에 따라 후보자를 선택할 권리를 보장받고 있다. 따라서 어떤 후보자가 국민의 대표로서 적격한가의 판단은 선거를 통해 유권자 개개인의 선택에 맡겨야 한다. 그리고 해당 법률들이 국민의 일반적인 입법 의지에 어긋난 것이라면, 불복종 운동에 앞서 정당한 법 개정 절차를 통해 이를 교정하려는 합법적인 노력을 먼저 기울여야 한다. 따라서 낙천·낙선 운동은 시민 불복종 운동으로 정당화될 수 없다.

판결문 살펴보기 피고인들이 전개한 낙선 운동은 특정인의 당선을 목적으로 하는 것이 아니라 부적격 후보자의 낙선만을 목적으로 하고 있다는 점에서 특정인의 당선을 목적으로 경쟁 후보가 당선되지 못하게 하는 선거 운동과 의미상으로는 어느 정도 구별되기는 하지만, 그 주관적인 목적과는 관계없이 실제의 행동 방식과 효과에서는 다른 후보자의 당선을 위해 하는 선거 운동과 다를 것이 없다.

우리 헌법은 "국민의 자유와 권리는 그 본질적인 내용을 침해하지 않는 범위 내에서 법률로써 제한할 수 있다."라고 규정하고 있다. 피고인들은 확성 장치 사용, 연설회 개최, 불법 행렬, 서명 날인 운동, 선거 운동 기간 전 집회 개최 등의 방법으로 특정 후보자에 대한 낙선 운동을 함으로써 공직선거 및 선거부정방지법에 의한 선거 운동 제한 규정을 위반하였다. 이를 위법한 행위로서 제한하고 있는 공직선거 및 선거부정방지법의 각 조항은 의사 표현의 내용 그 자체에 대한 전면적인 제한이 아니라 선거 운동 과정에서 예상되는 다양한 선거 운동의 방법 중에서 특히 중대한 폐해를 초래함으로써 선거의 자유와 공정을 해칠 우려가 크다고 인정되는 의사 표현의 특수한 수단과 방법에 국한하고 있고, 또 필요·최소한의 정도를 넘지 않고 있다. 이러한 제한으로 인하여 기본권의 본질적 내용이 침해되는 것은 아니라고 할 것인바,

피고인들의 행위가 시민 불복종 운동으로서 헌법상의 기본권 행사 범위 내에 속하는 정당 행위 등으로 볼 수는 없다.

시민 불복종 운동으로 볼 수 없음

이 판결은 선거 과정에서 후보자 간의 실질적인 기회의 균등을 보장하고, 선거 운동이 자유라는 이름 아래 무제한으로 방임될 경우에 나타날 수 있는 부당한 경쟁과 금력·권력·폭력 등의 개입을 방지함으로써 선거의 공정성을 확보하기 위한 판단이었다고 할 수 있다.

그러나 시민 단체들은 "낙선 운동은 공직 후보자에 대해 국민이 알아야 할 권리를 충족시키기 위해 시민 단체가 객관적 자료를 제공하고 이로써 유권자의 대표자 선택을 도와주는 공익적 행위이므로, 이는 선거 운동이라기보다는 정치인을 비판하는 국민의 일반적 정치 활동에 속한다고 보아야 한다."라고 주장하였다. 이들은 "공직선거 및 선거부정방지법상의 선거 운동 제한 규정에 따르다 보면 유권자들은 실질적으로 정치에 참여할 수 없으므로, 이는 시민의 참정권 및 정치적 의사 표현의 자유를 현저하게 제한하는 결과를 초래한다."라면서, "총선연대가 공직선거 및 선거부정방지법을 위반하면서 집회, 가두 행진, 서명 운동 등의 방법으로 전개한 낙선 운동은 우리 사회의 대표적인 시민 불복종 운동으로 평가받아야 한다."라고 강조하였다.

정보 통신망을 이용한 선거 운동을 어디까지 허용해야 할까?

헌법재판소는 2011년 12월 29일 트위터 등의 SNS(소셜 네트워크 서비스)를 이용한 정치적 의사 표현과 선거 운동을 금지한 공직선거법 제91조 제1항에 대해 한정적 위헌* 결정(2007헌마1001)을 내렸다. 이에 따라 관련 법률 조항을 일부 개정하여 전자 우편(SNS 포함)과 문자 메시지의 전송을 선거일을 제외하고 상시 허용함으로써 정보 통신망을 이용한 선거 운동의 자유를 확대하였다(2012. 2. 29. 개정). 다음은 정보 통신망 등을 이용한 선거 운동에 관해 중앙선거관리위원회에서 밝힌 내용이다.

언제든지(선거일 제외) 가능한 선거 운동 방법

• 인터넷 홈페이지 또는 전자 우편 이용 선거 운동과 트위터 등 SNS 이용 선거 운동: 선거 운동을 할 수 있는 사람은 선거일이 아닌 때에는 언제든지 자신 또는 타인이 개설한 인터넷 홈페이지(포털 사이트, 미니 홈페이지, 카페, 블로그 등) 또는 그 게시판·대화방 등에 글이나 동영상 등 정보를 게시하거나 전자 우편(트위터·페이스북 등 SNS, 카카오톡·올레톡 등 모바일 메신저 포함)을 전송하는 방법으로 선거 운동을 할 수 있다. 또한 선거 운동에 이르지 않는 범위에서 투표 인증샷 등 투표 참여 홍보 활동은 선거일에도 할 수 있다. 다만, 투표지를 촬영하거나 이를 게시하는 것은 할 수 없다.

● **한정적 위헌** 일반적으로 어떤 법률에 대한 여러 갈래의 해석이 가능할 경우, "~과 같이 해석하는 것은 헌법에 위반된다."라고 결정함으로써 확대 해석하는 것을 위헌으로 보는 것이다. 구 공직선거법 제91조 제1항의 "그 밖에 이와 유사한 것"에 '정보 통신망을 이용하여 인터넷 홈페이지 또는 그 게시판·대화방 등에 글이나 동영상 등 정보를 게시하거나 전자 우편을 전송하는 방법'이 포함되는 것으로 해석하는 것은 선거 운동의 자유 내지 정치적 표현의 자유를 침해하여 헌법에 위반된다는 취지의 위헌 판결이었다.

- 문자 메시지 이용 선거 운동: 선거 운동을 할 수 있는 사람은 선거일이 아닌 때에는 언제든지 문자 메시지(문자 외의 음성·화상·동영상 등을 제외함)를 전송하는 방법으로 선거 운동을 할 수 있다.

선거 운동 기간에 가능한 선거 운동 방법
- 전화를 이용한 선거 운동: 선거 운동을 할 수 있는 자이면 누구나 선거 운동 기간 중 전화를 이용하여 송·수화자 간 직접 통화하는 방식으로 선거 운동을 할 수 있다.

할 수 없는 행위
- 허위 사실 공표 및 비방하는 행위
- 후보자 사칭 등 성명 등을 허위로 표시하여 선거 운동
- 미성년자, 공무원 등 선거 운동을 할 수 없는 자의 선거 운동
- 선거일에 전자 우편, SNS, 모바일 메신저 및 문자 등을 이용한 선거 운동 정보 전송. 단, 선거 운동에 이르지 않는 범위에서 투표 참여 홍보 활동은 가능함

※ 자세한 사항은 중앙선거관리위원회 홈페이지(www.nec.go.kr)〈선거법령정보〉에서 '정보통신망을 이용한 선거 운동'의 내용 참고

SNS 등 정보 통신망을 이용한 선거 운동이 민주 정치의 발전에 미칠 긍정적인 영향과 부정적인 영향에 대해 생각해 보자.

다음 내용을 참고로 하여 정보 통신망 등을 이용한 선거 운동이 허용되고 인터넷 실명제가 폐지될 경우 낙천·낙선 운동 제한의 실효성에 대해 생각해 보자.

2012년 8월 헌법재판소는 '인터넷 실명제'에 대해 표현의 자유 등 국민의 기본권을 과도하게 제한한다며 위헌 결정을 내렸다. 이에 따라 중앙선거관리위원회는 공직선거법 제82조 제6항에 규정된 선거 관련 인터넷 실명 확인제 폐지를 위한 공직선거법 개정 의견을 제출하기로 하였다. 공직선거법 제82조 제6항에서는 "인터넷 언론사는 선거 운동 기간 중 당해 인터넷 홈페이지의 게시판·대화방 등에 정당·후보자에 대한 지지·반대의 문자·음성·화상 또는 동영상 등의 정보를 게시할 수 있도록 하는 경우에는 행정안전부 장관 또는 신용정보의 이용 및 보호에 관한 법률 제2조 제4호에 따른 신용 정보 업자가 제공하는 실명 인증 방법으로 실명을 확인받도록 하는 기술적 조치를 하여야 한다."라고 규정하고 있다.

난 그가 어디 사는지 알아야 할 권리가 있다

39

청소년 성범죄자 신상 공개 사건
헌법재판소 2003. 6. 26. 선고, 2002헌가14 결정

여성가족부가 운영하는 성범죄자 알림e 사이트에서는 성범죄자의 신상 정보와 거주지를 공개하고 있다.

1994년 미국 뉴저지 주에서 당시 일곱 살이었던 메건 칸카라는 여자아이가 성폭행 전과가 있는 이웃집 남성에게 성폭행을 당한 뒤 피살되었다. 이웃들 가운데 범인이 어린이 성범죄 전력자라는 사실을 알고 있던 사람은 아무도 없었다. 이 사건을 계기로 "모든 부모는 자녀에게 닥칠지 모를 위험에 대해 알 권리가 있다."라는 메건 부모의 주장을 지지하는 여론이 거세졌다. 결국 성범죄자로부터 어린이를 보호하기 위해 범죄자의 신상 관련 정보를 공개하도록 규정한 '메건 법'이 1996년에 만들어졌다.

아동과 청소년을 대상으로 하는 성범죄가 날로 늘고 있다. 더군다나 많은 경우 성범죄가 재범자나 아는 사람에 의해 일어난다는 것을 국내외 많은 통계가 보여 주고 있다. 우리나라에서도 2000년 2월 3일 '청소년의 성보호에 관한 법률'을 만들어 국가청소년위원회 사이트에 청소년 성범죄자들의 신상을 공개[●]하였다. 다음은 사이트에 공개된 내용 가운데 일부이다.

고○○(52세, 농업)	2000년, 두 차례에 걸쳐 여동생 집에서 조카(15세 소녀) 강제 추행 및 강간 미수
강○○(45세, 운전사)	2000년 8월, 동료 집에서 그의 딸(8세) 강제 추행
김○○(41세, 노동)	2000년, 오락실에서 5세 여자 어린이 강제 추행
김○○(74세, 행정사)	2000년 9월, 본인 사무실에서 7세 여자 어린이 7회 강제 추행
김○○(56세, 노동)	2000년 9월, 자기 집에서 3세 여자 어린이 강제 추행

2006년에는 열한 살짜리 여자아이가 성범죄자의 손에 죽음을 당하여 사회를 분노하게 만든 사건이 있었다. 가해자는 성추행으로 실형을 받고 풀려난 지 5개월밖에 안된 전과 9범의 동네 아저씨였다.[●]

이와 같은 일련의 사건들로 인하여 청소년 성범죄자 신상 공개를 확대하자는 주장이 많은 지지를 얻고 있다. 그러나 한편에서는 성범죄자의 신상 공개는 개인의 프라이버시를 침해하는 것으로 또 다른 인권 침해의 소지가 있으므로 신중하게 판단해야 한다고 주장한다.

아동과 청소년 대상 성범죄를 예방하기 위해 성범죄자의 신상을 공개하여야

● 2010년 1월 1일부터 '아동·청소년의 성보호에 관한 법률'이 시행되면서 아동·청소년 대상 성범죄자들의 신상은 여성가족부가 운영하는 성범죄자 알림e 사이트(www.sexoffender.go.kr)에서 공개되고 있다.
● 김 모(53세) 씨는 2006년 1월 17일 오후 7시께 서울 용산구 용문동 자신의 가게 앞 비디오 대여점에 비디오테이프를 반납하러 간 허 모(11세) 양을 가게 안으로 불러들여 성폭행하려다 허양이 반항하자 흉기로 살해하고 사체를 불태워 유기한 혐의를 받고 있다. 그는 성추행 실형 선고로 풀려난 지 5개월밖에 안 된 전과 9범의 성추행 상습범이었다. 〔《연합뉴스》(2006. 2. 20.)〕

할까? 추악한 범죄를 저지른 자들의 인권도 보호할 가치가 있는 걸까?

사실관계 전직 공무원 이 모 씨는 중학교 2학년 여학생과 성관계를 맺고 6만 원을 준 혐의로 기소되어 벌금 500만 원을 선고받았다. 형이 확정된 뒤 국가청소년위원회에 의해 신상 공개 대상자로 선정되자 이 모 씨는 신상 공개 제도에 대해 위헌 심판을 제청하였다.

관련 법률 조항

헌법

제10조

모든 국민은 인간으로서의 존엄과 가치를 가지며, 행복을 추구할 권리를 가진다. 국가는 개인이 가지는 불가침의 기본적 인권을 확인하고 이를 보장할 의무를 진다.

제17조

모든 국민은 사생활의 비밀과 자유를 침해받지 아니한다.

제37조

② 국민의 모든 자유와 권리는 국가안전보장·질서유지 또는 공공복리를 위하여 필요한 경우에 한하여 법률로써 제한할 수 있으며, 제한하는 경우에도 자유와 권리의 본질적인 내용을 침해할 수 없다.

청소년의 성보호에 관한 법률*

제20조 (범죄 방지 계도)

① 국가청소년위원회는 청소년의 성을 사는 행위 등의 범죄 방지를 위한 계도문을 연 2회 이상 작성하여 관보 게재를 포함한 대통령령이 정하는 방법으로 전국에 걸쳐 게시 또는 배포하여야 한다.

② 제1항의 규정에 의한 계도문에는 다음 각 호의 어느 하나에 해당하는 죄를 범한 자의 성명, 연령, 직업 등의 신상과 범죄 사실의 요지를 그 형이 확정된 후 이를 게재하여 공개할 수 있다. 다만 죄를 범한 자가 청소년인 경우에는 그러하지 아니하다.

③ 국가청소년위원회는 제2항의 규정에 의한 신상 등의 공개를 결정함에 있어서 공개 대상자 및 대상 청소년의 연령, 범행 동기, 범행 수단과 결과, 범행 전력, 죄질, 공개 대상자의 가족 관계 및 대상 청소년에 대한 관계, 범행 후의 정황 등을 고려하여 공개 대상자 및 그 가족 등에 대한 부당한 인권 침해가 없도록 하여야 한다.

* 이 법은 2009년 6월 9일 '아동·청소년의 성보호에 관한 법률'로 개정되었다.

1. 피해자 인권 대(對) 가해자 인권

생각해
보기

🔍 어린이를 대상으로 돌이킬 수 없는 상처를 준 흉악범들의 신상을 공개하는 조치에 심정적으로는 동의할 수 있다. 그러나 처벌의 본래 목적은 죄의 대가를 치르고 올바른 인간으로 갱생할 기회를 주는 데 있는데, 신상 공개는 이들의 정상적인 사회 복귀를 사실상 봉쇄할 수밖에 없다. 모든 인간은 독립적인 인격체로 존중받아야 하며, 타인에게 보이는 자신에 관한 결정적 정보 자료를 스스로 결정할 권리가 있다. 신상 공개 제도는 이와 같은 자기결정권을 제한함으로써 범죄인의 인격권을 크게 훼손한다. 더군다나 국가가 가능한 노력을 다하기도 전에 개인의 인격권을 심각하게 침해할 수 있는 '신상 공개'라는 비정상적인 방법을 동원하는 것은 최소 침해성의 관점에서도 문제가 있다.

🔍 상상해 보자. 열한 살 소녀가 성범죄 전과자의 손에 죽임을 당하기 전, 아이 부모가 그가 전과자라는 걸 알았더라면 이런 사건이 일어났을까? 가해자의 인권을 무시할 수는 없다. 하지만 '인격권'이라고 해도 무한히 인정되는 것은 아니다. 나의 자유는 다른 사람의 자유를 침해하지 않는 범위 안에서 보장될 수 있다. 같은 인권이라고 하지만 여성이나 어린이, 청소년 등 사회적 약자를 더 많이 고려해야 한다. 지금 중요한 것은 성폭력 범죄를 저지른 가해자의 인권보다 피해자의 인권이다.

2. 청소년 성범죄자 신상 공개는 이중 처벌이며 가혹한 것인가?

🔍 이중 처벌이며 가혹하다. 체면과 형식을 중시하는 우리 사회에서 신상 공개 제도는 실질적인 형벌로서의 '처벌'에 해당한다. 따라서 이미 형사 처벌을 받은 성범죄자의 신상을 공개하는 것은 "동일한 범죄에 대하여 거듭 처벌하지 않는다."라는 이중 처벌 금지 원칙에 위배된다. 가혹한 처벌로 흉악한 범죄를 막을 수 있다면 모를까, 신상 공개 제도가 실효성이 있는지도 의문시된다. 아동·청소년 성폭력범은 재범 가능성이 높기 때문에 이들이 다시 범죄를 저지르지 못하도록 재교육과 관리에 힘써야 한다. 전문가들은 아동·청소년 성폭력범의 범행 동기가 직접적 성욕보다는 부정적 자아의식이나 열등감, 약자에 대한 편견 등 심리적 요인에 있다고 말한다. 따라서 교육과 심리 치료 등의 재활 조처가 필수적이라는 것이다. 그러나 아직 이런 제도가 마련되지 않고 있으며, 실형을 선고받을 경우 교도소에서도 교육과 치료 등 특별 조처를 받지 않는다.

공개 자체보다 중요한 것은 잠재적 범죄자를 효과적으로 관리하여 재범과 피해를 막는 것이다.

🔍 이중 처벌이라 볼 수 없으며 가혹하지 않다. 공개되는 신상과 범죄 사실은 이미 공개 재판에서 확정된 유죄 판결의 일부이다. 재범률이 높은 성폭력 범죄의 특성을 고려하여 이것을 공익 목적으로 공개하는 것은 필요한 일이다. 공개 과정에서 부수적으로 범죄인이 수치심 등을 느끼게 된다고 해도 기존의 형벌 외에 또 다른 형벌로서 이중 처벌한다고 볼 수는 없다. 신상 공개 제도는 성폭력 위험으로부터 사회 공동체를 지키려는 인식에서 도입된 것이다. 신상 공개를 통해 일반인이 청소년 성범죄의 충동으로부터 자신을 제어하는 부가적인 효과까지 얻을 수 있을 것이다.

판결문 살펴보기 청소년의 성보호에 관한 법률 제20조 제1항은 "청소년의 성을 사는 행위 등의 범죄 방지를 위한 계도"가 신상 공개 제도의 주된 목적임을 명시하고 있는바, 이 제도가 당사자에게 일종의 수치심과 불명예를 줄 수 있다고 하여도, 이는 어디까지나 신상 공개 제도가 추구하는 입법 목적에 부수적인 것이지 주된 것은 아니다. 또한 공개되는 신상과 범죄 사실은 이미 공개 재판에서 확정된 유죄 판결의 일부로서, 개인의 신상 내지 사생활에 관한 새로운 내용이 아니고, 공익 목적을 위해 이를 공개하는 과정에서 부수적으로 수치심 등이 발생된다고 하여 이것을 기존의 형벌 외에 또 다른 형벌로서 수치형이나 명예형에 해당한다고 볼 수는 없다. 그렇다면 신상 공개 제도는 헌법 제13조의 이중 처벌 금지 원칙에 위배되지 않는다.

신상 공개 제도는 범죄자 본인을 처벌하려는 것이 아니라, 현존하는 성폭력 위험으로부터 사회 공동체를 지키려는 인식을 제고함과 동시에 일반인이 청소년 성 매수 등 범죄의 충동으로부터 자신을 제어하도록 하기 위하여 도입된 것으로서, 이를 통해 달성하고자 하는 '청소년의 성 보호' 라는 목적은 우리 사회에서 중요한 공익의 하나라고 할 것이다.

청소년 성범죄자의 신상 공개는 이중 처벌 금지에

위배되지 않음
– 헌법재판소 2003 –

본 사건의 심리 과정에서 신상 공개가 이중 처벌에 의한 인권 침해에 해당된다며 위헌성을 지적하는 의견이 많았다. 그러나 최근 증가하고 있는 아동·청소년 관련 성범죄에 대한 사회적 경각심을 높이고, 성장기 청소년의 정신적·육체적 피해는 돌이킬 수 없다는 판단 아래 합헌 쪽으로 기운 것으로 보인다.

법리적으로도 범죄 사실과 기본적인 신상 정보가 이미 형사 재판을 통해 알려졌으니 신상 공개 제도가 사생활을 침해한다고 볼 수 없고, 청소년 성 매수자의 인격권과 사생활 비밀의 자유를 지켜 주는 것보다 청소년의 성 보호라는 공익적 가치가 우선이라고 판단한 것이다. 아동·청소년 성폭력에 더 주목하는 것은 아동과 청소년의 육체적·심리적 피해가 성인이 되었을 때까지 계속될 수 있기 때문이다.

아동 대상 성폭력 가해자들의 재범률이 높은 것은 이들이 정신적·심리적으로 문제가 있기 때문이라는 게 전문가들의 대체적 견해다. 주변의 아는 사람을 범죄 대상으로 삼는다는 점만 보아도 정신 범죄적 요인이 엿보인다. 따라서 이 판결에서 이들을 처벌 대상으로만 보지 말고 치료 대상으로도 보아야 한다는 지적이 빠진 것이 아쉽다.

'화학적 거세'로 성법죄를 막을 수 있을까?

2007년 부모님께 드릴 선물을 사러 나갔다가 두 명의 어린이가 납치 살해된 사건, 2009년 술 취한 범인이 8세 여자아이를 잔혹하게 성폭행하여 평생 회복될 수 없는 상해를 입힌 '조두순 사건', 2010년 8세 여자아이를 납치하여 성폭행한 '김수철 사건', 2011년 여중생을 성폭행한 후 살해한 '김길태 사건' 등으로 아동·청소년 성범죄자의 신상 공개와 전자 발찌 부착 연한이 확대되었다.

2007년에는 일반 신상 공개 제도를 사실상 폐지하고 정보 등록 및 열람 제도를 확대·강화하였다. 2009년에는 법원의 공개 명령 제도를 도입하고 여성가족부가 정보 통신망을 통해 공개하도록 하였다. 2010년 7월 26일 여성가족부는 성범죄자 알림e 사이트를 개설하여 성범죄자의 신상 정보를 조회할 수 있도록 하였다. 지금은 법원의 유죄 판결과 공개 명령이 있는 자에 한하여 1년마다 새로 촬영한 사진을 게시한다. 2014년 5월 현재 성범죄자 알림e 사이트에 신상이 공개된 성범죄자는 3,903명이다.

화학적 거세는 전자 팔찌와 함께 지난 참여 정부 때 한나라당 의원들이 주장한 뒤 2011년 '성폭력범죄자의 성충동 약물치료에 관한 법률'로 시행되었다. 거듭되는 아동 대상 성폭력 문제에 대한 대책으로 약물을 통한 화학적 거세 요법이 도입되었다. 성 충동 약물 치료는 16세 미만의 아동을 대상으로 성 범죄를 저지른 19세 이상의 성도착증 환자로 재범 위험성이 있는 사람이 대상이 되며, 유죄 판결 또는 치료 감호와 함께 선고받는 경우나 가석방 요건을 갖춘 수형자가 치료에 동의한 경우에는 검사의 청구로 법원이 최대 15년까지 약물을 투여하도록 할 수 있다. 이에 대한 논란을 살펴보자.

화학적 거세를 해야 한다

● 화학적 거세는 재범 방지를 보장한다

어떤 범죄든 처벌의 원칙적인 목표 중 하나는 재범을 방지하는 것이다. 화학적 거세는 성범죄자의 성 충동을 제거함으로써 재범 방지를 보장한다. 그것은 강력한 억제력을 가지고 있으므로 효과적이고 적절한 처벌이다. 약물의 효능과 부작용, 인권 침해에 대한 우려의 목소리도 있다. 하지만 하루 평균 3~5명의 아이들이 성폭행을 당하고 있는데, 그마저도 신고는 실제 발생 건수의 10퍼센트에도 미치지 못하고 있다.

● 성범죄는 신체적이고 정신적인 불안이 함께 작용하여 발생한다

심리는 육체와 분리될 수 없다. 화학적 거세는 문제의 핵심을 해결하는 것이다. 이러한 견해에 반대하고 성범죄를 심리적인 문제로 생각하는 사람들은 종종 그의 의료적인 상황을 이해하기보다는 범죄자를 악마처럼 취급하려는 욕구에 사로잡혀 있다.

● 화학적 거세는 다른 나라에서도 이미 시행되고 있다

화학적 거세는 인권 선진국이라고 하는 유럽 대부분의 나라와 미국의 일부 주에서 이미 시행하고 있으며, 도입하는 나라가 점점 늘어나고 있다. 게다가 미국 오리건 주에서 2000년부터 2004년까지 가석방된 성폭력 범죄자의 재범률을 분석한 결과를 보면, 약물 치료를 받은 사람의 재범률은 0퍼센트인 반면에 치료에 불응한 사람 중 재범률은 18.2퍼센트로 나타났다고 한다. 무엇보다도 화학적 거세는 단순한 처벌이 아닌 재발을 막기 위한 치료이고, 단순한 약물 요법이 아닌 행동 치료와 심리 치료를 병행하는 것이기 때문에 처벌 위주의 기존 제도들과는 다르다는 점에서 그 효과를 더욱 기대해 봄 직하다.

● 화학적 거세는 범죄자 자신을 위하여 최선의 해결책이다

어린아이들에게 몹쓸 짓을 일삼는 사람은 정상인으로 볼 수 없는 일종의 환자이다. 환자는 가두는 것이 능사가 아니라, 치료와 같은 특별한 대응이 필요하다. 범죄자들

은 종종 그들이 병들었다고 느끼거나 벗어나고 싶지만 자신들이 통제할 수 없는 물리적 힘에 의해 조종을 당한다. 화학적 거세는 그들의 성적인 충동을 제거함으로써 정신적인 고문과 범죄를 초래하는 조건으로부터 그들을 해방시켜 줄 것이다.

화화적 거세를 하면 안 된다

● 화학적 거세는 용납될 수 없는 처벌이다

문명화된 사회에서 처벌로 사람들의 신체를 영원히 바꿀 수는 없으며, 수감 생활 이후에 일정한 종류의 사회 복귀 치료를 허용할 수 있다. 또한 사형 선고와 마찬가지로 만약 화학적 거세가 모든 성범죄자에게 선고된다면 오심은 돌이킬 수 없는 피해를 초래할 것이다.

● 성범죄는 단순히 화학적 문제가 아니다

성범죄자들은 신비로운 약으로 치료될 수 없는 심리적으로 다소 불안한 상태에 있다. 또한 그들은 종종 그들이 받은 성 학대로 인하여 성범죄를 저지르게 되었고, 정신적으로 성 학대로 인한 상처를 가지고 있는 경우가 있다. 이 때문에 성범죄자들은 심리적이고 정신적인 도움을 필요로 한다. 단순한 처벌만이 아닌 수감형과 심리 치료가 우선되어야 한다.

● 약물 치료 대상자 선정의 객관성 부족 때문에 우려스럽다

관련 법률에 따라 대상자를 선정할 때 성도착증자로서 재범 위험성이 있는 자라는 요건을 정하고 있다. 그러나 성도착증은 전문가의 판단이 전제가 되는 주관적 요인이다. '재범 위험성' 역시 객관적으로 판단할 근거가 미흡하다. 특히 성도착증은 부적절한 대상이나 목표에 대해 강렬한 성적 욕망을 느끼고 성적 상상이나 행위를 반복하는 것을 말한다. 여기에는 노출증, 물품음란증, 소아기호증, 관음증 등이 있다. 그런데 그 범위가 광범위하다 보니 인권 침해의 소지가 클 수밖에 없다.

• 성범죄자의 약물 치료 비용 부담 문제다

성범죄자는 약물 치료 기간에 비용을 부담하는 것이 원칙이지만, 치료 비용을 부담할 경제력이 없는 경우에는 국가가 비용을 부담하도록 하고 있다. 현실적으로 대부분의 성범죄자는 경제력이 없는 경우가 많아 연간 500만 원에 상당하는 비용을 국가가 부담해야 한다. 이는 국민의 부정적인 법 감정을 조장할 수 있으며, 성범죄자에게도 개선 및 치료 효과를 거두기 어려울 것으로 예상된다.

– 《아하! 한겨레》 (2012. 6. 18.)

: ㄱ :

공소 법원에 대해 특정한 형사 사건의 심판을 요구하는 검사의 법률적 소송 행위.

공소 시효 검찰관이 일정 기간 동안 공소를 제기하지 않고 방치할 경우 국가(검찰관)의 공소권을 소멸시키는 제도. 공소 시효가 지나면 검찰관은 공소를 제기할 수 없고, 만일 공소를 제기하였다고 하더라도 처벌할 수 없다.

과잉 금지의 원칙 법률로써 기본권을 제한하는 경우, 입법 목적의 정당성, 방법의 적절성, 피해의 최소성, 공익과 침해되는 사익의 균형성을 모두 갖추어야 한다는 것.

구금 소송 절차의 원만한 수행을 위해 피고인 또는 피의자를 일정 기간 동안 교도소 또는 구치소에 구치하게 하는 법원의 강제 처분을 말한다. 피의자가 도주하거나 증거를 인멸할 가능성이 있다고 생각되는 때에 신병 확보를 위해 행하는 처분이다.

권리 구제 국민이 위법 또는 부당한 행정 처분에 의해 자기의 권리 또는 이익을 침해당하였을 경우, 그 시정을 요구하여 구제 받는 것.

규칙 헌법이나 법률에 근거하여 제정된 법으로 성문법의 한 형식이다.

금고 강제 노동을 가하지 않고 수형자를 구치소에 구금하는 형벌을 말한다. 징역과 같이 형법이 규정하는 자유형의 일종이나 정역(定役)에 의무적으로 복무하지 않는 점에서 징역과 구별된다.

기각 법원에서 수리한 소송의 심리 결과, 원고의 청구를 이유(타당성) 없다고 하여 물리치는 것.

기소 형사소송법상 검사가 법원에 심판을 요구하는 일(공소의 제기).

: ㅁ :

명령 법률에 따라 행정권에 의해 정립되는 규범으로, 헌법과 법률의 하위법이 된다.

법리상 법률의 원리에 맞는.

법적 안정성 법에 의하여 보호되는 사생활의 안정성.

병합 동일한 소송 절차에서 심판되어야 할 청구가 여러 개 있는 상태.

본안 심리 소원 또는 심사 청구를 적법하다고 인정하여 수리하였을 경우에 심사 청구의 실체적 내용에 대해 행하는 심리.

상고 2심 법원의 판결에 불복하여 상급 법원인 대법원에 소를 제기하는 것.

상소심 상소가 있는 경우에 하는 상소 법원의 심리를 말한다. 상소 방법의 종류에 따라 항소심·상고심·항고심 등의 구별이 있다.

선고 법정에서 재판장이 판결을 알리는 것.

소급 입법 입법부(의회, 국회)가 법을 제정함에 있어 법의 효력을 그 제정 시기 이전으로 거슬러 올라가 적용할 수 있도록 한 법 제정 행위.

소멸 시효 권리자가 권리를 행사할 수 있었음에도 불구하고 일정 기간 동안 권리 행사를 하지 않은 경우 그 권리를 소멸하는 제도.

소송 요건 원고가 제기한 소의 내용에 관해 법원이 판결하기 위하여 구비하여야 하는 요건. 예를 들어, 법원이 심판할 수 있는 권한을 가져야 하고(외국인들 간의 외국에서의 살인 사건에 대하여는 우리나라 법원이 관할권을 가지지 못함), 소송을 제기한 당사자가 존재하여야 하며, 소송을 제기하여 판결을 받을 이익이 있어야 한다(통일교가 기독교의 종교 단체인지 확인하는 청구는 판결을 받을 이익이 없음).

소외 현재 진행되고 있는 소송과 관계없는(소송 외의) 사람이나 물건 등을 의미함.

소추 특정 형사 사건의 재판을 요구하거나 탄핵을 발의하는 일.

송치 수사 기관에서 검찰청으로, 또는 한 검찰청에서 다른 검찰청으로 피의자와 서류를 넘겨 보내는 일.

:ㅇ:

원고 소송을 제기한 당사자.

원고 적격 판결로써 보호받을 이익을 가지는 자가 소송을 제기할 수 있는 자격, 즉 원고가 될 수 있는 자격.

원고 패소 법원에 소송을 제기한 사람이 소송에서 진 것을 말함.

원심 파기 상소심 법원이 상소 이유가 있다고 인정하여 원판결을 취소하는 것을 말한다. 취소 후의 조치는 파기 환송, 파기 이송, 파기 자판이 있다.

위법성 조각 사유 구성 요건에 해당하는 행위, 즉 형법에 규정한 범죄 구성 요건을 가지고 있더라도 위법하지 않다고 인정한 특별한 사유로서 형법에서는 정당 행위, 정당방위, 긴급 피난, 자구 행위, 피해자의 승낙에 의한 행위의 다섯 가지를 규정해 놓고 있다.

위헌 법률, 명령, 규칙 또는 처분 따위가 헌법 조항이나 정신에 위배됨.

위헌 법률 심판 재판이 진행되고 있는 구체적인 소송 사건에서 법원이 직권 또는 당사자의 신청에 의해 그 사건에 적용되는 법률이 위헌인지 여부를 심판하여 줄 것을 헌법재판소에 제청하면 헌법재판소가 위헌 여부를 결정하는 심판 절차. 위헌 법률 심판은 헌법재판소 재판관 전원으로 구성된 전원재판부에서 심리하고, 심리 후 최종 결정을 내리게 된다. 최종 결정에서 위헌 결정을 내리기 위해서는 9명의 재판관 중 6명 이상의 찬성이 있어야 한다.

위헌 제청 신청 재판 중인 구체적인 소송 사건에서 그 사건에 적용될 법률에 대한 위헌 법률 심판을 헌법재판소에 제청해 줄 것을 재판부에 신청하는 것.

의율 법원이 법규를 구체적인 사건에 적용하는 일.

인용 소송 요건을 갖춘 소송의 내용을 판사가 심리한 후, 원고의 주장이 옳다고 판단하여 원고의 손을 들어주는 것.

:ㅈ:

재량권 이탈(일탈) 자유(공익) 재량 처분이 법적 한계를 일탈하여 위법인 경우를 말한다.

재판 청구권 재판을 받을 권리. 헌법과 법률에 정한 법관에 의한 재판, 법률에 의한 재판, 신속한 공개 재판 등을 받을 권리.

적법 절차 정당한 법의 절차.

전원합의체 판결 대법원에 올라온 재판을 심리하는 과정에서 대법관의 의견이 일치하지 않아, 반대 내지 다른 의견을 제시한 대법관의 의견을 해석할 필요가 있는 사건이 전원합의체 사건이다. 그리고 이 경우 대법원장이 재판장이 되어 구성된 전원합의체에서 사건을 판결하게 되는데, 이것이 전원합의체 판결이다.

제소 소송을 제기함.

조례 지방 자치 단체가 그의 자치권에 의해 법령의 범위 내에서 지방 의회의 의결을 거쳐 자주적으로 정립한 법을 말한다. 조례는 법령에 위배되어서는 아니 될 뿐만 아니라, 시·군·구의 조례는 특별시·광역시/도의 조례에 위반되어서도 아니 되며, 주민의 권리·의무에 관한 사항이나 벌칙을 규정할 때에는 법률의 위임이 있어야 한다.

진정 국가 또는 지방 공공 단체에 사정을 진술하고 어떤 조치를 희망하는 일. 개인이나 주민 또는 단체가 구두 또는 서면에 의하여 공식·비공식으로 어떤 유리한 조치를 취해 줄 것을 희망하는 의사 표시이다.

: ㅊ :

최소 침해의 원칙 공권력의 작용으로 인한 기본권의 제한 조치가 입법 목적 달성을 위해 적절한 것일 지라도 보다 완화된 수단이나 방법을 모색함으로써 그 제한을 필요 최소한으로 하여야 한다는 원칙.

취소 일정한 원인을 이유로 일단 유효하게 성립한 법률 행위의 효력을 행위 시로 소급하여 소멸시키는 취소권자의 의사 표시.

: ㅍ :

파기 환송심 상고 법원(대법원)으로부터 상고 이유가 인정된다는 이유로 파기 환송받은 원심 법원의 심판.

피고 민사 소송상 원고에 상대되는 개념으로, 소를 받은 측의 당사자.

피고인 검사에 의해 형사 책임을 져야 할 자로 공소가 제기된 자 또는 형사 소추를 당한 자로 여겨지거나 취급되고 있는 자.

피의자 범죄의 혐의를 받아 수사 기관에 의해 수사의 대상으로 되어 있는 자로서, 아직 법원에 공소 제기를 당하지 않은 자를 말한다. 공소의 제기를 당한 후에는 '피고인' 이라 불린다.

: ㅎ :

합헌 법률, 명령, 규칙 또는 처분 따위가 헌법 조항이나 정신에 합치됨.

항고 법원 또는 검찰의 결정에 대해 불복하여 상급 법원 또는 기관에 상소하는 것.

항소 제1심의 판결에 대해 불복하여 제2심에 소를 제기하는 것.

행정 소송 행정법상의 법률 관계에 관한 분쟁에 대해 제3자적 지위에 있는 법원의 재판 절차에 따라 판단하는 행정 쟁송을 말한다. 근대 법치 국가에서는 법치 행정의 원리에 따라 모든 행정 작용은 법에 적합하여야 함은 물론, 법의 테두리 안에서도 행정 목적과 공익에 적합하여야 한다.

행정 심판 위법·부당한 행정 행위로 인하여 권익을 침해당한 자가 행정 기관에 대해 그 시정을 구하는 행정 쟁송의 절차.

헌법 불합치 결정 실정법상의 용어는 아니나 헌법재판소의 위헌 여부 판단 중 변형 판결의 하나를 가리킬 때 사용한다. 위헌 심판 결정의 주문에 헌법이 합치하지 아니한다고 선고하면서 일정 기한까지 그 법률의 효력을 당분간 지속할 수 있도록 하는 결정.

헌법 소원 헌법 조항이나 정신에 위배되는 법률, 명령, 규칙, 또는 처분에 의해 기본권을 침해당한 국민이 헌법재판소에 당해 법률, 명령, 규칙 또는 처분의 위헌 심사를 청구하는 일.

● **권태덕** 영원중학교 교사. dukikn@hanmail.net

법 단원을 가르치면서 법적 지식이나 법률만 가르치는 것에 한계를 느끼고 있었다. 법을 가르치면서 인권과 사회적 소외 계층에 대해 이야기할 시간이 부족하여 안타까웠고, 무엇보다 우리 사회의 현실과 동떨어진 이야기만 하게 되어 답답하였다. 함께 작업하면서 그동안 법을 가르치며 느꼈던 한계와 답답함을 어느 정도 해결할 수 있었다. 판례를 통해 우리 사회의 모습을 좀 더 현실적으로 바라볼 수 있었고, 판례 속에 우리가 가장 중요하게 여겼던 인권과 정의가 숨 쉬고 있음을 알게 되었다. 판례는 단순히 법률적 문장이 아니다. 그것은 우리 사회의 지표이며 인권과 삶이 묻어 있는 지향점이다.

● **김상희** 인헌중학교 교사. kjdoctor@hanmail.net

법 단원 수업을 시작하며 처음 건네는 '법은 시민의 것'이라는 말은, 이미 그 허와 실을 아는 나를 통해 아이들에게 그저 공허함으로 전해질 것이다. 그러나 나는 교사이기에 언제나 희망을 이야기해야 하고, 희미하나마 이 책을 통해 그 희망의 실체를 확인할 수 있었음에 너무나 감사한다. 아이들에게 법은 시민의 뜻으로 변화하는 것이며 오로지 시민을 위해 존재하는 것이라고. 따라서 "너희가 법의 주인이며 법의 존재 이유이다."라고 힘 있게 이야기할 수 있는 때가 올 것을 믿는다. 현재 그렇지 못하더라도, 아이들이 그런 문화를 만들어 갈 수 있는 시민으로 성장할 수 있도록 법을 가르칠 것이다.

● **김선광** 진접고등학교 교사. sesuna@hanmail.net

민주 사회는 법이 지배하는 사회라고 한다. 사회적 쟁점에 대한 사법적 판단을 살펴봄으로써 사회를 좀 더 올바르게 이해하는 데 도움이 될 것이라고 생각하였다. 법적 소양이 턱없이 부족한 내가 우리 사회의 주요 판례를 묶어 한 권의 책으로 내는 데 참여할 수 있었던 것도 이러한 기대 때문이었다. 작업을 하는 동안 법적 전문성의 부족에서 오는 한계를 뼈저리게 느꼈지만, 사회를 바라보는 눈은 좀 더 맑아진 것 같다. 이 책을 읽는 독자도 나와 같은 도움을 얻길 바란다.

● **김태은** 서울국제고등학교 교사. gold-lake@hanmail.net

기러기는 함께 날기에 멀리 난다고 한다. 빨리 가려는 사람에게 필요한 것은 경쟁자이지만 멀리 가려는 사람에게 필요한 것은 동무이다. 먼 길을 함께 온 동료 선생님들께 감사드린다.

● **박은정** 인수중학교 교사. ohjung4211@hanmail.net
'사회' 교사라는 타이틀은 종종 내게 버거웠다. 사회 문제를 꿰뚫어야 할 것 같고, 박식해야만 할 것 같다는 강박 관념 때문일까? 그러나 이 글을 쓰면서 더욱 커진 생각은 난 아직 많이 모르지만 그럼에도 불구하고 사회에 대한 '작은 '앎' 과 '관심' 이 사회를 변화시킨다는 믿음이다. 사회적 합의인 법의 발전은 사람들의 권리 의식의 성장에서 비롯된다. 이 책이 작은 '앎' 과 '관심' 을 불러일으킬 수 있다면 좋겠다.

● **박재열** 중산고등학교 교사. rrnaskfk@hanmail.net
법은 우리의 삶과 동떨어진 것이 아니라, 우리가 잊고 있던 권리를 되찾는 방법과 기준을 알려 준다. 따라서 법에 주눅 들기보다는 법을 잘 알고 제대로 활용할 줄 아는 능력을 갖는 것이 중요하다. 거기에 이 책이 조금이나마 도움이 되었으면 하는 바람이다. '우리 사회를 움직인 판결' 이라는 제목처럼 이 책에는 조금 무거운 주제들이 많다. 앞으로는 좀 더 생활적인 부분에서의 중요한 판례들을 다루어 보고 싶다.

● **엄인수** 석관고등학교 교사. otazzang@hanmail.net
세상에 존재하는 모든 것은 그 의미가 있다. 항상 문제가 되는 것은 그것을 바라보는 자의 태도이다. 판사의 판결문은 우리에게 건조하고, 딱딱하고, 감정이란 티끌만큼도 없는 존재로 다가온다. 그러나 판결문은 누군가에게는 삶이기도 하다. 판결문에는 어느 누군가의 슬픔, 고통, 기쁨, 분노, 사랑, 세상과 삶에 대한 투쟁이 있다. 어쩌면 우리가 만든 이 책이 무의미한 하나의 자료일 수도 있지만 나는 이 속에서 세상에 던져진 많은 사람의 삶이 읽히기를 바란다. 그리고 우리 아이들이 '그들의 삶' 을 자신의 삶 속에서 소중한 교훈으로 되새김질할 것이라 믿는다.

● **유현진** 천호중학교 교사. good812@hanmail.net
세상은 나에게 많은 배움의 기회를 준다. 그리고 그 배움을 나눌 수 있는 공간이 있다는 것이 행복하다. 우리 아이들이 배움을 경쟁이 아닌 나눔으로 연결시키고 그 가운데서 삶의 진정한 기쁨을 느꼈으면 좋겠다. 진정한 사람됨이 그 안에 있지 않을까?! 이번 작업을 하면서 끝까지 함께하지 못한 고 이민정 선생님께 나의 마음을 전하고 싶다. 고맙습니다.

● **이수영** 북서울중학교 교사. *nayun95@hanmail.net*

내가 가르치는 아이들이 성숙한 시민 의식을 형성하는 데 도움을 주고 싶다는 열정으로 작업을 시작하였다. 돌이켜 보면, 법에 대해 잘 알지 못하였기에 무모한 용기를 낼 수 있었던 것 같다. 여러 선생님과 함께 공부하면서 또 변호사, 법학 교수님 들께 여쭈어 가며 작업을 해야 하였기에 무척 힘들었지만, 나 스스로에게도 많은 도움이 된 것 같다. 독자 여러분에게도 작으나마 도움이 되기를 기대해 본다.

● **장경주** 양화중학교 교사. *gaiakj@hanmail.net*

나홀로 경쟁이 아닌 함께 이루어 가기. 오래된 인디언들의 가르침이 지금 우리의 학교를 풍성하게 하는 데 더 가치가 있는 것은 아닐까. 여러 선생님과 함께 책을 만들면서 나는 외롭지 않았고, 작지만 교육에 대한 희망을 일구어 갈 수 있었다. 시민의 법이라는 관점이 이 책을 계기로 확산되길 바라고, 시민의 품에 법을 돌려주는 다양한 시도가 이어지길 기대한다.

● **정민정** 삼각산중학교 교사. *dgtree@empal.com*

나는 변덕쟁이 교사이다. 모순되지만 변덕쟁이라서 교사 모임에 꾸준히 나오려고 한다. 이곳에서 만나는 선생님들과 하는 일은 늘 새롭고, 신선한 자극을 주기 때문이다. 물론 신선한 자극은 고통이기도 하다. 피곤하고 지치고 능력의 한계를 알게 되니 일신의 편안함과는 자꾸 거리가 멀어진다. 그러나 내가 모임에서 받은 소중하고 신선한 자극들이 책을 통해 보다 많은 교사에게 전해지고, 아이들과 소통하고 공감하는 수업을 기획하는 데 도움이 된다면 그간의 피로가 싹 달아날 것 같다.

자문 위원

● **송병춘 변호사** 법무법인 이산 **김원규 변호사** 국가인권위원회

감수 위원

● **김준휘** 저동고등학교 교사 **김행석 변호사** 법무법인 정률 **이원구 변호사** 법무법인 창조

사회선생님이 뽑은
우리 사회를 움직인 판결

1판 1쇄 발행일 2007년 9월 24일
개정판 1쇄 발행일 2014년 5월 26일
개정판 12쇄 발행일 2023년 10월 23일

지은이 전국사회교사모임

발행인 김학원
발행처 (주)휴머니스트출판그룹
출판등록 제313-2007-000007호(2007년 1월 5일)
주소 (03991) 서울시 마포구 동교로23길 76(연남동)
전화 02-335-4422 **팩스** 02-334-3427
저자·독자 서비스 humanist@humanistbooks.com
홈페이지 www.humanistbooks.com
유튜브 youtube.com/user/humanistma **포스트** post.naver.com/hmcv
페이스북 facebook.com/hmcv2001 **인스타그램** @humanist_insta

편집주간 황서현 **편집** 이보람 최윤영 임미영 이영란 **일러스트레이션** 이진아 **디자인** 임동렬
용지 화인페이퍼 **인쇄** 청아디앤피 **제본** 민성사

ⓒ 전국사회교사모임, 2014

ISBN 978-89-5862-704-3 03300